de portraits musicaux

de vingt compositeurs modernes

Paul Rosenfeld

Writat

Cette édition parue en 2024

ISBN : 9789359942674

Publié par
Writat
email : info@writat.com

Contenu

Wagner

La musique de Wagner est, plus que toute autre, le signe et le symbole du XIXe siècle. Les hommes à qui elle fut révélée, et qui d'abord cherchèrent à la refuser, puis l'acceptèrent avec passion, sans réserve, y trouvèrent leur vérité. Cela leur parvenait comme le son de leur propre voix. C'était la langue commune, la langue universelle. Non seulement en Allemagne, pas seulement en Europe, mais dans tous les coins du monde qui avaient développé une civilisation fondée sur le charbon, la musique de Wagner est descendue avec la puissance formatrice de l'image parfaite. Les hommes de toutes races et de tous continents savaient qu'il s'agissait d'eux-mêmes autant que l'était leur musique héréditaire et raciale, et s'y livraient comme à leur propre aventure. Et partout où la musique réapparaissait, que ce soit sous la main des Japonais, des semi-Africains ou des Yankees, elle semblait naître de Wagner comme les pousses lumineuses du sapin poussaient des pousses sombres de l'année précédente. Pendant un certain temps, tout un monde en est venu à utiliser son idiome. Son rêve a été reconnu de son vivant même comme faisant partie intégrante de la conscience de la race entière.

Car la musique de Wagner est l'hymne du triomphe matériel du siècle. C'est son cri de fierté envers ses possessions, son aspiration vers un pouvoir objectif toujours plus grand. Le style de Wagner est raide et diaphane et arbore le sentiment d'augmentation matérielle. Il est courageux, superbe, hautain avec la conscience du gigantesque corps nouveau acquis par l'homme. La pompe et la cérémonie tonales, la fierté des trompettes, la démarche arrogante, le discours magnifique, les déclarations larges, véhémentes et grandiloquentes, la texture somptueuse de sa musique semblent proclamer à jamais la victoire de l'homme sur les énergies du feu, de la mer et de la terre. , la seigneurie de la création, les chemins de fer, la navigation et les mines soudainement engendrés, le cataclysme de la richesse et du confort. Son œuvre semble toujours chercher à former des images de grandeur et d'empire, éclatant avec l'épée de Siegfried, commandant la planète avec la lance de Wotan, élevant au-dessus des têtes des hommes le château des dieux. Il ose se mesurer aux forces terrestres, exulte dans le feu, soupire à travers la forêt avec l'orage, scintille et déferle avec le fleuve, enjambe les montagnes avec le pont arc-en-ciel. Il est plein de gestes de géants, de héros et de dieux, de grands mouvements fiers dont les hommes ont toujours rêvé à l'époque du pouvoir riche. Même "Tristan et Isolde", le grand chant de l'amour, et "Parsifal", le mystère, répandant autour d'eux richesse et splendeur, sont placés dans une atmosphère d'étoffes lourdes et somptueuses, au milieu d'objets d'or et d'argent et d'épais nuages d'encens. tandis que les protagonistes, amants et sauveurs, semblent célébrer un triomphe mondain et se couronner rois. Et sur tout le corpus musical de Wagner flottent, comme un diadème massif, les tours, les parapets et les bannières de Nuremberg, la ville libre impériale, monument d'une bourgeoisie victorieuse, de vertu civique qui, sur les ruines de la féodalité, a construit son propre monde, et a démontré à tous moments sa dignité et sa sobriété et son industrie, sa solide valeur.

Car la vie elle-même a fait le geste wagnérien. Le vortex d'acier, de verre et d'or, les colis express noirs sillonnant les sept mers, les trains fumants perçant les entrailles des montagnes et reliant les villes vibrantes de hordes d'hommes d'affaires, les fils télégraphiques faisant frémir le monde de leurs rapports incessants, toute la fée sinistre et scintillante du gain, de l'industrie et de la domination semblait marcher et s'envoler et sonner et hurler et gonfler avec exactement un tel rythme, une telle grandeur, une telle ivresse. Des montagnes qui avaient été scellées pendant des milliers d'années s'étaient à nouveau ouvertes et avaient laissé émerger une race de géants laborieux et fumants. Les forêts primitives denses, les forêts allemandes hantées par les dragons, réapparurent, fraîches et inexplorées, nourrissant une animalité puissante et fantastique. Partout où l'on regardait, Siegfried cornu, l'homme né de la terre, semblait à nouveau proche, prêt à nettoyer et à rajeunir le globe avec son instinct sain, à briser les vieilles fausses barrières et à percer vers l'épanouissement et le pouvoir. L'humanité, s'éveillant d'un sommeil immémorial, crut pour la première fois apercevoir le soleil au ciel, saluer la lumière créatrice. Et où était cette musique plus immanente que dans le Nouveau Monde, en Amérique, cette essentialisation de tout l'époque ? Dans quel environnement a-t-il été plus justement apprécié, si saxon que puissent être les accents de son récitatif ? L'Allemagne a porté Wagner parce qu'elle possédait un flux ininterrompu d'expression musicale. Mais si le continent nord-américain avait été capable de produire de l'art musical, il n'aurait pu en produire aucun de plus indigène, de plus véritablement autochtone, que celui de Richard Wagner. Whitman avait raison lorsqu'il appelait ces partitions « la musique des « Feuilles ». Car nulle part la forêt des Niebelungen ne s'est épanouie de manière plus luxuriante, plus sombre, que sur les côtes, les montagnes et les plaines américaines. Des tours et des murs de New York tombait un souffle, un langage grandiloquent, une stridence et une gloire, qui étaient bien ceux de Wagner. Ses explosions royales et imposantes, ses violons en marche, son orchestre pompeux et majestueux existaient sur la scène américaine. La maçonnerie elle-même et les travées fluviales, les villes éclatantes, la fureur et l'expansion de l'existence se sont débarrassées de son idiome, ont ombragé ses fières processions, son or résonnant, ses syncopes tumultueuses, ses cuivres et ses cymbales flamboyants et sa mélodie volcaniquement inondante ; semblait avoir du mal à réaliser ce qui était son art. La vie américaine semblait réclamer cette musique afin que son immensité, sa richesse follement riche, son pouvoir multiforme et son envergure transcontinentale, sa promesse bruyante et grandiose puissent atteindre quelque chose comme l'être éternel.

Et de même que dans la musique de Wagner résonne le cri du triomphe matériel de l'époque, de même résonne en elle le cri terrible du mal du pays. L'énergie produite et projetée sur le globe a été à nouveau aspirée avec non moins de force. L'époque qui a vu la victoire de l'industrialisme a également vu la renaissance ou la tentative de renaissance des modes de sentiment médiévaux. Le cardinal Newman était une figure aussi typique de la vie du XIXe siècle que Balzac. Les hommes qui avaient créé le nouveau monde éprouvaient en eux-mêmes un désir passionné de s'échapper du présent vers le passé. Ils se sentaient vainqueurs et vaincus, puissants et pourtant privés et désespérés. Et la musique de Wagner exprime avec une égale véracité ces deux courants. Tout comme sa musique est courageuse avec un sentiment de puissance extérieure, elle est également malade d'un sentiment d'insatisfaction intérieure. Il n'y a pas de désir plus dévorant, pas de mal du pays plus terrible, pas d'effort après les flots d'inconscience lavants et submergés plus brûlants que celui qui s'exprime à travers cette musique. Il y a des passages, des heures entières, qui sont comme l'effort d'un homme pour retourner dans l'obscurité de la nuit maternelle d'où il est sorti. Il y a une musique de Wagner qui nous donne l'impression qu'il avait cherché à créer de grands nuages chauds, de grands tissus parfumés, de larges rideaux, comme s'il était venu à son art pour trouver quelque chose dans lequel s'envelopper complètement et effacer le soleil, la lune et les étoiles, et sombrer dans l'oubli. Car un tel guérisseur, Tristan, mourant sur la côte désolée et rocheuse, pleure à travers le désir immortel de la musique. Pour un tel messager divin, la blessure d'Amfortas est béante ; Kundry aspire à un tel rédempteur, poussé à travers le monde par des vents brûlants. Ses amants se rapprochent, cherchant l'un en l'autre la nuit, la descente dans l'obscurité insondable. Pour eux, le sexe est le retour, l'oubli complet. A travers chacun d'eux résonne le cri insistant :

« Frau Minne va

C'est la nuit !"

Il n'y a aucune tendresse, aucune conscience l'un de l'autre chez ces hommes et ces femmes. Il n'y a que le désir féroce et impersonnel d'une consommation totale, de l'extinction de la torche enflammée, de la fusion complète dans l'Absolu, du Tout tissé. Dans chacun d'eux, le désir du vide se transforme en fleur gigantesque et monstrueuse, en chose chatoyante qui enchante le jardin du roi Marc et le ruisseau ondoyant et les cornes lointaines pendant qu'Isolde attend Tristan, ou en fièvre dévastatrice qui enchaîne Tristan malade. à son lit de douleur.

Car tous ces êtres, et derrière eux Wagner, et derrière lui son temps, aspirent au passé, au sommeil prénatal, originel, et trouvent dans ce retour leur grand accomplissement. Siegmund retrouve dans les traits de sa bien-aimée sa propre enfance. Siegfried réveille sur la colline enflammée une femme qui veillait sur lui avant sa naissance et attendait inchangée sa maturation. C'est du baiser d'Herzéléide que Kundry enlace Parsifal. Brunhilde lutte pour l'étreinte indulgente de Wotan, s'enfonce sur la poitrine du dieu dans la soumission, la réconciliation, l'immolation. Et c'est vers une consommation engloutissante, une extinction à la fois amour et mort et plus profonde que l'un et l'autre, qu'aspire la musique de ses opéras. Le feu qui lèche le rocher de la Walkyrie, le Rhin qui s'élève dans le final du "Götterdämmerung" et inonde la scène et balaie le monde de ses marées silencieuses et limpides, la fleur gigantesque qui ouvre sa corolle dans le Liebestod et ensevelit les amoureux dans une pluie de parfums et de pétales, la tranquille lueur rubis du calice qui imprègne la fin de « Parsifal », sont les moments vers lesquels les drames eux-mêmes travaillent et dans lesquels ils atteignent leur conclusion, leur achèvement et leur fin légitimes. Mais ses finales ne sont pas les seules à être pleines de cet enchantement. Sa ligne mélodique, les passages lyriques de ses opéras semblent chercher à y parvenir, sinon de manière définitive, du moins en préparation. Ces périodes soyeuses et excessivement douces, le moment de réconciliation et d'étreinte de Wotan et Brunhilde, le passage « Ach, Isolde » du troisième acte de « Tristan », ces innombrables envolées lyriques avec leurs débuts et leurs apaisements, leurs brusques avancées et régressions, leurs des élans de passion qui, finalement et après toutes leurs hésitations exquises, montent, s'enflamment et se déroulent en plénitude - eux aussi semblent chercher à distiller un peu du même breuvage, de la même potion magique droguante, pour faire surgir des profondeurs orchestrales quelques Venusberg, un jardin de Klingsor plein de parfums subtils, de doux délices et d'oubli éternel.

Et avec Wagner, commence une nouvelle période de la musique. Il se situe à mi-chemin entre le monde féodal et le monde moderne. Chez lui, la période ancienne et classique s'accomplit. En effet, une grande partie de sa musique est une somme, une fin, qu'il y a des moments où elle ne semble rien d'autre. Il y a des moments où son art semble entièrement courbé sur le passé ; la confluence d'une douzaine de tendances différentes vivantes au cours du siècle et demi dernier ; le couronnement du travail d'une douzaine de grands musiciens ; l'accomplissement du système qui règne en Europe depuis l'introduction du principe du tempérament égal. Pour la dernière fois, les anciennes conceptions de la tonalité prévalent dans ses drames musicaux. On ressent tout au long de "Tristan und Isolde" la tonalité de ré bémol, tout au long de "Die Meistersinger" la tonalité de do majeur, tout au long de "Parsifal" la tonalité de la bémol et son relatif mineur. Les rythmes qui avaient été utilisés tout au long de la période classique sont transformés par lui en de nouveaux modèles et lui rendent service une dernière fois. Les motifs qui ont été utilisés par d'autres sont repris par lui et amenés à une sorte de conclusion ultime. La fin, la conclusion, l'achèvement sont sensibles dans tout son art. Peu de musiciens ont eu leur pouvoir et leur méthode plus directement entre leurs mains, et ont autant bénéficié des expériences de leurs prédécesseurs immédiats, sont devenus les héritiers d'un héritage musical aussi immense. En effet, Wagner n'a jamais hésité à reconnaître sa dette, et il existe plusieurs cas où il a paraphrasé la chanson de Walther à ses maîtres et a signalé les compositeurs qui l'avaient le plus aidé dans son développement. Aujourd'hui, la dette est très évidente. À chaque instant, on le voit bénéficier, et très bien, de l'œuvre de Beethoven. La structure de ses grandes œuvres caractéristiques est basée sur la forme symphonique. Le développement des thèmes de "Tristan" et "Die Meistersinger" et "Parsifal" à partir de noyaux uniques ; la fine séquence logique, les exposés du matériau thématique de "Parsifal" dans le prélude et dans le récit de Gurnamanz, ainsi que sa réapparition ultérieure, ses aventures et ses développements, sont en quelque sorte un sommet de l'art symphonique tel que Beethoven l'a fait comprendre. Et son orchestre n'est guère plus que l'orchestre de Beethoven. Il n'avait pas besoin du groupe de familles instrumentales indépendantes exigé par Berlioz et réalisé par les hommes modernes. Il se contentait du vieil orchestre classique dans lequel certains groupes sont renforcés et auquel se sont ajoutés la harpe, le cor anglais, le tuba-basse, la clarinette-basse.

Et sa conception d'une « mélodie sans fin », un flux musical ininterrompu destiné à donner cohésion et homogénéité à ses drames musicaux, était une conséquence directe des efforts de Mozart et de Weber pour donner une unité à leurs œuvres lyriques. Car si ces compositeurs ont conservé l'ancienne convention d'un opéra composé de numéros séparés, ils ont néanmoins réussi à unifier leurs opéras en créant un style distinct dans chacun d'eux et en assurant un développement émotionnel dans les différents airs et numéros concertés. Le passage de "Don Giovanni" et "Euryanthe" à "Tannhäuser" et "Lohengrin" ne semble plus aussi long aujourd'hui qu'autrefois. En effet, il y a des moments où l'on se demande si "Lohengrin" est vraiment un pas au-delà d'"'Euryanthe", et si l'augmentation de la puissance, de la vivacité et de l'imagination ne s'est pas faite au détriment du style. De plus, dans une grande partie de ce qui constitue réellement un progrès chez Wagner, l'influence de Weber est clairement perceptible. Les passages sinistres semblent n'être que des développements de moments dans "Der Freischütz" ; le grand style mélodique, l'orchestre romantique avec ses cors soupirants, sa chevalerie et ses fioritures, semblent sortir directement d'« Euryanthe » ; la scène orchestrale du lever du soleil et d'autres effets originaux dans "Oberon".

Même Meyerbeer a enseigné à Wagner quelque chose de plus que l'utilisation de certains instruments, la clarinette basse par exemple. Le vieux spéculateur d'opéra était sans aucun doute responsable des grandes exigences de Wagner envers le peintre de scènes et le menuisier de scène. Ses lunettes pompeuses n'ont pas seulement enflammé le jeune homme avec "Rienzi". Ils lui ont indubitablement donné le courage de créer un art lyrique qui célébrait le nouvel or, la puissance et la magnificence, et qui était véritablement le Grand Opéra. Si les œuvres de l'un étaient fausses et celles de l'autre poésie, c'est seulement que Wagner comprit ce que l'autre cherchait vainement toute sa vie à atteindre, et en fut empêché par l'agent de change intérieur.

Et le sentiment harmonique de Chopin ainsi que la magie orchestrale de Berlioz ont joué un rôle dans la formation artistique de Wagner. Mais malgré toutes ses dettes incalculables, Wagner est le grand initiateur, le promoteur de la période moderne. Ce n'est pas seulement parce qu'il a résumé l'ancien. C'est parce qu'il a commencé avec force une révolution. En exprimant l'homme du XIXe siècle, il a rejeté le vieux système majeur-mineur qui a si longtemps dominé l'Europe. Ce système était le résultat d'une conception de l'univers qui distinguait l'homme du reste de la nature, le plaçait dans une catégorie à part et prétendait qu'il était à la fois le centre et l'objet de la création. Car elle appelait l'homme la consonance et la nature la dissonance. L'octave et la quinte, bases du système, ne se trouvent bien entendu que dans la voix humaine. Ils représentent, en gros, la différence entre la voix masculine moyenne et la voix féminine moyenne, et la différence entre la soprano moyenne et l'alto. C'est sur ces intervalles que sont basées la gamme de do majeur et ses vingt-trois dépendants. Mais avec l'avènement d'une conception qui ne séparait plus l'homme du reste de la création, mais le plaçait en elle comme une petite partie de celle-ci, frère des animaux et des plantes, de tout ce qui respire, l'ancienne échelle ne pouvait plus exprimer complètement lui. Les modulations des bruits du vent et de l'eau, les gradations et complexes infinis du son entendu sur le planisphère, semblaient lui demander de les inclure, d'en prendre conscience et de les reproduire. Il lui fallait d'autres gammes plus subtiles. Et avec Wagner, la monarchie de la gamme en do majeur touche à sa fin. "Tristan et Isolde" et "Parsifal" sont construits sur une gamme chromatique. L'ancienne a dû perdre son privilège, se résigner à devenir simplement l'une d'une multitude sans cesse croissante. Si cette étape n'est pas colossale, elle n'en est pas moins d'une immense importance. Les personnalités musicales qui couraient en se tordant les mains après la première représentation de chacune des œuvres de Wagner et déploraient les lois monstrueusement violées et les traditions brisées avaient, pour une fois, raison. Ils ont bien évalué la direction d'où soufflait le vent. Ils entendaient sans doute, au loin, les gammes pentatoniques de Moussorgski et de Debussy, les gammes de Scriabine, de Strawinsky et d'Ornstein, les gammes barbares, exotiques et africaines du futur, les cent treize gammes dont parle Busoni. Et aujourd'hui il n'y a plus de règles musicales, d'harmonies interdites, de dissonances. Siegfried les a brisés ainsi que la lance de Wotan. L'Est et l'Ouest sont sur le point de fusionner à nouveau. Sans doute, s'il n'y avait pas eu Wagner, le changement serait néanmoins survenu. Cependant, cela serait arrivé plus lentement. Car ce qu'il accomplit, c'est vider rapidement le vieux vin qui restait encore dans l'outre, préparer le récipient pour le nouveau millésime. Il a forcé le nouveau à apparaître immédiatement.

Nous, de notre génération, n'avons sans doute jamais ressenti le plein impact de ces réformes, la pleine puissance de Wagner. Elles n'ont pu être ressenties que par la génération à laquelle Wagner s'est révélé pour la première fois, celle qui a atteint sa maturité entre 1850 et 1880. C'est sur les hommes de cette époque qu'il a accompli toute son œuvre de destruction et de renaissance. C'est en eux qu'il a démoli les murs. Ce sont eux qu'il a fait réentendre, s'étirer et grandir dans l'effort de le comprendre. Au moment où nous avons rencontré Wagner, son œuvre était déjà une sorte d'expérience fermée, quelque chose que nous pouvions accepter facilement et avec une certaine facilité parce qu'elle avait été acceptée et assimilée par tout un monde et faisait partie de l'organisme humain. Sa puissance était déjà légèrement diminuée. Par exemple, Wagner le musicien ne parvenait plus à faire exister pour nous ni Wagner le poète ni Wagner le philosophe comme ils existaient pour les hommes de la génération précédente. Seul Houston Stewart Chamberlain persistait à essayer de se tenir sur le pont en feu d'où tous les autres s'étaient enfuis. Pour nous, il était évident que si l'œuvre de Wagner trônait puissamment, c'était grâce à sa musique, et souvent malgré ses vers et sa doctrine. Pour nous, c'était un lieu commun que le mouvement dramatique et le remplissage des scènes par l'introduction de personnages qui se proposent des énigmes inutiles et expliquent longuement ce que leurs noms ne sont pas, sont incompatibles ; que la poésie ne consiste pas à déguiser des expressions communes sous des vêtements archaïques, allitératifs et extravagants ; que Wotan ne montre aucune compréhension de l'essentiel de la philosophie de Schopenhauer lorsqu'il insiste pour que Brunhilde soit sa Volonté.

Et pourtant, quelle que soit la différence, l'essentiel de la force de Wagner était encore en lui lorsque nous avons découvert sa musique pour la première fois. Le sortilège dans lequel il avait enfermé la génération qui précédait la nôtre était toujours puissant. Pour nous aussi, il y a eu les moments où les profondeurs caverneuses de la forêt de Siegfried ont pour la première fois soufflé sur nous, où pour la première fois "Die Meistersinger" a affiché au-dessus des têtes du monde entier le gonfalon de l'art, où pour la première fois nous nous sommes embarqués dans le mer dorée sans rivage de « Tristan et Isolde ». Pour nous aussi, le nom de Richard Wagner résonnait au-dessus de tous les autres noms musicaux. Pour nous aussi, il était une sorte de seigneur souverain de la musique. Son œuvre apparaît comme le point culminant vers lequel la musique a aspiré au fil des siècles et duquel elle doit nécessairement redescendre. D'autres œuvres, peut-être plus pures que les siennes, existaient, nous le savions. Mais cela semblait lointain et moins convaincant, malgré toute sa perfection. De la nouvelle musique arriverait, avons-nous supposé. Pourtant, nous étions convaincus que cela s'avérerait mineur et insatisfaisant. Car la musique de Wagner avait pour nous une incandescence qu'aucune autre ne possédait. C'était le point magnétique de la musique. Ses couleurs flamboyaient et brillaient avec une profondeur et une fougue qui semblaient la distinguer des autres musiques comme dans un cercle enchanté. Cela nous a débloqués comme aucun autre. Nous exigeions un tel mouvement orchestral, des gestes si superbes, des flots si chaleureux et immersifs, et nous avons été comblés. Qu'un jour vienne où le magnétisme qu'il exerçait sur nous en disparaisse et soit visible comme ayant disparu, cela semblait la plus lointaine des possibilités.

Car nous l'avons accepté avec le monde de notre minorité. Il existe pour chaque individu une période, d'étendue très variable, pendant laquelle son existence est avant tout un processus d'imitation. Dans le domaine de l'expression, cette soumission à l'autorité s'étend bien sur toute la période de gestation, jusqu'à la maturité physique. Il y a peu d'hommes, peu de grands artistes même, qui n'adoptent pas, avant d'avoir atteint leur langage et leur geste propres, ceux de leurs maîtres et de leurs prédécesseurs. Shakespeare écrit d'abord dans le style de Kyd et Marlowe, Beethoven dans celui de Haydn et Mozart ; Léonard imite d'abord Verrocchio. Et ce que l'utilisation de la manière de leurs prédécesseurs est pour l'artiste, ce que l'unique dévotion à Wagner était pour nous. Car il n'était pas seulement dans l'atmosphère, ni seulement immanent aux vies menées autour de nous. Sa silhouette était vive devant nous. Rares sont les autres personnalités artistiques qui ont été aussi largement présentes sur nous. Il y avait des images, sur les murs des salons de musique, de guerriers à barbe grise et casqués tenant dans leurs bras des femmes blondes cottes de mailles, de reines aux bras ornés d'ornements penchées sur des parapets et agitant leurs foulards, de femmes se jetant à la mer. sur lesquels s'amenuisaient d'horribles aboiements d'hommes âgés et de jeunes filles conversant d'un ton taquin à travers une fenêtre près d'un buisson de lilas, c'étaient Wagner. Il y avait des livres avec des histoires de cygnes magiques et de hordes d'or et de malédictions funestes, de vaisseaux d'assaut fantasmagoriques et de collines creuses et d'épées logées dans des troncs d'arbres attendant leurs porteurs, de races de dieux, de géants et de nains crasseux, de feux gardiens et de potions de l'oubli, les rêves et les voix prophétiques, c'était Wagner. Il y avait des adultes qui allaient assister à ces choses dont on lisait, qui partaient dans l'état et l'excitation d'une soirée pour assister aux représentations de "La Walkyrie" et de "Tristan et Isolde", et qui parlaient de ces expériences avec des voix et des manières différentes. de ceux dans lesquels ils parlaient, disons, du théâtre ou du concert. Et il y avait des morceaux magnifiques, majestueux et passionnés qui se frayaient un chemin à travers le pianoforte, qui s'emparaient de vous et le rendaient insatiable pour eux. Bien avant d'entrer dans l'opéra et d'entendre une œuvre de Wagner dans son intégralité, nous lui appartenions et connaissions son art comme le nôtre. Nous sommes nés wagnériens.

Mais récemment, une grande aventure nous est arrivée. Ce qui semblait autrefois la plus lointaine des possibilités s'est réellement produit. Nous qui sommes nés et avons grandi sous le signe de Wagner, avons été témoins du crépuscule du dieu. Il s'est éloigné de nous. Il s'est éloigné de nous dans la relative distance dans laquelle, pendant son heure de toute-puissance, il avait banni tous les autres compositeurs.

Il a été déplacé. Une nouvelle musique est née et se rapproche. Des formes aussi solides, merveilleuses et convaincantes que les siennes nous entourent. Petit à petit, au cours des dernières années, si progressivement que nous ne le savions presque pas, notre relation avec lui a changé. Quelque chose en nous a bougé. D'autres musiciens ont attiré notre attention. D'autres œuvres sont devenues aussi vives et profondes, aussi merveilleuses et convaincantes que la sienne. Petit à petit, le firmament musical s'est reconstellé. Longtemps nous avons ignoré le changement, nous nous sommes crus toujours en face de Wagner, avons cru que les rayons de son génie étaient toujours aussi directs sur nous. Mais ces derniers temps, la distance est devenue si grande que nous avons brusquement pris conscience du changement. Tout d'un coup, nous nous ressemblons à des voyageurs qui, après avoir embarqué de nuit sur un paquebot amarré à son quai et s'être endormis au milieu d'objets familiers, sous les balises et les tours bien connues du port, se réveillent brusquement en plein jour, à peine conscients du navire. a été mis en route, et trouvent la scène complètement transformée, se retrouvent sur l'océan et aperçoivent, diminuant derrière eux, le port et la ville dans lesquels apparemment à peine un instant ils étaient restés enfermés.

C'est la maturation d'une génération qui a produit le changement. Pour chaque génération, les œuvres d'art produites par ses membres ont une importance distincte. D'eux, à leur époque, jaillit l'impulsion créatrice. Car chaque génération constitue en quelque sorte une unité.

"Chaque génération d'hommes

Germant du champs maternel en sa saison,

Garde en elle un secret commun, un certain noeud

    dans la profonde contexteure de son bois,"

Claudel nous l'assure à travers le masque de la Tête d'Or. Et les ressemblances entre les œuvres produites indépendamment les unes des autres dans l'espace de quelques années, généralement bien plus grandes que celles qui existent entre une œuvre d'un âge et une autre d'un autre, le confirment. Les styles de Palestrina et de Vittoria, évidemment dissemblables, se ressemblent néanmoins plus que ceux de Palestrina et de Bach, de Vittoria et de Haendel ; de même que celles de Bach et de Haendel, si dissemblables soient-elles, ont une plus grande similitude que celle qui existe entre celles de Bach et de Mozart, de Haendel et de Haydn. Ainsi, pour les hommes d'une même époque, l'œuvre produite à leur époque est un puissant encouragement à la réalisation de soi, à l'épousement de leur destin, à l'accomplissement de leur vie. Car le mouvement d'une partie d'une machine remue toutes les autres. Et il y a une part de chaque homme d'une génération dans le travail accompli par les autres membres de celle-ci. Les hommes qui façonnent l'art de son temps font leurs propres expériences, partent de leur propre point de départ, osent être eux-mêmes et soi-même face aux démentis des autres époques. Ils sont si rabaissants, si condescendants, si négatifs et dissuasifs, les autres temps et leurs chefs-d'œuvre ! Ils sont si antipathiques, si étranges, si grandioses et si lointains ! Ils semblent dire : « Ainsi doit-il en être ; ceci est la forme ; ceci est la beauté ; tout le reste est superflu. » Celui qui s'adresse à eux pour obtenir de l'aide et de la compréhension est comme quelqu'un qui s'adresse à des hommes beaucoup plus âgés, des hommes d'habitudes et de sympathies différentes, pour s'expliquer, et se trouve au contraire déconcerté et diminué, entrevoyant une jalousie et un ressentiment secrets sous le masque. Mais l'aventure de rencontrer l'artiste de son temps est celle de trouver le plus merveilleux des supports, la corroboration. C'est rencontrer quelqu'un qui a vécu sa vie, qui a réfléchi à ses pensées et qui a fait face à ses problèmes. C'est se rassurer, s'accepter, avoir le courage de s'exprimer à sa manière.

Et nous, de notre génération, avons enfin trouvé la musique qui nous infecte de manière si créative. Nous avons retrouvé la musique de l'époque post-wagnérienne. C'est notre musique. Car nous sommes les descendants de la génération qui a assimilé Wagner. Nous sommes aussi la réaction de Wagner. Grâce à cette découverte, nous avons appris que la musique peut nous procurer des sensations différentes de celles que nous procure celle de Wagner. Nous avons appris ce que c'est que d'être entendu par la musique : « C'est ainsi, après tout, que vous ressentez. » Nous avons enfin reconnu que nous exigeons de la musique des formes, des proportions, des accents différents de ceux de Wagner ; mouvement orchestral, couleur, rythmes, pas dans le sien. Nous avons appris que nous souhaitons un tout autre brassage du chaudron musical. Une chanson de Moussorgski ou de Ravel, quelques mesures de Pelléas ou du Sacre du printemps, un seul beau moment d'une sonate de Scriabine, ou un quatuor ou une suite de Bloch, nous donnent une joie, une illumination, une satisfaction. que peu de musiques anciennes peuvent égaler. Car notre propre moment d'action est enfin proche.

Wagner s'est donc retiré et a rejoint la compagnie des compositeurs qui expriment un autre jour que le nôtre. La souveraineté qui était en lui est passée à d'autres hommes. Nous le considérons aujourd'hui comme les hommes de son temps auraient pu considérer Beethoven et Weber. Pourtant, il restera toujours celui de toute la compagnie des maîtres les plus proches de nous. Sans doute n'est-il pas le plus grand des artistes qui ont fait de la musique. Si colossales que soient ses forces, si colossales que soient les luttes qu'il mena pour l'appropriation de son art, ses forces musicales ne furent pas toujours à la hauteur des tâches qu'il s'était fixées. Il ne pouvait rivaliser avec la puissance inventive indéfectible d'un Bach ou d'un Haydn, la robustesse d'un Haendel ou d'un Beethoven, la personnalité harmonieuse d'un Mozart. Il est même inférieur, en matière de style, à des hommes comme Weber et Debussy. Il arrive souvent que ses partitions montrent qu'il n'y avait rien dans son esprit et qu'il s'est simplement soumis à la routine de la composition. Trop souvent, il se laissa aller au système des motifs principaux pour le soulager de la nécessité de créer. Trop souvent, il fait de son art un jeu purement mental. Son émotion, son génie créateur étaient bien plus intermittents, sa respiration bien moins longue qu'on ne l'imaginait autrefois. Certaines des œuvres antérieures ont commencé à disparaître rapidement et irrémédiablement. À l'heure actuelle, on se demande comment il est possible que l'on ait été fasciné par les représentations de "The Flying Dutchman" et "Tannhäuser". "Lohengrin" commence à paraître un peu brutal, étrangement lieutenant prussien avec ses trompettes militaristes, ses abus de cuivres. On se retrouve même à choisir parmi les actes de « Tristan et Isolde », trouvant le premier bien inférieur au troisième, poignant et magnifique. Parfois, on aperçoit un peu trop longtemps derrière son œuvre non pas l'agoniste héroïque, mais l'homme qui aimait languir dans les salons lugubres, vêtu de robes de chambre fourrées.

En effet, si Wagner paraît grand, c'est surtout comme l'un des musiciens les plus délicats. C'est la légèreté de son coup de pinceau qui nous émerveille devant le troisième acte de « Tristan », la première scène de la « Walküre ». C'est la délicatesse de sa fantaisie, le parfum lilas qui imprègne ses inventions, qui nous enchante dans le deuxième acte de « Die Meistersinger ». À travers la partition de « Parsifal », semblent passer des formes et des ailes angéliques délicates, fragiles et chaussées d'argent comme celles de « Morte d'Arthur » de Beardsley.

Mais la dette que nous lui devons lui donnera toujours une immense importance à nos yeux. Les hommes d'aujourd'hui, tous, se tiennent directement sur ses épaules. Il est peu probable que l'un d'entre nous, le public passif, serait ici aujourd'hui comme nous le sommes, sans sa musique.

Strauss

Strauss n'a jamais été un artiste parfait et parfait. Même dans ses premiers élans de jeunesse, même à l'époque où il était la figure météorique et éblouissante affichant sur tous les chauves de l'univers l'étendard de l'avenir musical, il était évident qu'il y avait de sérieux défauts dans son esprit. Malgré l'audace avec laquelle il réalisait ses visions étonnantes, poignantes et ironiques, malgré sa fougue et son exubérance juvéniles - et c'est comme une sorte de jeunesse dorée de la musique que Strauss fit irruption dans le monde - on sentait en lui l'homme pas tout à fait magnifiquement approfondi. , entendant par moments un accent froid dans son éloquence, sentit qu'un alliage incomparable se fondait dans l'or généreux. La pureté, l'intériorité, la recherche du cœur, le sentiment religieux de la beauté, présents si indubitablement dans l'art des grands hommes qui avaient développé la musique, manquaient à son œuvre. Il n'avait ni le sens inébranlable du style, ni la lourdeur du toucher qui caractérisent le parfait artisan. Il n'était pas un artiste assez scrupuleux et exigeant. Il était évident qu'il était négligent, trop facilement satisfait de certains de ses documents, pas toujours heureux dans ses détails. Il y avait, à son feu, une sorte de paresse et d'indifférence. Mais à cette époque, Strauss était incontestablement le génie, le musicien original et d'une expressivité mordante, l'ingénieur de fières envolées orchestrales, le pionnier et le porte-étendard de son art, et on pardonnait ses défauts à cause de l'éclat de sa silhouette, ou on ne restait que à moitié conscient d'eux.

Car, une fois passée sa période d'apprentissage et toute envie d'écrire des symphonies et de la musique de chambre dans le style de Schumann, de Mendelssohn et de Brahms, de construire des opéras sur le modèle de "Tannhäuser" et de "Parsifal", ce mince , un jeune Bavarois endormi aux cheveux pâles bouclés et aux moustaches avait commencé à développer étonnamment le pouvoir expressif de la musique, à faire parler l'orchestre à merveille comme il n'avait jamais parlé auparavant. Sous son influence, la symphonie, la plus rigide, la plus abstraite et la plus vénérable des formes, montrait en réalité une partie de la puissance narrative et analytique du roman, de son caractère littéral et concret des détails. Elle décrivait l'évolution d'un personnage, elle psychologisait comme elle ne l'avait fait jusqu'alors qu'en liaison avec la poésie ou le théâtre. Strauss y fait représenter les inflammations de l'illusion sexuelle, commenter Nietzsche et Cervantès, raconter les aventures, les culbutes et la fin d'un coquin légendaire, dresser le portrait d'un héros de notre temps. Il a rendu plastiques tous ces concepts intellectuels dans une musique d'un éclat, d'une vivacité et d'une mordance que peu de symphonies classiques peuvent rivaliser. D'autres et anciens compositeurs avaient sans doute rêvé de rendre l'orchestre plus concrètement expressif, plus précisément narratif et descriptif. La symphonie

« Pastorale » n'est en aucun cas le premier morceau de musique délibérément et avoué programmatique. Et avant Strauss, Berlioz et Liszt avaient expérimenté la symphonie narrative, descriptive et analytique. Mais ce n'est qu'avec Strauss que le roman symphonique fut enfin réalisé.

Ni Berlioz ni Liszt n'avaient réellement incarné leurs programmes dans la musique vivante. Liszt sacrifiait invariablement le programme à la forme musicale sanctionnée. Malgré tout son radicalisme, il était trop entravé par les concepts classiques, les schémas et schémas musicaux traditionnels pour réaliser une symphonie basée sur un schéma extra-musical. Ses poèmes symphoniques révèlent combien il lui était difficile de faire suivre à sa musique la courbe de ses idées. Dans « L'Idéale », par exemple, dans un souci de conclusion conventionnelle, il s'écarte entièrement de la courbe du poème de Schiller qu'il prétendait transmuer. Les variations dans lesquelles il reproduit le vers de Lamartine sont assez stéréotypées. Quand fut-il un temps où les compositeurs ne déformaient pas leurs thèmes en variations amoureuses, rustiques et guerrières ? La relation entre le pompeux et quelque peu vide "Lament and Triumph" et la chose unique et distincte qu'était la vie de Torquato Tasso est assez extérieure. Et même "Mazeppa", dans lequel le génie virtuose de Liszt lui a été très utile, donne l'impression que Liszt n'a jamais pu garder un œil sur le fait et s'est finalement plongé dans le tissage d'un motif musical assez étranger à son idée. La « Symphonie de Faust » est après tout une exception. Berlioz, lui aussi, n'a pas réussi dans l'ensemble à réaliser le roman musical. Chaque fois qu'il parvenait à une forme musicale, c'était généralement aux dépens de son programme. Les épisodes quelque peu pittoresques d'« Harold en Italie », quelles que soient leurs vertus, et ils sont nombreux, sont-ils plus que vaguement liés au byronisme qui les élémentait ostensiblement ? L'ouverture étonnamment conventionnelle du "Roi Lear" donne l'impression que Berlioz avait assisté à une représentation d'une comédie de Shakespeare avec l'impression qu'il assistait à la tragédie, tant la musique n'a aucun rapport avec son sujet. Et là où, en revanche, Berlioz réussissait à être respectueux de son programme, comme dans la « Symphonique Fantastique » ou dans « Lélio », il en résultait une musique un peu ténue et informe.

Mais Strauss, bénéficiant des expériences de ses deux prédécesseurs, réalisa la nouvelle forme mieux que quiconque avant lui. Car il possédait les dons spéciaux nécessaires à l'accomplissement de la tâche. Il possédait avant tout un pouvoir miraculeux de caractérisation musicale. Grâce à la finesse représentative de ses thèmes, à sa capacité démesurée de variation et de transformation thématiques, à son instrumentation ludique, spirituelle et colorée, Strauss a pu conférer à sa musique un caractère concret, un caractère descriptif et un réalisme jusqu'alors inconnus dans l'art symphonique, pour caractériser brièvement, avec parcimonie, à juste titre, un personnage, une situation, un événement. Il pouvait être pathétique, ironique, joueur, mordant, rêveur, à volonté. Il était sûr dans son ton, bas-allemand dans "Till Eulenspiegel", courtois et brillant dans "Don Juan", noble et amèrement sarcastique dans "Don Quichotte", enfantin dans "Tod und Verklärung". Son orchestre a su s'adapter à tous les plis et courbes de ses programmes élaborés, pour trouver des équivalents aux traits individuels. Ce n'est pas simplement « un homme », ni même « un héros amoureux » qui est représenté dans « Don Juan ». Ce n'est pas un symbole vague pour le poète comme celui créé par « Orphée », « Le Tasse » ou « Mazeppa ». C'est le héros de Lenau lui-même, en particulier Don Juan Tenorio. La musique vibrante et brillante des cordes montantes et légères, des cuivres résonants et palpitants, jaillit en marche virile, révèle l'homme lui-même, son glamour physique, son ivresse qui lui faisait voir en chaque femme la Vénus. , et cela a finalement fait de lui la victime autant que le héros de la vie sexuelle. C'est Till Eulenspiegel lui-même, le coquin scorbutique et comique, l'éternel petit garçon sale aux gestes spirituels et obscènes, qui regarde à chaque mesure le poème symphonique qui porte son nom et fait tournoyer ses doigts au bout de son nez à tout moment. monde convenable et respectable. Ici, pour une fois, la musique orchestrale est vraiment merveilleusement coquine et impudente, les cors joyeux et venteux et insolents, les bois espiègles et obscènes. Ici, une forme musicale tourne de manière hilarante et fait des cabrioles et des danses sur des têtes chauves. La variation de "Don Quichotte" qui décrit avec les bois et le tambourin Dulcinea del Toboso, ronde et plébéienne et bon enfant dans sa personne même, est d'autant plus vulgaire et plate que la variation suave précédente qui décrit la foire du chevalier, rêve sonore d'elle. Il n'y a pas de musique plus plaintivement stupide que celle qui, dans la même œuvre, figure le « mouton » contre lequel Don Quichotte se bat si vaillamment. Il n'y a pas non plus de musique plus malveillante, plus mesquine que celle qui représente les adversaires dans « Ein Heldenleben ». Le portrait de l'épouse du héros, pour lequel Mme Richard Strauss a sans aucun doute siégé, est si précis que, sans même avoir vu une photographie de la dame, on peut affirmer qu'elle est ornée d'une figure diatonique. Et certainement le passage le plus amusant de "Sinfonia Domestica" est ce complexe de luxure bavaroise, de grossièreté bavaroise, de rêverie bavaroise et de bon caractère bavarois, le groupe thématique qui sert d'autoportrait au compositeur.

Et tout comme il semblait y avoir peu de personnages que Strauss ne pouvait peindre, à cette époque-là, de même il semblait peu de situations, peu d'atmosphères auxquelles il ne pouvait pas rendre justice. Quelques mesures, les palpitations sinistres des timbales et des altos, la maussade des bois, le sourd scintillement des flûtes, le souffle laborieux des cordes, et nous sommes allongés sur le lit de mort, épuisés et haletants. car l'air, alourdi par les épaves des espérances, attend les coups cruels au cœur qui mettront fin à tout. Les cors et les violons tremblent et grognent, les flûtes crissent, une brève silhouette descend dans les hautbois et les clarinettes, et Till a perdu sa sueur coquine et a dansé dans les airs. L'orchestre nous révèle les amours de Don Juan dans toute leur individualité : d'abord la relation passionnée et ardente avec la Comtesse, vite commencée et vite terminée ; puis la communion plus douce et plus intérieure avec Anna, avec l'ennui résultant de l'exigence continuelle de sentiment et de posture romantique de la dame ; puis la grande nuit de l'amour et des roses, avec ses cors enroulés d'or enivrés, ses violons chantants en extase ; et enfin la déception écrasante, le frémissement du dégoût. La bataille dans « Ein Heldenleben » représente vraiment la guerre ; la machine à vent sifflante et ironique de "Don Quichotte" fait une satire mordante des rêves comme aucune musique ne l'a fait ; l'orchestre décrit Don enthousiaste se remettant de sa folie et sourit en conclusion ; dans "Aussi Sprach Zarathustra", il accumule les tomes scientifiques et valse avec le Surhomme dans des mondes lointains.

Et puis, quoique moins inventeur que Liszt, moins riche et moins large de tempérament que Berlioz, Strauss était mieux qu'aucun de ses maîtres capable d'organiser son matériel sur des lignes difficiles et originales, et de trouver des formes musicales représentatives de ses programmes. Grâce à leurs travaux, il est né plus libre des traditions classiques qu'elles ne l'avaient été, et a été capable de faire en sorte que la musique trace plus exactement les courbes de ses concepts, de soumettre les formes plus anciennes, comme le rondo, le thème et les variations, plus parfaitement à son objectif. Des compositions comme "Till Eulenspiegel", "Tod und Verklärung" et "Ein Heldenleben", solides et pourtant à la fois narratives et dramatiques, placent le poème symphonique dans la catégorie des formes musicales légitimes. Les thèmes de « Till » naissent les uns des autres, tout comme les thèmes d'une symphonie de Beethoven ou de « Tristan » ou de « Parsifal ». En effet, Strauss a fait pour le poème symphonique quelque chose de ce que Wagner a fait pour l'opéra. Et peu de symphonies classiques contiennent une musique plus éloquente que, par exemple, le « lever du soleil » de « Also Sprach Zarathustra », ou la variation finale de « Don Quichotte » avec ses trompettes perçantes et fracassantes de la défaite, ou le terrifiant passage d'ouverture. de "Tod und Verklärung". Car Strauss a su libérer pleinement sa verve et sa fantaisie dans la construction de ses édifices. Son orchestre se déplace dans les courbes les plus étranges et les plus anticonventionnelles, tire avec la violence d'une arme à feu qui explose, déambule comme un palefroi, fond comme un oiseau. Rares sont ceux qui, à la première écoute d'un poème de Strauss, n'ont pas l'impression qu'une présence sauvage, troublante et paniquée s'est penchée sur la salle de concert et a tourmenté l'orchestre. Car, entre ses mains, ce n'est plus la chose familière et sans terreur qu'elle était autrefois, une chose dont on peut être sûr du comportement. Il est devenu un formidable moteur d'acier et d'or, vibrant de choses folles et inattendues. Des motifs en jaillissent et en sortent. La musique du violon s'élance rapidement dans l'espace, les trompettes jouent des gammes, les tempi se déplacent à la vitesse des trains express. Il est devenu un oiseau géant et terrible, le grand pingouin de la musique, qui vous saisit dans ses serres et s'envole dans l'empyrée.

Mais c'est ce qu'il semblait promettre d'accomplir, de faire exister, plus encore que ce qu'il avait déjà définitivement accompli, qui répandit autour de la figure de Strauss un rayonnement particulier. C'est Nietzsche qui avait rendu actuel le rêve d'une musique nouvelle, une musique qui devrait être farouchement et magnifiquement animale, pleine de rire, de la bonne lumière sèche de l'intellect, du « sel et du feu et de la grande et impérieuse logique de l'intelligence ». les pieds légers du sud, la danse des étoiles, le jour frémissant de la Méditerranée. » Les autres compositeurs, les Beethoven, les Brahms et les Wagner, étaient des hommes tristes, souffrants, blessés, qui avaient perdu leur innocence et leur joie divines dans le désastre, et dont les corps spirituels étaient marqués, malgré toute la force musculaire acquise au cours de leurs combats, par la faim, la frustration et l'agonie. La douleur avait même gâché leur chant. Car ce qui aurait dû être l'innocence, le mouvement sans effort et la joie divine, la coordination et l'harmonie mozartiennes, était plein de cris terribles, de mouvements convulsifs et déchirants et d'un chagrin enveloppant. Et Nietzsche avait rêvé d'une musique d'un autre genre. Il avait rêvé d'une musique qui serait un pont vers le Superman, l'homme dont chacun de ses mouvements serait insouciant. Il avait vu traverser les chaînes de montagnes dans l'air clair d'un matin éternel un jeune irradiant d'une énergie ininterrompue, devant qui le monde entier s'ouvrait sous le soleil printanier comme un domaine devant son seigneur. Il en avait vu un à côté duquel les autres musiciens se tenaient comme des détenus des camps de prisonniers sibériens tombés par hasard sur un banquet des dieux. Il avait vu un jeune Titan de la musique, ivre de vie, de feu et de joie, dansant, titubant et riant sur le toit du monde, et avec ses doigts au milieu des étoiles, envoyant s'écraser les soleils et les constellations. Il avait aperçu la figure vieille et éternellement jeune de l'Indien Dionysos.

Et même si Strauss lui-même ne pouvait guère être confondu avec le dieu, il rendait néanmoins réalisable le rêve de Nietzsche. Il permit de percevoir un instant un royaume musical dans lequel le jeûne terrestre ne pouvait pas respirer. Il permettait d'entendre un instant résonner « le prélude d'une musique plus profonde, plus puissante, peut-être plus maléfique et mystérieuse ; une musique super-allemande qui ne s'efface pas, ne se flétrit pas et ne s'éteint pas au bord de la mer bleue et dévergondée et de la limpide Méditerranée ». ciel ; une musique super-européenne, qui s'affirmerait même au milieu des couchers de soleil fauves du désert ; une musique dont l'âme est semblable à celle des palmiers ; une musique qui peut se frayer un chemin avec de grandes, belles et solitaires bêtes de proie ; une musique dont le charme suprême est son ignorance du Bien et du Mal. » Car il est venu avec un peu de la démarche légère, insouciante et arrogante, de l'éclat intellectuel, du geste et du port superbes du musicien de la nouvelle race. L'homme qui composait une telle musique, on le savait, était né à une hauteur humaine, dans une atmosphère plus fraîche et plus lumineuse que celle des vallées bondées. Car dans cette musique battait un pouls plus rapide, remuait un corps plus léger, plus fougueux, plus fier, faisait retentir un rire plus ironique et plus dédaigneux, respirait un air plus rare que celui qui avait battu, bougé, sonné et respiré dans la musique. Il enivrait d'un son agréable, d'harmonies pleines et riches, de mouvements de danse et de valse exubérants. Cela semblait annoncer l'arrivée d'une nouvelle sorte d'hommes, des hommes à l'âme plus saine, plus saine, plus athlétique et à l'intelligence plus robuste et plus froide, une génération vitalement satisfaite, moins déchirée et fatiguée par les aspirations inexprimables du monde romantique. une génération très à l'aise sur le globe. Car il n'y avait rien du désir agité et malade de Wagner, aucun de son pathétique excessif, de sa lourdeur et de sa grandeur raide. Il était tombé de ses cothurnes, était plus facile, plus spirituel, divertissant, passionnant, populaire et pourtant cérébral. Même s'il s'agissait manifestement du discours d'un homme complexe et moderne, conscient de lui-même, sophistiqué, nerveux, produit d'une société peut-être pas aussi libre et nietzschéenne qu'elle le croyait elle-même, mais pourtant cultivé, illuminé et raffiné, il semblait néanmoins exubérant et sain. . Le langage doux, large et diatonique, l'humour, l'accent bavarois endormi, les petits airs populaires naïfs et indiscrets qu'il employait, les tons tranquilles, touchants et enfantins, la conclusion de "Tod und Verklärung", avec son merveilleux déroulement de corolle sur corolle, étaient vraiment rafraîchissantes après tout le chromatisme brûlant de Wagner, l'air sensuel du jardin des merveilles de Klingsor.

Et cette musique brillait avec le soleil. Après tout, le ton de l'orchestre de Wagner était essentiellement sobre et discret. Mais dans l'orchestre de Strauss, la gamme de couleurs des peintres *de plein air* a trouvé un équivalent musical. Ces teintes hautes et brillantes, ces tons chatoyants et mordants donnent l'impression que Strauss faisait de la musique avec le pinceau d'un Monet ou d'un Van Gogh. Ses trompettes sont hautes, brillantes et argentées, ses violons scintillants et électriques, enroulant par moments un fil bleu fumée paresseux et joyeux à travers le tissu brûlé par le soleil de la partition. Ses cornes brillent de timbres doux et fruités. La nouvelle douceur de couleur qu'il atteint dans ses chansons, l'or pâle de "Morgen", le rose de la Sérénade, le doux bleu du soir de "Traum durch die Dämmerung", scintille dans ses partitions d'orchestre. Jamais les instruments à vent n'ont sonné plus richement et plus doucement que dans cette "Serenade für dreizehn Bläser". Lors de la première audition de « Also Sprach Zarathustra », il semblait que le lever du jour était descendu dans l'orchestre pour faire ce fameux passage d'ouverture cuivré. Car ici, sous la main de Strauss, l'orchestre commence à arrondir sa forme et à prendre sa forme logique. Les différentes familles d'instruments sont rendues indépendantes ; jouent souvent séparément. Les cuivres fracassants dont Berlioz avait rêvé se réalisent. Des violes d'amour, des chahuteurs, des machines à vent sont introduits dans l'orchestre ; les instruments familiers sont utilisés dans des registres inconnus. Grâce aux poèmes symphoniques de Strauss, le compositeur orchestral dispose pour la première fois d'une palette appropriée et peut atteindre un éclat aussi grand que celui que peut atteindre le peintre moderne.

Aujourd'hui, il est difficile de comprendre que Richard Strauss ait jamais suscité de si grands espoirs, qu'il fut un temps où il rendit réalisable le rêve fou de Nietzsche d'une musique moderne et que pendant un temps l'ombre de Dionysos brûla autour de sa silhouette. Aujourd'hui, il est difficile de se rappeler qu'autrefois Strauss apparaissait au monde comme la jeunesse dorée de la musique, l'ingénieur des fières envolées orchestrales, le pilote et le porte-drapeau de son art. Car il y a longtemps qu'il a promis de révéler la nouvelle beauté, le nouveau rythme, a semblé le merveilleux départ et l'envol vers un plan d'existence plus rare, un éther plus bleu, l'ami de tout ce qui est intrépide, vivant et jeune, la "flèche de désir du Superman. » Cela fait longtemps qu'aucune lumière gracieuse et seigneuriale n'a irradié sa personne. Ces dernières années, il est devenu presque l'opposé de ce qu'il était, de ce qu'il avait si courageusement donné pour devenir. Lui qui était autrefois une figure si électrique, si vitale, si brillante, est devenu morne, extérieur et même stupide. Celui qui semblait autrefois le champion du nouveau est venu nous remplir de lassitude de la lutte, de profonde méfiance et de découragement, est devenu un poids lourd et oppressant. Celui qui cherchait autrefois à exprimer le monde qui l'entourait, à être le poète des temps à venir, semble désormais animé uniquement par le désir de faire des choses étonnantes et superficielles, et se livre à tous les courants éphémères et superficiels de la vie moderne. Car Strauss non seulement ne s'est pas approfondi, n'a pas mûri et n'a pas gagné en stature ; il n'est même pas resté immobile, il est resté l'artiste qu'il était autrefois. Son état s'est progressivement et régulièrement détérioré au cours de la dernière décennie. Il est devenu un mauvais musicien. Il est le cruel, le grand désappointement de la musique moderne, de l'art moderne. La lumière du rêve a complètement échoué, elle a rendu les ténèbres qui ont suivi plus épaisses pour l'illumination momentanée. Aujourd'hui, Strauss est vu comme une fusée qui grésille dans le ciel avec des flammes multicolores, puis se brise soudainement et s'éteint rapidement jusqu'à minuit.

Il n'est pas facile, même pour ceux qui savaient dès le début que Strauss n'était pas un esprit « pareil, beau et rapide » et qu'il y avait toujours en lui des particules nettement grossières et insensibles, de reconnaître dans l'homme paresseux et apathique qui concocte la « Légende de Joseph » et l'«

Alpensymphonie », le jeune et fougueux compositeur, génie malgré toutes les impuretés de son style, qui composa « Till Eulenspiegel » et « Don Quichotte » ; pas facile, même si les contours de son langage n'ont pas radicalement changé, et bien que dans les périodes endormies et faciles de son style ultérieur, on aperçoive parfois la diction large et simple de son premier style. Car le dernier Strauss manque essentiellement et de façon flagrante des traits qui ont fait du premier un personnage si brillant et si attachant. Derrière les œuvres du premier Strauss était visible un être intensément ardent, un homme qui avait des sensations puissantes, poignantes et belles, et le don de les exprimer richement. Derrière l'œuvre de ce dernier se cache trop clairement un homme qui, depuis longtemps, n'a rien senti de beau, ni de fort, ni de complet, qui n'a plus le pouvoir de ressentir quoi que ce soit, et qui est intérieurement épuisé, ennuyeux et épuisé. L'un avait une pression de parole brûlante et merveilleuse. L'autre semble incapable de concentrer suffisamment d'énergie et d'intérêt pour créer une œuvre dure et vivante. Celui-ci semblait ouvrir de nouvelles voies à travers le cerveau. Les autres marchent langoureusement dans des chaussées bien usées. Il n'est même plus amusant. L'inventeur de merveilleuses machines orchestrales, l'homme qui a pénétré dans la chambre mortuaire et s'est tenu sous le gibet, s'est mis à jouer avec son médium, à imiter d'autres compositeurs, Mozart dans "Der Rosenkavalier", Haendel dans "Joseph's Legende", Offenbach et Lully (un accouplement que seul Strauss a le manque de goût de réaliser) dans « Ariadne auf Naxos ». Il est devenu de plus en plus facile et peu original, il s'est mis à citer sans rougir Mendelssohn, Tchaïkovski, Wagner et même lui-même. Son insensibilité s'est démesurée et l'a amené à mélanger les styles, à mélanger les passages dramatiques et coloratures, à mélanger les idiomes de trois siècles dans une seule œuvre, à faire toutes sortes de farces inutiles avec son art. Son goût littéraire est devenu de plus en plus incertain. Lui qui était autrefois si prudent dans le choix de ses paroles et qui reconnaissait les talents de poètes allemands modernes tels que Birnbaum, Dehmel et Mackay, accepte des livrets aussi ennuyeux, aussi inartistiques et précieux que ceux que lui fournit Hofmannsthal, et prête son art à les bouffonneries ennuyeuses du "Der Rosenkavalier" et "Ariadne auf Naxos". Quelque chose en lui s'est plié et s'est encrassé.

Une chose au moins était incontestablement le Strauss des poèmes symphoniques. Il était librement, éblouissant et audacieux. Et c'est ce que le Strauss de ces dernières années est rarement et rarement. Ce ne sont pas les fleurs de cire d'Oscar Wilde, ni l'action excessivement raide et conventionnelle de « Salomé », qui ennuient l'opéra de Strauss de ce nom. Ce n'est même pas le livret du « Chevalier à la rose », essentiellement grossier, grossier et insensible sous toute sa préciosité poudrée, qui fatigue avec la « Comédie musicale » de Strauss ; ou la forme hybride, boiteuse et insipide d'"Ariane auf Naxos" qui nous retourne contre cette petite monstruosité.

C'est la musique généralement inexpressive et insuffisante dont Strauss les a investis. La musique de « Salomé », par exemple, n'est même pas comparable au drame de Wilde. C'était l'évacuation d'un désir obsessionnel, le dégoût d'une sensualité impitoyable que le poète avait entendu procurer à travers cette représentation. Mais la musique de Strauss, sauf dans des passages aussi exceptionnels que la première page chatoyante, agitée et nerveuse, ou le début de la scène avec la tête, ou certaines autres taches cramoisies, gêne et même annule l'effet escompté. Il émascule le drame avec sa joliesse omniprésente, sa félicité paresseuse là où elle devrait être monstrueuse et terrifiante, ses réminiscences de Mendelssohn, de Tchaïkovski et de la « Petite Egypte ». La danse lascive et hiératique, la danse des sept voiles, est représentée par une *valse lente* . Souvent, la partition frise dangereusement la musique de cirque, rappelle les spectacles des foires de comté. Sans doute, ce faisant, atténue-t-il l'odeur qui se dégage de la pièce de Wilde. Mais si nous devons avoir un opéra « Salomé », il n'est que raisonnable d'exiger que le compositeur exprime dans sa musique la cruauté et la frénésie sexuelles symbolisées par la figure du danseur. Et la partition de Salomé de Strauss est aussi peu la Salomé de Wilde que la Salomé de Flaubert ou de Beardsley ou de Moreau ou de Huysmans. On ne peut s'empêcher de la sentir éminemment une Berlinoise plantureuse et opulente, l'épouse, par exemple, du propriétaire d'un grand magasin ; une grosse dame beaucoup moins « dämonisch » et « perverse » qu'elle voudrait le laisser paraître. Mais il y a des moments où l'on a l'impression que l'héroïne de Strauss n'est même pas une Berlinoise, ni une bourgeoise. Il y a des moments où elle est clairement Käthi, la serveuse du Münchner Hofbraühaus. Et bien qu'elle déclare à Jokanaan que « c'est sa bouche dont elle est amoureuse », elle prononce ces mots avec son propre accent sincère et sans affectation.

"Elektra", plus tranchant que "Salomé", bien qu'il le soit souvent, n'est pas non plus l'équivalent musical des formes massives et violentes de la sculpture grecque archaïque que Strauss voulait qu'elle soit. Elektra elle-même est peut-être plus véritablement la fureur incarnée que Salomé n'est le luxe incarné ; la laideur et la maussade démoniaque, la folie et la cruauté sont ici exprimées avec plus de puissance que dans la partition précédente ; la scène de reconnaissance entre frère et sœur est plus vaste et plus touchante que tout dans « Salomé » ; L'hymne et la danse d'Elektra, malgré toute leur proximité avec une *cantilène banale* , son *tempo di valse* si caractéristique du dernier Strauss, sont peut-être plus grandioses et plus funestes que la scène du danseur avec la tête. Néanmoins, l'œuvre n'est en aucun cas réalisée. Il est formellement impur, ce qu'aucun des poèmes symphoniques précédents ne l'est. Ni le style ni la forme ne sont profondément ressentis. Les deux sont conçus superficiellement et extérieurement ; et rien ne le démontre de manière aussi concluante que l'extrême inefficacité des moments de contraste avec lesquels Strauss a tenté de soulager l'ambiance dominante de son œuvre. Tout comme dans "Salomé", les passages les plus agités et les plus sensuels, paresseusement ressentis, sont néanmoins infiniment plus significatifs que la musique idiote et intensément contrastée attribuée au Prophète, de même dans "Elektra", les moments où Strauss est cruel , brutal, laid sont d'une expressivité bien supérieure à celles dans lesquelles il a cherché à écrire magnifiquement. Car tandis que dans les moments du premier type, les lions des portes de Mycènes grognent et regardent parfois, dans ceux du second, c'est la chope de bière teutonique qui se fait sentir. Elektra déplore son père dans une mélodie très jolie et sans distinction, et supplie sa sœur de tuer Clytemnæstra, accompagnée d'une sorte de *valse perverse* . C'est aussi en *tempo di valse* que Chrysothémis déclare son besoin d'épouse et de maternité. En tant qu'organisme, l'œuvre n'existe pas.

Mais même l'expressivité et la considérable de « Salomé » et « Elektra », aussi limitées et insatisfaisantes soient-elles, font défaut dans les œuvres les plus récentes. Avec "Der Rosenkavalier", Strauss semble avoir atteint un état dans lequel il lui est impossible de pénétrer profondément un sujet. Sans aucun doute, il a toujours été inégal, même si dans ses jours dorés, il fixait invariablement le rythme intérieur et informatif de chacune de ses œuvres. Mais ses dernières œuvres ne sont pas seulement tachetées, mais aussi complètement invertébrées, des masses d'invertébrés sur lesquelles quelques joyaux, quelques fines taches brillent sourdement. « Salomé » et « Elektra » avaient au moins une certaine dignité, une certaine allure. "Der Rosenkavalier", "Ariadne auf Naxos", "Joseph's Legende" et "Eine Alpensymphonie" sont improvisés, lâches, négligés malgré toute la virtuosité technique, toutes les merveilles orchestrales. Tout le monde sait ce qu'aurait dû être la partition du "Rosenkavalier", une chose gaie, fleurie, licencieuse, l'image même du siècle galant avec ses amours mondaines et ses rubans et ses amours, ses *petits-maîtres* et ses furbelows et *ses billets-doux* , ses des émotions légères et des abandons tout aussi légers. Mais la musique de Strauss est singulièrement plate, creuse et terne, sans joie et détrempée, même si elle est parsemée de valses et contient la délicieuse introduction du troisième acte et le brillant trio. Il présente tous les pires défauts du livret. La « comédie pour musique » d'Hofmannsthal, bien que grossière et vulgaire dans son esprit et sans originalité dans sa conception, est pleine d'une sorte de préciosité intelligente, pleine de détails piquants tirés d'estampes et de mémoires du XVIIIe siècle. La scène de la coiffure est une copie de Hogarth traduite sur scène ; Le nom de Rofrano « Octave Maria Ehrenreich Bonaventura Fernand Hyazinth » est comme un essai sur la culture de la Vienne de Canaletto ; le jargon poli de l'Autriche aristocratique du XVIIIe siècle parlé par les personnages, avec ses formes raides et courtoises et son français entremêlé, a dû être étudié à partir de vieux journaux et gazettes. Et la partition de Strauss est également précieuse, également érudite et intelligente. Mozart a utilisé les imbécillités de Schickaneder à son profit ;

Weber a triomphé des romances ridicules d'Helmine von Chezy. Mais Strauss suit Hofmannsthal, impuissant et triste. De même qu'Hofmannsthal imite Hogarth, de même Strauss imite Mozart, affecte son style, ses tournures, son esprit ; insère un air sirupeux à la manière de Haendel ou de Méhul au premier acte ; et mélange Mozart avec des valses d'opéra-comique modernes, Haendel avec des incantations post-wagnériennes. Et comme le livret d'Hofmannsthal, la partition reste une chose superficielle et informe. Le rythme intérieur et cohérent, le rythme et le swing spirituels, la grande unité et direction, manquent. "J'ai toujours voulu écrire un opéra comme celui de Mozart, et maintenant je l'ai fait", aurait déclaré Strauss après la première représentation du "Der Rosenkavalier". Mais "Der Rosenkavalier" est presque aux antipodes de "Don Giovanni" ou de "Falstaff" ou de "Die Meistersinger" ou de n'importe lequel des grands opéras-comiques. Car il lui manque justement ce que les autres possèdent en abondance, un mouvement lyrique fort, une émotion chaleureuse qui imprègne la musique mesure après mesure, scène après scène, acte après acte, et communique à l'auditeur la joie, la vitalité, la beauté dont le cœur des compositeurs était plein. Il y a bien longtemps que Strauss n'avait plus ressenti quelque chose de pareil.

Si les temps nouveaux n'avaient produit aucun art musical, si aucun Debussy ni Scriabine, ni Strawinsky ni Bloch n'étaient apparus, on aurait peut-être été obligé de croire que la triste décadence de Richard Strauss était le développement inévitable qui attend le génie musical dans le monde moderne. Il existe un groupe, de composition internationale, qui, plus que tous les autres organismes contemporains, s'arroge le style de la modernité. C'est le groupe dont les vrilles s'étendent dans chaque grande capitale et centre, dans chaque mouvement et cause artistique, de ceux qui s'ennuient, de ceux qui sont gâtés. Le système actuel a élevé dans un état *quasi* aristocratique et insouciant un grand nombre de personnes sans origine, sans tradition, sans culture ni goût. En raison de sa grandeur et de ses ressources, ce groupe de personnes sans goût, sans intérêt, sans finesse, en est venu à dominer notamment le monde de l'art comme le monde du jeu, en est venu à exiger la distraction, la sensation, l'excitation que son existence irréelle ne se le permet pas. En effet, ce groupe est venu donner un casting à toute la vie actuelle ; ses membres prétendent représenter la culture actuelle. C'est à ce groupe aux sensibilités effilochées et aux pouls fatigués que Strauss s'identifie de plus en plus, jusqu'à devenir récemment quelque chose comme son musicien de cour, le fournissant des stimulants, éveillant ses curiosités, l'étonnant et l'excitant avec la nouveauté superficielle de ses œuvres, essayant de lui procurer les expériences qu'il est si lamentablement incapable de se procurer. C'est pour cela qu'il a créé les horreurs trompeuses, les douces érotismes de la partition de « Salomé ». C'est pour cela qu'il imite avec saccharine Mozart dans "Der Rosenkavalier" ; mutilé la comédie de Molière; commis les vulgarités et les hypocrisies de la Légende de Joseph. Et s'il n'existait aucune preuve formelle du contraire, on pourrait supposer que ce groupe représente réellement la vie moderne ; que sa modernité était la seule vraie ; et qu'en l'exprimant, en s'y conformant, Strauss fonctionnait de la seule manière accordée au compositeur contemporain. Mais comme de telles preuves existent en abondance, puisqu'une douzaine d'autres musiciens, pour ne parler que des praticiens d'un seul art, ont réussi à se maintenir à l'abri tout en créant de la beauté en eux, à rester sur le plan sur lequel Strauss a commencé sa vie, à persévérer dans la direction dans laquelle il s'était initialement orienté, et pourtant il vit pleinement, on se trouve convaincu que la détérioration de Strauss, qui a fait de lui le pourvoyeur musical de ce groupe, n'a pas été le résultat de la pression de circonstances extérieures et hostiles. On se trouve positivement convaincu que c'était une faiblesse intérieure en soi qui a permis aux gens gâtés et laids de le détourner de sa route et de l'utiliser à leurs fins.

Et c'est finalement comme victime d'une détérioration psychique qu'on est obligé de considérer ce malheureux. Ce que l'on voit arriver à tant de gens autour de soi, l'extinction d'une flamme, le flétrissement d'une fleur, l'émoussement et le grossissement des sensibilités, la décadence des énergies mentales, semble lui être arrivé aussi. Et puisque cela arrive dans la vie de tant de gens, pourquoi serait-il surprenant de voir cela se produire dans la vie d'un artiste, déflorer le génie et ruiner l'art musical ? Toute l'activité trépidante et irréelle du dernier Strauss, la dissipation des forces, renvoie à une telle cause. Il se déclare dans chaque action comme le type qui ne peut plus rassembler ses énergies pour accomplir une œuvre honnête, qui ne peut plus parvenir à une expression directe, pleine et vivante, qui ne peut plus pénétrer au centre d'un sujet, d'une idée. . Il est le type d'homme qui s'infidèle à lui-même dans une relation fondamentale, qui s'infidèle à lui-même à travers ses actes. Beaucoup de gens ont pensé que l'amour de l'argent était la cause de la décadence de Strauss ; que, pour le gain, il s'est livré pieds et poings liés au pouvoir de ses éditeurs, et que, pour le gain, il a produit de la mauvaise musique. Sans aucun doute, l'amour de l'argent joue un rôle démesuré dans la vie de l'homme, et continue à jouer un rôle de plus en plus grand. Mais il est probable que le désir incessant de gain de Strauss est une sorte de perversion, une manie qui s'est emparée de lui parce que ses énergies sont intérieurement empêchées de suivre leur cours logique et de créer des œuvres d'art. Amoureux du luxe, Strauss n'a probablement jamais eu autant besoin d'argent. De l'argent dont il a sans doute hérité de sa mère, la fille du brasseur munichois Pschorr ; ses œuvres ont toujours atteint des prix élevés : ses éditeurs lui ont payé jusqu'à mille dollars pour une seule chanson ; et il a toujours pu gagner de grosses sommes en dirigeant. Aussi noble et sévère que soit devenu son art, il aurait toujours pu vivre comme il l'entendait. Il ne fait aucun doute qu'il aurait gagné autant d'argent avec "Salomé" et "Der Rosenkavalier" s'il s'agissait d'œuvres d'une grande valeur artistique qu'il en a gagné dans leur état actuel. La vérité est qu'il a rationalisé son refus d'affronter les souffrances de la création en prétendant avoir un besoin constant et important d'argent et en se permettant de dissiper ses énergies dans une existence trépidante, perturbée et superficielle, dans un frémissement d'argent. des tournées de concerts, des chefs d'orchestre invités, des entreprises lucratives de toutes sortes, qui lui laissent environ deux ou trois mois d'été pour composer, et lui volent probablement ses meilleures énergies. Les œuvres sortent donc de son bureau à moitié conçues, à moitié exécutées. Il permet à ses éditeurs de lui arracher la partition d'Elektra avant qu'il en ait complètement fini. Il commence à composer "Der Rosenkavalier" avant même d'avoir vu le troisième acte. Le troisième acte arrive ; Strauss trouve cela misérable. Mais c'est trop tard. Le travail est à moitié terminé et Strauss doit le terminer. La composition devient de plus en plus une chose mécanique, l'orchestration brillante d'une musique bâclée et sans distinction, le polissage des détails, le jeu d'une habileté superficielle qui fait qu'une partition comme "Der Rosenkavalier", aussi faible soit-elle, intéresse de nombreux musiciens.

Et Richard Strauss, le seul musicien vivant qui pourrait le plus facilement s'installer dans une composition ininterrompue, se rend chaque soir à neuf heures à sa table d'écriture dans son appartement de Charlottenburg, c'est-à-dire lorsqu'il n'est pas de service à l'Opéra de Berlin. .

Et toujours des excuses : "Gagner de l'argent pour subvenir aux besoins de sa femme et de ses enfants n'est pas une honte", "Je vais accumuler une fortune suffisamment importante pour pouvoir abandonner complètement la direction d'orchestre et passer tout mon temps à composer". Mais on peut être sûr que lorsque Strauss monologue, c'est une défense différente qu'il avance. On peut donc être sûr qu'il se justifie cyniquement, amèrement, grossièrement, se dit que le jeu n'en vaut pas la chandelle, que la grandeur est une affaire de publicité, que seules les valeurs du monde commercial existent, qu'autre succès que acquérir des applaudissements, de la richesse et de la notoriété constitue un échec. Pourquoi devriez-vous prendre la peine d'écrire une bonne œuvre qui vous apportera une renommée posthume alors que vous pouvez sans problème écrire une œuvre qui vous apportera une renommée de votre vivant ? Le monde entier n'est qu'imposture, publicité et opportunisme, n'est-ce pas ? Les réputations se font par les éditeurs et les journaux. La grandeur est une question déterminée par les majorités. Mais impressionnez le public, mais composez des œuvres qui susciteront des commentaires universels, mais brisez quelques formules académiques et faites parler de vous, mais écrivez une musique qui surprendra et paraîtra merveilleuse à la première écoute, et votre renommée est assurée. L'important est de vivre luxueusement et de garder son nom devant le public.

Ce faisant, on aura vécu sa vie aussi pleinement qu'elle peut l'être. Et après la mort, qu'importe ?

Pourtant, bien que le monde soit rempli d'hommes dont les énergies spirituelles ont été affaiblies de manière analogue, la terrible mésaventure de Richard Strauss reste profondément touchante. Même si les millions d'esprits brillants qui sont morts vivants sont tombés, leur chute n'a pas été plus grande que celle de cet homme. Il ne fait aucun doute que le désastre de Strauss est complet. Il y a bien longtemps qu'il n'était plus qu'un ennuyeux pour ses fervents admirateurs, un objet de haine pour des milliers de musiciens honnêtes et idéalistes. Il a complètement perdu, au cours de sa cinquante-sixième année, la position de leadership, d'éminence qu'il occupait autrefois. Même avant la guerre, ses opéras ne tenaient que difficilement la scène. Et il est possible qu'il survive à sa renommée. On se demande s'il ne fait pas partie de ces hommes dont la réputation gonflée a piqué la guerre, et si le monde se demandera bientôt, avant ses deux nouveaux opéras, comment il a été possible que cet homme ait pu le détenir. S'il avait été le musicien le plus idéaliste et le plus intransigeant, il ne pourrait pas être moins respecté. Peut-être que sa dernière chance résidait dans « Alpensymphonie ». Voilà une cérémonie qui aurait pu le rendre prêtre à nouveau. L'Europe avait atteint un sommet, l'humanité avait une vision. Avant lui se préparait une longue descente, une averse, le coucher du soleil d'une civilisation, une autre nuit. Si Strauss s'était à nouveau ceint, avait une fois de plus invoqué la foi, l'énergie, le feu qui ont créé ces premières grandes pages qui lui ont conquis un monde, il aurait pu être sauvé. Mais c'était impossible. Quelque chose en lui était mort pour toujours. Ainsi, pour nous qui aurions dû être ses champions, son public, son œuvre semble déjà ancienne, appartenant au passé même à son meilleur, irréelle à l'exception de quelques belles œuvres symphoniques. Pour nous, qui croyions autrefois voir en lui l'homme des temps nouveaux, il ne semble que le courageux et sonore appel de trompette qui annonçait un roi qui ne s'est jamais présenté, l'éclat qui, à l'Orient, éclaire un instant le ciel. et semble promettre un nouveau jour, mais s'éteint à nouveau. Il est bien la fausse aube de la musique moderne.

Moussorgski

La musique de Moussorgski surgit d'un sol dense et livide. Il surgit d'un sol épais sous nos pieds, plus large que les étendues désertes les plus vastes et plus profond que les abîmes sans fond de la mer. Il provient d'un sol qui descend à travers tous les temps et tous les âges, à travers tous les jours de l'humanité, jusqu'aux fondations mêmes du globe lui-même. Car il naît de la chair de multitudes anonymes et innombrables d'hommes condamnés par la vie tout au long de son cours à la misère. Il a ses racines là où se trouvent la mort et la défaite. Il a ses racines dans toute chair meurtrie, mutilée et frustrée, dans toute chair qui aurait pu enfanter un dieu et périr stérile. Elle a sa racine dans chaque être qui a été privé de soleil, dans chaque être qui a souffert du froid, de la faim et de la maladie, et elle transperce et touche chaque malheur muet, chaque défaite que l'homme ait jamais connue. Et de cet océan de chair mutilée, il surgit comme une parole basse et tremblante, hésitante, inarticulée et brisée. Il n'a pas d'accent aigu et convaincant, ni d'éloquence. Et pourtant, il n'y a qu'à élever ses tons pauvres et chevrotants, et la splendeur du monde s'efface, et le grand et brillant firmament devient d'un gris triste, et, en un seul instant, nous avons connaissance de l'austère et du sainte vérité, sachez le terrible sol sur lequel nous marchons, sachez ce que l'homme a jamais souffert et ce que nos propres existences ne peuvent que prouver.

Car c'est le cri d'une personne possédée et consumée dans chaque fibre de son être par cette seule conscience. C'est comme si Moussorgski, le grand chevaleresque russe, le grand géant nerveux au sang enflammé pour la beauté et la bravoure, les cloches, les jeux et les chants, avait été tous ses jours le prince de la "Khovanchtchina" à qui la sorcière prédit : " Honte ". et l'exil t'attend. Les honneurs, la puissance et les richesses te seront arrachés. Ni ta gloire passée ni ta sagesse ne pourront te sauver. Tu sauras ce que c'est que de vouloir, de souffrir et de pleurer les larmes des désespérés. ainsi, tu connaîtras la vérité de ce monde. C'est comme s'il avait entendu ce cri sans cesse sortir d'un million de gorges, comme s'il avait sonné dans ses oreilles comme un bourdon jusqu'à ce qu'il l'informe complètement et imprègne sa jeunesse, sa force et sa puissance de chant. C'est comme si son être avait été entièrement ouvert à l'orientation sur les vastes étendues sans soleil du monde, et distendu dans l'agonie de reprendre en lui la connaissance de ces myriades de vies brisées. Car ce sont les innombrables millions de vaincus qui revivent dans son art. Ce sont eux qui parlent avec sa voix. Mieux encore que Walt Whitman, Moussorgski aurait pu dire :

"À travers moi, des voix longtemps muettes, de nombreuses longues voix muettes,

Voix des générations interminables de prisonniers et d'esclaves,

Voix des malades et du désespoir, des voleurs et des nains,

Voix des cycles de préparation et d'accrétion"—

C'est comme s'il s'était entièrement livré à eux, leur avait abandonné sa force géante russe, sa joie de vivre, sa joie, leur avait donné sa chair fière pour que leur cri et leur aveu parviennent aux oreilles des vivants.

Parfois, Moussorgski, ce sont des civilisations entières abandonnées par la vie. Parfois, il s'agit de cultures entières sous lesquelles la terre a roulé, de groupes entiers d'êtres humains qui se sont tenus un instant en silence et désespérés dans un monde qui les a rejetés par insouciance, puis se sont retournés et sont partis. Parfois, il est la foule brutale, ignorante et impuissante qui s'agenouille dans la neige qui tombe pendant que les conquérants, les grands de ce monde, faux et vrais, passent à la lueur des torches au milieu des fanfares, des hymnes et des acclamations et prononcent les belles et hautes paroles. et accomplissent les gestes royaux que la fortune leur a assignés. Parfois, il est même la vie avant l'homme. C'est la bête muette dévorée par une autre, plus grande ; les plantes qui sont encombrées par la lumière du soleil. Il connaît la douleur des choses inanimées. Et puis, à d'autres moments, il est un certain individu oublié, un être obscur et sans nom, une créature, un monde sensible comme le moine Pimen ou l'Innocent dans « Boris Godounow », et sorti de la poussière des siècles un personnage hésitant et inarticulé. la voix nous appelle. C'est le pauvre, le vieillissant, le stupide ; l'ivrogne marmonnait dans sa stupeur ; les captifs de la vie à qui la mort chante ses chants insistants et séduisants ; le garçon de paysan à moitié idiot qui tente de balbutier sa déclaration d'amour à la superbe belle du village ; le misérable imbécile qui pleure dans la nuit enneigée qui tombe. Ce sont ceux qui n'ont jamais parlé auparavant dans l'art musical, et qui se lèvent maintenant, sont autour de nous et nous font un avec eux.

Mais ce n'est pas seulement comme contenu qu'ils sont dans cette musique. Cette musique est eux, dans ses courbes et ses angles, dans sa mélodie et ses rythmes, dans son style et sa forme. Il y a des moments où elle se situe par rapport à d'autres musiques, comme certains, à moitié géants, à moitié journaliers, pourraient se trouver en compagnie d'érudits, de poètes et d'autres hommes hautement instruits et civilisés. Les illettrés, les grossiers, les humbles, les hommes qui ne connaissent pas l'éloquence sont dans cette musique en corps entier. Il transperce directement leur gorge. Aucun film, aucun raffinement de leur discours, aucun art de la musique ne nous les éloigne. Comme Moussorgski a initialement écrit ces partitions, leurs formes sont visibles page après page. Quand sa musique rit, elle rit comme des barbares se tenant le flanc. Quand il pleure, il pleure comme une petite vieille paysanne accroupie et se balançant dans son chagrin. Il a toute la turbulence et l'enrouement des voix qui sortent des cabanes des paysans et sont logées chez les hommes qui portent des chaussures en écorce de bouleau, mangent de la nourriture grossière et souffrent du froid et de la faim. Dans son idiome, il y a les chants et les lamentations de milliers de mères analphabètes, de personnes pour qui l'expression est comme une déchirure des entrailles, comme un terrible accouchement. Il contient les voix des gens chantant dans les foires, des gens assis dans les auberges ; des voix exaltées, fanatiques et mystiques ; des voix d'enfants, de servantes et de soldats ; mille sortes d'orateurs grossiers, sinistres et pointus. La plainte de Xénia dans « Boris Godounow » n'est guère plus que le soulignement des mots, l'accentuation de la voix d'une jeune fille simple exprimant son chagrin pour quelqu'un récemment et cruellement mort. Il y a des moments où l'ensemble de « Boris Godounow », la machinerie de l'opéra et tout, ne semble pas plus élégant, plus astucieux et raffiné qu'un des airs les plus simples chéris par le peuple à travers les siècles, transmis de génération en génération et assumé par chacun parce que dans les moments de chagrin, de joie, de nostalgie et de soulagement, il apportait du réconfort, du réconfort et du soulagement. Cette musique est un chant courant en Russie. C'est la Russie qui parle sans utiliser de mots. Car, comme la chanson populaire, elle porte en elle le génie et les valeurs de la langue populaire. Le style de Moussorgski est frère de sang de la langue parlée, il est en effet autant la langue russe que peut l'être la musique. Selon l'expression de Jacques Rivière, « il parle avec des mots qui se terminent par *ia* et *schka* , avec des phrases humbles, avec des termes rapides, pauvres et suppliants ». En fait, les partitions de Moussorgski sont si peu conventionnelles, si grossières, hirsutes, totalement inélégantes, qu'elles offensent même aujourd'hui les cercles musicaux polis. Ce n'est que dans les versions modifiées, « corrigées » et incontestablement castrées de Rimski-Korsakoff que « Boris » et « Khovanchtchina » se maintiennent sur scène. Cette musique de fer, cette musique granitique et adamantine, cette expression sinistre, poignante, emphatique, ne rentreront pas dans les vieilles conceptions. Les anciens parlent vaguement de « réalisme musical », de « naturalisme », cherchant à classer cette grande masse frémissante de vie.

Sans doute la musique de Moussorgski n'est-elle pas entièrement gris de fer. De même qu'au milieu de Boris se déroule la douce scène entre le tsar et ses enfants, tant se dispersent dans cette musique austère des couleurs claires et gaies, des compositions brillantes et joyeuses. Ses mélodies et ses rythmes sont toujours simples, populaires et naïfs, des petites paysannes aux tresses pendantes, des garçons de paysans en tenue de gala, des boules colorées qu'on lance, des jeux chantés accompagnés régulièrement de battements de mains, des chansons sur les canards et les oiseaux. perruches, danses pleines de traînées et de sauts. Même les mouvements des somptueuses « Danses persanes » de « Khovanchtchina » sont singulièrement naïfs, simples et sans prétention. Parfois, cependant, toute la splendeur de l'art byzantin transparaît à travers cette musique, et les modes poussiéreux d'or, la planéité métallique de la gamme pentatonique, les chants mystiques crépusculaires et les appels de trompette effrontés nous font voir les mosaïques de Ravenne, les paysages noirs et noirs. les icônes en or des églises russes, les saints auréolés sur les murs de briques, les minarets du Kremlin. Il n'y a guère de scène d'opéra plus magnifique que la scène du couronnement du tsar Boris, avec ses splendeurs massives de carillons de cloches et de clairons et les chants de la foule agenouillée. Puis, comme Boris lui-même, Moussorgski apparaît vêtu de robes rigides et blasonnées, couronnées de la tiare slave en forme de dôme et scintillante. Et pourtant , à travers toutes ces couleurs vives, comme à travers les tons plus sombres et plus tristes de la plus grande partie de son œuvre, nous vient ce sentiment angoissé et bouleversant de la vie, cette unique grande conscience. Les lieux riches et gais n'en sont qu'une partie, intensifient la grande masse sombre. Leur simplicité, leur enfantillage, leur innocence, sont des qualités qui ne se perçoivent qu'après la souffrance. La lumière du soleil en eux est la lumière du soleil gracieuse, douce et bienveillante qui ne tombe qu'entre les nuits de douleur. Les passages brillants et chevaleresques de « Boris », la musique évoquée par les souvenirs de la Russie féodale et la gloire des tsars, donnent un ton plus profond, plus étrange, plus nostalgique encore, au grand tas gris dont ils font partie. "Khovanchtchina" n'est jamais tant la tragédie, le monument des êtres et des cultures dépassés et abandonnés dans la marche incessante de la vie, que la scène où le prince Ivan Khovansky rencontre la mort. Car au moment où le vieux boyard, et avec lui l'ancien ordre russe, va à sa perte, ses disciples entonnent la plus douce mélodie que Moussorgski ait écrite ou puisse écrire. Et de cet hymne à la gloire de la maison qui périt semble nous venir tout le pathos des choses éternellement passagères, toute la nostalgie du dernier coucher de soleil, toute la dernière salutation d'un bonheur disparu. Plus que tout autre moment, plus même que le prélude infiniment sévère et simple qui inaugure la dernière scène de « Boris » et qui semble surgir de très loin et résumer toute la tristesse, l'obscurité et la pitié de l'existence humaine, que Cette scène met en évidence le grand monolithe sombre qu'est réellement l'œuvre de Moussorgski, la grande conscience qu'elle élève silencieusement, accusatrice contre le ciel. Tandis que les houillères s'élèvent, sombres et sinistres, au-dessus des villes minières, ainsi cette musique s'élève dans ses neiges russes et se dresse, affreuse et belle.

Et, ces derniers temps, le puits unique a surpassé les salles glamour wagnériennes. Les opéras de Moussorgski ont commencé à atteindre l'éminence que possédait autrefois celui de Wagner. Dans une large mesure, c'est le changement des temps qui a fait progresser et apprécié l'art de

Moussorgski. Bien que "Boris" soit né en même temps que "Die Götterdämmerung", et bien que Moussorgski se situe chronologiquement très près de l'époque précédente, il est beaucoup plus proche de nous par ses sentiments que ne l'est Wagner. L'autre génération, avec sa fierté de puissance matérielle, son sentiment de bien-être, son élan vers la maîtrise des forces terrestres, son besoin de luxe, était incapable de comprendre quelqu'un qui ressentait la vie comme une chose sombre et douloureuse, qui se sentait comme un être humain. un enfant, une vieille femme, un pauvre, impuissant face au froid terrible. Pour cela, il fallait une génération moins naïve et moins confiante, une journée plus sophistiquée, désabusée et châtiée. Ainsi la musique de Moussorgski, avec son ton pauvre, grossier et humble, son dégoût de l'orgueil, de la grandeur matérielle et de la seigneurie, son fer, sa cruauté et sa tristesse, restait inconnue et négligée dans ses neiges. Il fallut en effet attendre la venue de "Pelléas et Mélisande" pour prendre la place qui lui revient. Car même si Moussorgski a pu influencer Debussy artistiquement, c'est l'œuvre de Debussy qui a contribué à la reconnaissance et à la popularisation de celle de Moussorgski. Car la musique de Debussy est l'expression délicate et classique, voluptueuse et aristocratique de la même conscience dont celle de Moussorgski est la sévère, austère, barbare ; la caresse par opposition au pincement. Par conséquent, l'art de Debussy était le plus facilement compréhensible des deux. Mais, une fois « Pélleas » produit, l'hypothèse de « Boris » était inévitable. La génération Moussorgski était arrivée. Les hommes qui ressentaient comme lui, qui reconnaissaient la vérité de son style épuré et métallique, de ses édifices sobres, avaient atteint la majorité. Un monde a pu percevoir dans la musique du mort son symbole.

Mais ce n'est pas seulement l'opportunité de Moussorgski qui l'a propulsé à sa position actuelle. C'est la merveilleuse originalité de son art. Il est l'un des compositeurs les plus complètement et noblement originaux, l'un des grands inventeurs de la forme. La musique de Moussorgski est presque entièrement un trésor. Ce n'est pas le développement de quelque chose, la continuation d'une ligne, l'aboutissement logique du travail des autres, comme le sont les œuvres de tant de musiciens, même des plus grands. C'est une chose qui semble être tombée sur terre à partir des arcanes des formes comme une météorite. Au moment même du triomphe de Wagner et de la pleine maturité de Liszt et de Brahms, Moussorgski composait comme s'il était né dans un monde où il n'y avait pas de tradition musicale, un monde où d'ailleurs pas de belle littérature musicale, et seulement un il existait peu de chansons folkloriques, de chants liturgiques orthodoxes et de gammes gréco-catholiques. Il semble avoir été complètement indifférent à la théorie musicale. Il ne reconnaissait qu'une seule règle : « L'art est un moyen de parole entre l'homme et l'homme, et non une fin ». Autodidacte, il invente un art musical à chaque étape de la composition. Et ce qu'il produisait, même s'il n'était pas énorme en volume, était nouveau, avec une nouveauté qui est un des miracles de la musique. Rares sont les phrases de ses opéras et de ses chansons qui suivent une courbe conventionnelle ou non originale. Les chansons de Moussorgski sont des choses que l'on peut reconnaître à chacun de leurs moments, tant elles sont profondément et complètement distinctives. Il n'y a pas un bar de la collection intitulée "Sans soleil" qui ne soit richement et puissamment nouveau. Les harmonies sonnent nouvelles, les mélodies sont libres, étranges et expressives, les formes sont solides et lourdes comme le bronze et le fer. Ils sont comme des mottes extraites de la terre. La plus grande simplicité est obtenue. Et chaque coup est décisif et significatif. Moussorgski semble s'être rapproché de la vie que la plupart des artistes, avoir saisi les émotions dans leur nudité et leur acuité, avoir ressenti avec l'innocence d'un enfant. L'un de ses recueils s'intitule "La Chambre d'Enfants". Et cette surprise et cet émerveillement face à tous les faits communs de la vie, la netteté avec laquelle arrive la connaissance de la mort, caractérisent non seulement ce groupe, mais toutes les chansons. Il est partout l'enfant qui voit le scarabée mort et qui exprime son émerveillement et son trouble directement du fond de son cœur avec toute l'acuité du discours nécessaire. Tant d'autres musiques semblent indirectes, hésitantes, craintives, à côté de ces petites formes de granit.

Et puis, les opéras de Moussorgski, « Boris » en particulier, sont dramatiquement plus rapides que la plupart des opéras de Wagner. Il n'a jamais commis l'erreur que faisait si souvent le maître de Bayreuth, de subordonner le drame à la musique et d'arrêter l'action au nom d'un « Waldweben » ou d'un « Charfreitagszauber ». Les petites scènes de la pièce de Pouchkine se déroulent rapidement à travers la musique ; l'action est renforcée par une forme de musique semblable à un squelette, par des gravures tonales rapides et vives, par les images les plus simples et les plus directes. La caractérisation musicale est des plus pointues ; les idées originales s'empilent et se succèdent sans plus attendre. La partition de Boris, si mince soit-elle, est un trésor d'inventions, de certaines des musiques les plus parfaites écrites pour le théâtre. Peu d'œuvres d'opéra sont musicalement plus importantes et pourtant moins prétentieuses. Et la "Khovanchtchina", si fragmentaire soit-elle, n'en est pas moins pleine d'idées nobles et belles. Ces fragments, mélodies, chœurs, danses sont chacun d'eux de véritables inventions, des pièces merveilleuses prises dans des filets, des beautés les plus rares. Une lueur profonde et riche joue sur ces mélodies. Leur simplicité est la simplicité des inventions parfaitement heureuses, des choses sorties de terre sans effort. Ils ressemblent tellement à des airs populaires qu'on se demande s'ils n'ont pas été produits il y a des centaines d'années et transmis par des générations de Russes. L'un d'eux même, le grand chœur de la première scène, pourrait constituer une sorte d'hymne national pour la Russie. D'autres, comme l'accompagnement instrumental de la première entrée du prince Ivan Khovansky, sont quelques-uns de ces morceaux qui représentent toute une culture, toute une tradition et une race.

Ces pièces sont les enfants d'un esprit infiniment noble. Il y a quelque chose dans ces mélodies magnifiques, ces cris magnifiques, ces thèmes fiers et solennels dont sont pleins « Boris » et « Khovanchtchina », qui fait paraître Wagner plébéien et bourgeois. Même si la musique est paysanne, puante la terre, grossière et puissante, elle semble néanmoins faire référence à un esprit plus fier et plus noble que celui de l'autre homme. La réticence, la franchise, l'innocence de toute théâtralité, l'évitement de tout ce qui est purement efficace, la dignité de l'expression, le sel et l'ironie, la rondeur et la rondeur de chaque détail sont bons et fortifiants après les inondations scoriaques du génie de Wagner. . Les piles grises et décharnées, les surfaces métalliques, les intimités de Moussorgski, sont plus viriles, plus fortes, plus résistantes que la musique de Wagner. Seuls les gens aristocratiques sûrs d'eux-mêmes peuvent être aussi gais et légers à volonté. S'il y a quelque chose dans la musique moderne qui puisse être comparé aux volumes purs, bruts et puissants de l'art primitif, c'est bien l'œuvre de Moussorgski. Et à mesure que les années passent, la stature et l'esprit de l'homme deviennent plus immenses, plus prodigieux. Il suffit d'écouter l'accent de la plupart de la musique moderne pour mesurer dans l'ombre de qui nous vivons tous, jusqu'où a porté l'impulsion venant de lui. Tout le monde musical vivant, de Debussy à Bloch, de Strawinsky à Bartok, a été vivifié par lui. Et, bien sûr, si une musique moderne semble avoir le pouvoir de résistance qui repousse les siècles et les éons, ce sont bien ses pièces de bronze, de ferronnerie et de granit. Ce que le monde a perdu lorsque Modeste Moussorgski est mort dans sa quarante-deuxième année, nous ne le saurons jamais.

Mais surtout, sa musique a la grandeur d'un acte essentiellement religieux. C'est l'expression de la connaissance spirituelle la plus profonde d'un peuple. Moussorgski était soutenu par la grande force de la charité russe, l'humilité russe, la pitié russe. C'était ce grand sentiment religieux qui possédait celui qui avait été un garde idiot se contentant d'amuser les dames en leur grattant des bribes de "Il Trovatore" et de "La Traviata" au piano, et qui lui donnait son sens profond de la réalité, sa connaissance de la réalité. combien la vie humaine est simple et triste après tout, et qui l'a fait vibrer si délicieusement avec la souffrance inhérente à la constitution du monde. Elle donnait à son art sa couleur, son caractère, sa tendance. Cela le remplissait de cet amour animal, chaleureux et sans sentimentalité qui le faisait représenter fidèlement l'homme et capter le souffle même de ses semblables lorsqu'il quittait leur corps. Certes, c'est du sentiment faible et puissant du sacrement de la douleur qu'a sa race que découle sa musique. Il a lui-même avoué que c'était le sentiment de l'angoisse inarticulée d'autrui, la sympathie pour un garçon de paysan à moitié idiot qui balbutiait son amour désespéré, qui avait d'abord réveillé le poète en lui et l'avait amené à composer. La musique de la défaite, le cri insistant de la douleur du monde, résonne dans sa musique parce que le peuple russe a toujours connu le grand mystère, la réalité et le bien de la souffrance, a su que seuls les humbles, seuls ceux qui ont supporté la défaite et la douleur. et le malheur peut voir le visage de la vie, que le chagrin et l'agonie peuvent sanctifier l'existence humaine, et que si aux jours de son triomphe et de son bien-être l'homme est un être cruel et mauvais, l'adversité fait souvent apparaître en lui des traits divins et charmants. . Dostoïevski n'a jamais été plus prophète russe que lorsqu'il a écrit "L'Idiot", et y a exprimé ses humbles remerciements pour avoir été sauvé par la malédiction de la nature, par l'inutilité totale de sa machine physique, par la maladie, la folie et la pauvreté. de faire le mal du monde et d'ajouter à sa mort. Et Moussorgski est le pendant du grand romancier. Comme l'autre, il exerce des fonctions sacerdotales et ablutions. Comme l'autre, il exprime le dieu humble et émouvant, le dieu au front bas et large et au costume paysan, que son peuple porte en lui. La prose et la musique sont des manifestations du Christ russe. En Europe, à une heure tardive, il est venu en tant qu'émissaire du peuple religieux moderne et a appelé les hommes à reconnaître la vérité et à réformer leur vie conformément à elle. Il est venu pour arracher l'homme à l'esclavage du nouveau corps gigantesque qu'il avait engendré, pour le sevrer de la soif de pouvoir, pour l'apaiser et l'humilier. Une fois de plus, il est venu accomplir les prophètes de l'Ancien Testament. L'évangile de Tolstoï, les romans de Dostoïevski, la musique de Moussorgski sont les nouveaux évangiles. Chez Moussorgski, la musique a donné son prêtre au nouveau monde.

Liszt

Ô magnifique et misérable abbé Liszt ! Étrange et contre nature fusion des traits les plus nobles et les plus mesquins ! On ne peut guère dire qui était le plus fort en vous, le grand seigneur ou le vil comédien. Car dans votre travail, ils sont également, inextricablement mêlés. Dans votre art, c'est l'acteur qui le trône dans la salle du palais, le grand seigneur de la musique qui se pavane et cabriole sur les planches du théâtre ambulant. Nulle part, dans toute musique, la grandeur n'est plus proche de la poussière, et nulle part la poussière ne révèle des traits plus grandioses. Vos compositions sont la plus brillante des salauds, la plus lamentable des choses légitimes. Ils nous frappent à la fois d'admiration et d'aversion, nous affectent comme si les robes de satin écarlate d'un patricien de Venise trahissaient la présence sous elles de haillons immondes et disgracieux. Ils nous rappellent les façades des palais de Vicence, qui, conçues par le pompeux et classicisant Palladio, sont exécutées en stuc et autres matériaux bon marché.

Et pourtant, les nombreuses œuvres dans lesquelles vous ne vous montrez pas artiste révèlent la plénitude de vos pouvoirs presque autant que les rares dans lesquelles vous le faites. Le plus vide de vos nombreux soliloques orchestraux ostentatoires, le plus faible de vos nombreux piano-pyrotechnie, le plus glacial de vos bouquets d'étoiles glacées et explosives, le plus cuivré de vos péroraisons flagrantes, le plus faux de vos innombrables bijoux de pâte, déclarez que vous êtes nés pour siéger parmi les grands de votre métier. Car ils vous révèlent l'indéniable génie virtuose. L'habileté même de l'imitation de la pierre précieuse trahit à quel point vous aviez un sens profond de la beauté de la vraie pierre précieuse, à quel point vous étiez expert dans le métier de tailleur de diamants. Dans la formation de vos mauvaises œuvres d'art, il y a eu un tempérament, un enjouement, une fécondité, un caprice, un génie que beaucoup de meilleurs artistes n'ont pas possédés.

Vous étiez en effet abondamment doté, comblé de dons musicaux comme un prince bercé pourrait être comblé de cadeaux et d'honneurs. Tout dans votre personnalité était grand, seigneurial, immense. Vous êtes né roi musical de Chypre, de Jérusalem et d'Arménie, souverain titulaire de vastes royaumes non réclamés. Peu de compositeurs ont été plus inventifs. Aucun compositeur n'a jamais répandu ses idées d'une main plus libérale. Des compositions comme la sonate pour piano en si mineur, le poème symphonique « Mazeppa », la symphonie « Dante », quelle que soit leur valeur artistique, assez foisonnantes de thèmes originaux de haut niveau, sont comme des trésors dans lesquels reposent négligemment des ornements en or. en tas. En effet, votre force inventive a fourni du matériel non seulement à vos propres compositions, mais également à celles de votre gendre, Richard

Wagner. Comme James Huneker l'a si bien dit un jour : « Wagner vous devait bien autre chose que de l'argent, de la sympathie et une femme. » Car Siegmund et Sieglinde ont existé longtemps dans votre symphonie "Dante" avant que Wagner ne les transfère dans "Die Walküre" ; Parsifal et Kundry ont longuement joué dans votre sonate pour piano avant de les introduire dans son "Bühnenweihfestspiel".

Vous étiez équipé pour la composition au piano comme aucun autre de votre époque. Pour vous, l'instrument était une chose plus nouvelle, plus étrange, plus vierge que pour Schumann ou Chopin. Vous saviez encore mieux qu'eux comment écouter sa propre voix. Vous étiez plus profondément conscient qu'eux de sa couleur et de sa qualité. Vous semblez y être parvenu absolument sans idées préconçues. Votre sonate en si mineur, aussi insatisfaisante que soit sa qualité réelle, reste l'une des œuvres magistrales du genre. Rares sont les œuvres qui mettent mieux en valeur les différentes tessitures de l'instrument et contrastent mieux les différents volumes du son du piano. La sonate s'étend en réalité sur différents plans, procède de différentes directions, délimite une forme solide, fait paraître par contraste même celle de Beethoven plate et bidimensionnelle. Voici, presque pour la première fois, une sonate qui relève distinctement de la musique *du* pianoforte. Et les réalisations modernes en matière de composition pour piano ne diminuent en rien l'émerveillement de votre compréhension de la dynamique de l'instrument. Les hommes nouveaux, Scriabine et les compositeurs de l'école française moderne, ont peut-être pénétré plus profondément que vous n'aviez le pouvoir de le faire, ils ont peut-être réussi là où vous avez échoué. Néanmoins, ils n'auraient pas pu progresser sans votre orientation. Ils vous sont infiniment redevables.

Même Wagner n'a pas eu une influence plus grande que la vôtre sur les temps nouveaux et n'a pas préparé plus largement la voie à la musique la plus récente. Vous êtes en effet le bon ami de tous ceux qui rêvent d'un nouveau langage musical, d'une nouvelle syntaxe musicale, d'un nouvel équilibre et d'une nouvelle structure, et qui partent explorer les régions vastes et vagues, la *terra incognita* du son. Car tu es leur ancêtre. Si, dans son caractère général et homophonique, votre œuvre appartient essentiellement à la période romantique, votre conviction que le contenu conditionne la forme de chaque pièce fait de vous le trait d'union entre l'art musical classique et moderne. Le poème symphonique, qu'il trouve ou non son origine dans les ouvertures de Beethoven, est en grande partie votre œuvre, car bien que vous n'étiez pas vous-même suffisamment affranchi des formules classiques pour créer une forme symphonique entièrement programmatique, comme l'a fait ensuite Strauss, vous lui avez néanmoins donné l'indice dont il a le plus profité. Les impressionnistes aussi semblent provenir de vous. La petite pièce intitulée « Les jeux d'eau de La Villa d'Este » ne semble pas peu anticiper leur style. Et même si vous n'étiez pas responsable de la musique de l'école nationaliste russe, le barbare robuste et coloré qui sommeille en vous vous faisait néanmoins accueillir et encourager leur travail. Cela vous a fait écrire à Borodine et à Moussorgski ces lettres cordiales qui leur plaisaient tant. Car à cette époque, ils n'étaient que d'obscurs ouvriers, tandis que vous étiez le prince même des musiciens.

En effet, rien n'est plus princier, rien ne révèle mieux l'ampleur, la générosité de votre esprit, que vos relations avec vos confrères artisans. Les artistes sont souvent si mesquins dans leur conduite les uns envers les autres, qu'il est en effet rafraîchissant de lire avec quelle bonté infaillible vous avez traité tant de compositeurs moins heureux que vous. Et il n'y a pas que Wagner et César Franck qui ont bénéficié de vos bonnes actions. De nombreux hommes plus jeunes et plus obscurs, le pauvre Edward MacDowell, par exemple, savaient ce que c'était que de recevoir des lettres cordiales et élogieuses de votre part, d'être aidés par vous dans leur carrière, de voir leurs compositions interprétées par les meilleurs orchestres allemands grâce à votre aide. . Et vous n'aviez aucune vanité en vous, vous appeliez en souriant vos poèmes symphoniques « Gartenmusik », et vous répondiez à Wagner, quand il vous informait qu'il vous avait volé tel ou tel thème : « Dieu merci, maintenant ce sera au moins entendu!" Si tu avais, ô Liszt, exprimé la noblesse de ta nature aussi purement dans ta composition que tu l'avais exprimée dans tes relations sociales, nous n'aurions pu nous plaindre d'aucun décombre montagneux, d'aucune misère sordide ternissant la splendeur parfaite de ta silhouette.

Mais malheureusement, la véritable grandeur de votre dotation n'a jamais engendré une œuvre réellement symbolique d'elle-même. Car si votre musique, dans son ensemble, a une grandeur, c'est la grandeur creuse de l'inflation, de l'ostentation, de l'extériorité. Votre musique est presque entièrement un *décor de théâtre monstrueux* . Il cherche sans cesse à créer des atmosphères tragiques, sataniques et passionnelles, à suggérer des choses immenses, royales et terribles, à obtenir des effets formidables. C'est plein de déclarations bruyantes et grandiloquentes, de tourbillons, d'orages, de couronnements au Capitole, d'idéaux, de lamentations, de cavalcades à travers la moitié de l'Asie, de draperies, de massacres, de fresques, de façades, de magnificats, de couchers de soleil sinistres, de cimeterres, de miracles, de triomphes de la croix. , se retire du monde. Il regorge de toutes les propriétés romantiques. Tels de vastes décors de scène, les différents passages et mouvements se déroulent sous nos yeux, et nous sont invités à nous régaler des représentations de rochers titanesques, de ciels bas et de demeures de saints ermites qui nous rappellent dangereusement les merveilles exposées dans les peepshows de foires au pain d'épices. L'atmosphère des compositions est si invariablement sensationnelle, le geste si calculé, si théâtral, qu'une grande partie du matériau véritablement impressionnant, la quantité d'idées originales, perdent toute consistance et deviennent des composants indistincts de ces vastes montagnes d'ennui, de ces gaspillages d'ennui. instruments rhétoriques et grandiloquents, ces concertos bruyants et caracolants de musique de cirque. Il y a quelque chose de presque insultant pour l'intelligence dans ces œuvres exagérées, ces façades prétentieuses, ces fresques vastes et pompeuses de Kaulbach, ces soliloques instrumentaux byroniens, ces fioritures creuses et creuses des cuivres, ces chromatiques bêtement sataniques, ces triomphes inévitables de l'intelligence. la croix et les modes grégoriens.

Sans aucun doute, une grande partie de vos futaines et rhodomontades, de vos attitudes diaboliques, de vos combats grandioses entre les armées du mal et la lumière de l'Arbre, de vos interminables fanfares, étaient dues à l'âge dans lequel vous avez grandi. L' extériorité, la pompe de l'intention, les postures théâtrales faisaient partie de la constitution romantique. Le désir d'obtenir des effets sensationnels, la tendance à s'extérioriser, à adopter des postures théâtrales et à projeter pompeusement, étaient innés chez chacun des hommes parmi lesquels vous avez passé votre jeunesse. Car ils avaient soudainement et douloureusement pris conscience que la nature était suprêmement indifférente à leur sort et à leurs chagrins individuels. Ils étaient si blessés dans leur *amour-propre* qu'ils cherchaient à restaurer leur estime de soi diminuée en exagérant l'importance et l'intensité de leurs souffrances et en cherchant à se convaincre de leurs péchés sataniques et de leur terrible destin. Manfred, posant sombrement sur un rocher alpin et invoquant

> "La nature à sa querelle

Avec une attitude bile et cothurne,"

C'était le genre de vous tous. Vous avez dû conjurer la conscience de votre propre insignifiance en vous concevant au milieu d'environnements magnifiques, d'effets naturels sinistres, de prairies enflammées, de pinacles, de torrents, de colisées, de palais souterrains, de ruines éclairées par la lune, de repaires de bandits, et en travaillant sous d'effroyables malédictions, de terribles châtiments, des héritages ancestraux. péchés, etc., etc.

Mais si le romantisme frénétique d'un Delacroix, par exemple, nous séduit même par la vertu de sa peinture, et si nous pardonnons celui d'un Berlioz et d'un Chateaubriand à cause des nombreuses beautés, des véritables grandeurs de leurs styles, nous ne pouvons pas apprenez plutôt à aimer le vôtre. Car chez vous, la maladie a été aggravée par la présence d'une autre incitation puissante à vous pavaner et à vous tenir debout, à extérioriser et à gonfler votre art. Car tu étais le virtuose. Vous étiez l'homme dont tout l'être était destiné à produire un effet. Vous étiez l'homme dont la vie se vit sur la scène du concert, dont les valeurs sont celles de la salle de concert, qui trouve son plus grand bien dans l'effet instantané obtenu par sa performance. Dès votre enfance, vous étiez le virtuose du piano idolâtré. Tous vos jours, vous avez été étouffé par l'adulation que vous ont infligées sous une forme très tangible les grandes dames de toutes les capitales de l'Europe. Et virtuose tu es resté toute ton existence. Vous n'avez jamais évolué de cette situation initiale vers quelque chose de plus salutaire pour l'artiste. Au contraire, vous en êtes venus à exiger que l'atmosphère du spectacle, de l'exposition, vous entoure continuellement, à trouver les feuilles de roses et les nuages de parfum absolument nécessaires. La majeure partie de votre composition semble n'être qu'un effort pour perpétuer autour de vous l'admiration et l'adulation, les yeux brillants, les lèvres entrouvertes et les seins gonflés. Tout dans votre musique de piano est conçu pour cet effet. Les sentimentalités éhontées, les attardements voluptueux sur des accords doux et des notes incisives, les récitatifs ostentatoires, les climax humides et sensuels, la figuration titillante, les draperies excessives, ont été appelés à l'existence pour l'effet immédiat et bouleversant à la première écoute. Tout est élargi et poivré et vise à vous obtenir le pouvoir Pacha dont vous rêviez. En plus d'être venteuse et théâtrale, votre musique est ce que Nietzsche l'appelait si amèrement : « Die Schule der Geläufichkeit—nach Frauen ».

Ainsi, votre immense talent artistique est dilapidé, vos idées sont mal formulées, votre science est utilisée à mauvais escient. Car, tandis que le destin vous comblait magnifiquement de cadeaux, il semble avoir en même temps cherché à nier sa libéralité en fusionnant dans votre personnalité l'alliage vil, en vous décrétant des pouvoirs énormes et en en abusant. Cela vous empêchait d'être souvent complètement authentique, complètement incandescent, complètement bien. Il vous refusait en grande partie la véritable dureté adamantine de l'artiste, l'inviolabilité de l'âme, le sens du style. Cela a fait de toi, l'inventeur prodigieusement fécond, la mine de matière thématique, prodigue ; incapable de raffiner votre minerai, de poursuivre vos idées et de leur donner toute leur valeur. Wagner aurait pu dire de vous, s'il l'avait voulu, ce qu'aurait dit Haendel du compositeur auquel il a emprunté : « À quoi sert une si bonne idée à un homme comme lui ? Il faut en effet se tourner vers Wagner pour apprécier bien des inventions, le Siegmund et le Sieglinde, le Parsifal et le Kundry, musique que vous avez si négligemment rejetées. Quant à vous, vous êtes trop le « génie virtuose » ; trop, au fond, l'acteur. Votre musique est peut-être la plus astucieusement élaborée pour produire des effets, la plus artificielle que nous connaissions. Vous êtes peut-être l'artefact le plus brillant de la musique.

Nous avons toujours l'impression de vous voir assis sur la scène de concert devant nous, plongé dans l'expression de votre passion, votre dégoût de la passion, votre renoncement à la passion. Mais l'absorption n'est pas aussi complète qu'il y paraît. Pendant toute la représentation, vous avez secrètement gardé un petit œil méchant braqué sur les dames du public.

Parfois, vous jouez au religieux. Peut-être qu'il y avait vraiment en vous une veine de dévotion et de foi. Le fait que vous ayez pris les ordres pour échapper à votre mariage avec la princesse de Sayn-Wittgenstein, qui vous a poursuivi pendant de nombreuses années et vous a sans doute ennuyé avec ses écrits théologiques, ne réfute pas entièrement son existence. En effet, votre symphonie "Dante", avec son Enfer plein de délinquants sexuels impénitents, son Purgatoire plein de ceux qui se repentent de leurs excès, son Paradis représenté par un hymne à la Vierge, suggère quelle sorte de rôle, et combien réel un rôle , la religion a peut-être joué dans votre existence luxueuse. Mais, pour l'essentiel, la religiosité de votre musique rappelle beaucoup celle du confesseur à la mode. Vous apportez de la consolation, sans doute. Mais vous l'apportez par choix dans le boudoir. Vous parlez tristement des vents cruels de la luxure. Vous vous attardez sur l'exemple de la pieuse sainte Elisabeth de Hongrie. Vous étendez vos mains sur de belles pénitentes, en faisant une série des plus beaux gestes. Vous murmurez un pardon mielleux pour les péchés passionnels. Vous suscitez toujours des larmes et de la gratitude. Mais en fin de compte, votre « Consolation » n'est qu'un autre « Liebestraum ».

Sans aucun doute, vous aimiez votre terre natale. Mais votre patriotisme rappelle dangereusement le restaurant Magyar, le violoniste au manteau à grenouilles. Vous tirez de votre violon des lamentations passionnées. Dans une sorte d'extase, vous célébrez la Hongrie. Puis, souriant brillamment, vous passez le chapeau.

Une fois seulement, votre regard ne s'est pas promené liquidement vers la galerie. Autrefois seulement, votre travail n'a pas été gâché par des projets d'effets excitants, de contrastes sensationnels, d'expression grandiose et grandiloquente. Autrefois seulement, tu étais pleinement l'artiste, imprégnant ton œuvre d'un bel éclat de vie, la rendant profondément digne et passionnée, sincère et ferme, profondément émouvante. Pour vous aussi, il y avait une exception cardinale. Pour vous, il y avait la « Symphonie de Faust ». L'œuvre est une musique romantique, la musique de l'école byronique *par excellence* . Ici aussi, c'est la rumeur et la révolte, le cynisme satanique, le langage de l'expert. Mais ici, le miracle s'est produit, et votre musique, généralement si lâche, superficielle et théâtrale, a le sens, l'intensité, la signification qui semble lui manquer partout ailleurs. Voici, pour une fois, une de vos œuvres qui bouge de sa propre initiative, qui a une vie indépendante et merveilleuse, qui est brillante et pourtant substantielle. Ici, vous vous êtes matérialisé. Nous croyons à votre Faust comme nous ne croyons ni à votre Tasse, ni à votre Mazeppa, ni à votre Orphée. Car il exprime vos propres pensées romantiques en termes touchants et impressionnants. Dans le thème qui nous évoque «

Faust in ritterlicher Hofkleidung des Mittelalters », vous avez exprimé votre propre fierté et votre délicatesse seigneuriale. Goethe a dû toucher, avec sa tragédie, ses personnages, quelque veine longtemps étouffée en vous. Dans chacun des trois mouvements, le Faust, la Marguerite et le Méphisto, vous faites votre meilleure musique. Il y a un véritable drame dans le premier. Il y a un silence chaud et parfumé dans le second. Peut-être que Gretchen cueille sa marguerite un peu trop soigneusement. Mais il y a une sensibilité et une délicatesse de sentiment rare dans sa musique. Tout est au pastel. Il y a là quelque chose de très jeune et de chaleureux qu'aucune autre de vos compositions ne montre peut-être, comme si en la composant vous aviez retrouvé des émotions originelles gâtées depuis longtemps.

Mais c'est le troisième mouvement, l' *Allegro ironico* , qui a ouvert vos écluses et produit votre génie. Car dans la conception de Méphisto que vous avez trouvée chez Goethe, vous avez trouvé votre propre équation spirituelle. Vous aussi, avez été victime d'un intellect désillusionné qui a fait des ravages dans tout ce que vous trouviez pur et beau et a déversé sa moquerie sulfureuse sur toutes vos aspirations. Malgré toute votre mariolâtrie, vous étiez plein de "der Geist der stets verneint". Et ainsi vous avez pu créer un Méphisto musical qui survivra à vos autres œuvres, sonate et tout, et vous exprimera à d'autres époques. Car ici, tout ce qu'on devine vaguement derrière vos compositions sucrées et prétentieuses s'exprime franchement. À l'écoute de ce puissant scherzo, on connaît le cynisme qui a rongé votre esprit. Nous l'entendons déferler et remplir le ciel. Nous l'entendons déverser son rire moqueur sur le chagrin, le désir et l'orgueil, sur la pureté et la tendresse dans ces arabesques orchestrales scandaleuses qui descendent sur les thèmes des mouvements "Faust" et "Marguerite" et les fouettent dans des distorsions grimaçantes. Nous l'entendons nier, piétiner et maudire, renverser le monde entier dans un mépris grossier. Le refrain final peut chercher à évoquer une autre émotion. Vous pouvez vous retourner avec toute la ferveur apparente et prier "das Ewig-Weibliche" pour vous sauver. L'autre expression reste la plus parlante. C'est l'une des pièces suprêmes de l'ironie musicale. Il se classe aux côtés de « Till Eulenspiegel » et de « Petrouchka ».

C'est aussi la plus triste de vos œuvres. Car cela nous fait savoir une fois pour toutes combien vous auriez pu être un musicien infiniment plus grand, ô misérable et magnifique abbé Liszt !

Berlioz

Le cours du temps, qui a fait s'éloigner et diminuer tant de musiciens, a rapproché Berlioz de nous et lui a montré sa grandeur. L'âge auquel il a vécu, les décennies qui ont suivi sa mort, l'ont trouvé assez insignifiant. Ils ne reconnaissaient en lui que le projeteur d'édifices gigantesques, non le bâtisseur. Sa musique ne semblait qu'un échafaudage. Bien qu'une génération de musiciens ait appris de lui, qu'ils soient venus écouter les voix propres des instruments de l'orchestre grâce à lui, même si la musique est devenue de plus en plus picturale, ironique et concrète parce qu'il avait travaillé, son propre travail semblait toujours laid avec des intentions non réalisées. S'il a réussi en tant qu'artiste, c'est grâce à son romantisme frénétique, sa bizarrerie, ses postures byroniennes, traits qui étaient après tout assez mineurs et secondaires chez lui. Car c'étaient les seules de ses caractéristiques que son heure pouvait comprendre. Il a ignoré tous les autres. Ainsi Berlioz resta pendant un demi-siècle simplement le compositeur de l'extravagante « Symphonique Fantastique » et du génial « Harold en Italie », et, pour le reste, un compositeur d'œuvres cassantes et arides, dépourvues d'idées authentiques, « un meilleur littérateur ». que musicien." Cependant, avec le départ du monde de la maison romantique, Berlioz s'est rapidement rétabli. Sa musique, qui auparavant paraissait laide, a progressivement acquis force et signification. Sa musique qui semblait mince et grise est soudainement devenue satisfaisante et rouge. Des compositeurs aussi éminents que Richard Strauss, des chefs d'orchestre aussi conservateurs que Weingärtner, des critiques aussi sensibles que Romain Rolland en sont venus à percevoir sa grande force et son importance, à s'exprimer à son sujet dans un langage sans équivoque. C'est comme si le monde avait dû bouger pour voir Berlioz, et que ce n'est que dans un jour qui lui était propre et parmi les hommes de sa famille qu'il pourrait prendre la stature qui lui revient et vivre.

Car nous vivons aujourd'hui à une époque d'invasions barbares. Nous voyons le vieux continent européen de la musique envahi par des hordes asiatiques, des Scythes, des Mongols, des Mèdes et des Perses, toutes des tribus musicales sauvages. Une fois de plus, la vieille barrière arbitraire entre les continents disparaît et les traits classiques de l'Occident se mêlent à ceux de l'Orient subtil, sensuel et spirituel. C'est comme si l'art musical, avec ses nouvelles gammes, ses nouvelles harmonies, sa nouvelle coloration, sa nouvelle vie rythmique, était en train d'être révolutionné, comme s'il revenait à ses débuts. C'est comme si une partie de l'impulsion originelle de faire de la musique se réveillait. Et ainsi, à travers cette confusion, Berlioz a soudainement flambé de signification. Car lui-même était le plus pur des barbares. Une œuvre comme le « Requiem » n'a pas d'antécédents. Il ne se conforme à aucun canon reconnu, ne semble obéir à aucune logique autre que celle de l'esprit grossier et puissant qui l'a lancé. Pour l'homme qui a pu écrire une musique si grossière, si forte, si percutante, une musique innocente du passé ou de la tradition, le monde devait en effet en être au premier jour de sa création. Car de telles formes uniques devaient en effet avoir eu leur bord immaculé et ondulé et leur volume non diminué, elles devaient s'être imposées de manière aiguë et convaincante. La musique a toute la grossièreté d'une réponse directe et inconditionnelle à une telle vision. Il n'est pas étonnant que cela soit inacceptable à une époque argentée et romantique. Les romantiques avaient eux aussi aspiré à peindre de vastes toiles. Mais l'immensité de leurs toiles était restée une affaire d'intention, une affaire de décoration vaste et prétentieuse. La musique de Berlioz était à la fois trop grossière et trop prodigieuse à leur goût. Et, en vérité, à nous aussi, qui avons ressenti les grandes masses cubiques des modernes et entendu le pas des barbares, le sens de la beauté qu'exigeaient les blocs géants de la musique du "Requiem" semble encore un peu étrange et monstrueux. chose. Cela semble bien être un atavisme, un retour aux modes de sentiment qui ont créé les monuments d'autres époques, d'époques barbares et oubliées. C'est bien que Berlioz ait qualifié son œuvre de « babylonienne et ninivite » ! Certes, cela ne ressemble à rien tant aux masses cruelles et lourdes, aux vastes tombeaux, aux remparts et aux terrasses de Khorsabad et de Nimroud, nus et oppressants sous le soleil de l'Assyrie. Berlioz a dû nourrir une exigence élémentaire de forme inhérente à l'esprit humain, mais enfouie et oubliée jusqu'à ce qu'elle reprenne vie en lui. Car il existe dans l'imagination une puissance véritablement primitive et sauvage qui pourrait entasser de tels tas de musique, se délecter de la fureur fracassante des trompettes, élever des pyramides choragiques. Ici, avant Strawinsky et Ornstein, avant Moussorgski même, il y avait une musique barbare, radicale et révolutionnaire, une musique à côté de laquelle tant de musique moderne disparaît.

Il a avant tout une partie de la nudité, une partie de la transparence des contours auxquelles aspirent les hommes modernes. Ces dernières années, on a pu constater une réaction marquée des contours vaporeux et fluides des impressionnistes musicaux, du style de "Pelléas et Mélisande" en particulier. Des hommes aussi disparates que Schoenberg, Magnard et Igor Strawinsky ont cherché, à leur manière, l'un par une sorte de dureté mathématique, le second par une sévérité gothique, le troisième par une régularité machinique, pour donner à leur œuvre une nouvelle dimension. l'audace, une nouvelle puissance et une incisivité du design. Quelque chose de la même netteté et de la même transparence a été atteint par Berlioz, sinon précisément grâce à eux, du moins à un degré non moins remarquable que le leur. Il y est parvenu par la nudité de sa ligne mélodique. La musique du « Requiem » est presque entièrement une ligne singulièrement puissante et caractéristique. Il n'est pratiquement pas pris en charge. Beaucoup de gens prétendent que Berlioz souhaitait acquérir des connaissances en harmonie et en contrepoint. Certes, son sens de l'harmonie était très rudimentaire, nullement raffiné par rapport à celui de ses prédécesseurs, très simple comparé à celui de ses contemporains Chopin et Schumann. Et ses tentatives de création de contrepoint, à en juger par le premier mouvement de « Harold en Italie », sont assez maladroites. Mais on peut se demander si cette ignorance ne lui a pas été utile plutôt que mauvaise ; et si, finalement, il ne s'est pas rendu assez indépendant de ces deux éléments musicaux. Car le "Requiem" atteint une nouvelle sorte de grandeur musicale grâce à sa ligne mélodique aiguë, lourde, rectangulaire et rythmiquement puissante. Il exprime à travers lui un langage audacieux, nu et immense. Avec Baudelaire, Berlioz aurait pu dire : « L'énergie c'est la grâce suprême ». Car la beauté de son chef-d'œuvre réside précisément dans la puissance délimitatrice, la caractéristique de cette mélodie brute, vigoureuse et sans fioritures. Sans doute pour ceux qui sont encore déconcertés par sa nudité, sa musique paraît mince. Mais s'il est mince, sa finesse est celle du câble d'acier.

Et il a la vivacité et la plénitude rythmiques qui caractérisent l'art musical le plus récent. S'il y a une qualité qui unit, à part les Strawinsky et les Ornstein, les Bloch et les Scriabines, c'est l'intrépidité, l'exubérance et la sauvagerie avec lesquelles ils martèlent leurs rythmes. Quelque chose depuis longtemps enfoui en nous semble surgir à la vibration de ces coups féroces, audacieux, cliquetants, presque convulsifs, pour chercher à gesticuler, à danser et à sauter. Et Berlioz possédait ce sens élémentaire du rythme. Schumann était convaincu, à l'écoute de la "Symphonie Fantastique", que chez Berlioz la musique revenait à ses débuts, à l'état où le rythme était libre et irrégulier, et que dans peu de temps elle renverserait les lois qui l'avaient si longtemps liée. Il en va de même, nous semble-t-il, malgré toutes les innovations rythmiques de notre époque. La personnalité qui pouvait battre avec exubérance une musique aussi rythmiquement variée, concise et libre devait en effet posséder une naïveté primitive, une vitalité et une spontanéité d'impulsion. Quelle manifestation de volonté débridée dans cette liberté d'expression ! Berlioz devait être le frère de sang du sauvage, de la créature élémentaire qui, à partir des besoins sombres et cachés de la vie elle-même, invente sur son instrument de musique grossier un rythme puissant. Ou bien, il devait être comme un destrier puissant et excité, irritant son mors, fou de laisser libre cours à son énergie. Son sang a dû depuis toujours aspirer à la libération des battements turgescents, anguleux et irréguliers, doit toujours avoir rempli son imagination de combinaisons nouvelles et convaincantes, le poussant aux mouvements de saut et de marche. Car il semble avoir trouvé à profusion les accents qui accélèrent, soulèvent et lancent, les trouve dans toutes les variétés, depuis les pas vifs et délicats des ballets de "La Damnation de Faust" jusqu'à l'élan vaste et lointain qui anime le chœurs du "Requiem" d'haute montagne ; des finales folles et tumultueuses de la symphonie "Harold" et de la "Symphonie Fantastique" aux rythmes rouges, turbulents et *canailles* des marches, véritable musique des masses insurgées, retentissante d'échos de tocsins, de barricades et de révolutions.

Mais c'est dans le traitement de son instrument que Berlioz semble le plus proche des musiciens les plus récents. Car il fut le premier à permettre à l'orchestre de lui dicter la musique. Il y avait sans doute avant lui des orchestrateurs habiles et sensibles, des hommes profondément conscients de la nature de leurs outils, des hommes qui, comme Mozart, pouvaient à peine retenir leurs larmes au son de leur instrument préféré et écrivaient à merveille pour les flûtes. et cors et hautbois et tous les éléments de leurs orchestres. Mais à côté de la sienne, leur connaissance de l'instrument était manifestement relative. Car chez eux, la musique avait en somme un timbre général. Les phrases qu'ils ont assignées, par exemple, aux violons ou aux flûtes, peuvent être assignées à d'autres instruments sans nuire complètement à la composition. Mais dans l'œuvre de Berlioz, musique et instruments sont indissociables. On ne peut pas du tout réarranger son orchestration. Bien que les phrases qu'il a écrites pour basson ou clarinette puissent être exécutées par d'autres instruments, la musique périrait complètement dans la substitution. Quel instrument autre que l'alto pourrait apprécier le célèbre thème « Harold » ? Car, de même que dans un tableau de Cézanne, la forme est inséparable de la couleur et ne fait qu'un avec elle, de même, dans les œuvres de Berlioz et des Modernes, la forme fait partie de la qualité sensuelle du groupe. Lorsque Rimski-Korsakoff déclara qu'une composition pour orchestre ne pouvait exister avant que l'orchestration ne soit achevée, il ne faisait que formuler une règle sur laquelle Berlioz avait agi toute sa vie. Car Berlioz entreprend d'apprendre le langage de l'orchestre. Non seulement il a réclamé de nouveaux instruments, des instruments qui sont finalement devenus partie intégrante des orchestres modernes, mais il s'est également consacré à une étude de la nature, des gammes et des qualités réelles des anciens, et a écrit le célèbre traité qui est devenu le manuel de la science de l'instrumentation. La maigreur d'une grande partie de son œuvre, la faiblesse de l'ouverture de « Benvenuto Cellini », par exemple, résultent de son inexpérience dans la langue nouvelle. Mais il n'eut pas besoin de s'entraîner longtemps. Il ne tarda pas à devenir le professeur de ses contemporains. Wagner doit autant à l'instrumentation de Berlioz qu'à l'harmonie de Chopin.

Mais pour les nouveaux venus, il est plus qu'un enseignant. Pour eux, il est comme le découvreur d'un nouveau continent. Grâce à lui, ils ont découvert une nouvelle façon d'appréhender le monde. De la boîte de peinture qu'il a ouverte, ils ont tiré les couleurs qui nous font revoir dans leur musique la face de la terre. Les poèmes symphoniques de Debussy et les ballets de Ravel et Strawinsky, les compositions orchestrales scintillantes de Strauss, Rimsky et Bloch, n'auraient guère pu voir le jour si Berlioz n'avait pas attiré l'attention du monde sur les instruments dont les couleurs et les timbres dont il est trempé, dorment.

Ainsi, l'être grand, puissant et contenu qu'était, après tout, Berlioz, est devenu apprécié. Car derrière le fougueux et volcanique Berlioz, derrière le compositeur byronique et fantastique, il y avait toujours un autre homme, plus grand. L'histoire de l'art de Berlioz est l'histoire de l'incarnation progressive de cet être calme et majestueux, du triomphe progressif de cette personnalité plus grande sur l'autre, jusqu'au dévoilement final et à la présence réelle dans "Roméo" et la "Messe pour la Mort." Le romantique sauvage, l'amateur de l'étrange, du sinistre et du grotesque qui a créé la « Symphonic Fantastique », n'est peut-être jamais devenu complètement inactif. Et une partie du sel et de la saveur des œuvres les plus grandes et les plus caractéristiques de Berlioz, les minuscules particules musicales, par exemple, qui composent le scherzo de la « Reine Mab » dans « Roméo », ou la combinaison bizarre de flûtes et de trombones dans le « Requiem », macabres comme les fresques d'Orcagna à Pise, sont dues à ses imaginations fantastiques. Mais peu à peu, le côté plus profond de Berlioz a fini par prédominer. Cet esprit plus profond était un être qui sortait d'une vaste et charmante caverne de l'âme humaine et était vêtu de robes majestueuses et brillantes. C'était un esprit qui ne pouvait pas facilement s'implanter dans le monde, tant il était grand et simple, et il lui fallut attendre longtemps avant de pouvoir trouver un portail digne de ce nom. Elle n'a réussi à s'exprimer que partiellement, fragmentairement, dans diverses transformations, jusqu'à ce que, par changement, elle trouve dans l'idée de la Messe des Morts son opportunité. Pourtant, elle n'a jamais été totalement absente de l'art de Berlioz, et dans le sens très clair qu'elle revêt dans le "Requiem", nous pouvons en percevoir les justifications diverses et toujours présentes, dès le début de sa carrière.

C'est déjà le cas dans l'ouverture du Roi Lear, dans cette noble et gracieuse introduction. Dès le début, Berlioz se révèle un esprit fier et aristocratique. Même dans ses moments les plus impuissants, il est toujours noble. Il se montre doté d'une haine pour tout ce qui est injuste, lâche et vulgaire. Il y a toujours de la grandeur, de la gravité et de la chasteté dans son geste. La froideur est le plus souvent simplement la froideur apparente de la retenue ; la calvitie, le laconisme d'un esprit qui abhorrait les manières de parler lâches et disgracieuses. Même les finales frénétiques et orgiaques des symphonies "Harold" et "Fantastic" sont tempérées par une aciérie et une ironie athlétiques et sont, après tout, imprégnées de la bonne lumière sèche de l'intellect. La plus grande partie du "Harold" est évidemment, dans sa fraîcheur, sa netteté et sa légèreté, l'œuvre de quelqu'un qui n'était pas disposé à se mêler dans la cause de l'expression, qui exprimait ses sensations avec réticence plutôt qu'avec effusion, et se tenait toujours un peu à l'écart. .

L'ouverture du "Corsaire" n'a peut-être pas la ballade sauvage et riche de celle du "Flying Dutchman". Mais il est imprégné de la lumière claire et frémissante de la Méditerranée. C'est, selon les mots de Hans von Bülow, « aussi concis que le bruit d'un pistolet ». Et il vole rapidement devant son propre vent. Les scènes de foule de « Benvenuto Cellini » sont lumineuses, vives et étincelantes, et ne sont pas défavorablement comparables à certains passages de « Petrouchka ». Et certes, "Roméo" manifeste de manière inoubliable la finesse et la noblesse du caractère de Berlioz. « La musique qu'il écrit pour ses scènes d'amour, a fait remarquer quelqu'un, est le meilleur test du caractère d'un musicien. » Car, à vrai dire, aucune forme d'expression musicale ne donne autant d'occasion à tout ce qu'il y a de vulgaire latent en lui de se produire. Et il n'y a qu'à comparer la "Scène de jardin" de "Roméo" avec deux autres morceaux de musique qui s'en rapprochent dans le style, le deuxième acte de "Tristan" et le "Roméo" de Tchaïkovski, pour percevoir avec quelle lumière gracieuse l'écriture de Berlioz la musique le révèle. La musique puissante de Wagner plane sur le jardin de ses amants comme une nuit oppressante et sensuelle. Le feuillage, les ruisseaux et le clair de lune palpitent de la fièvre du sang. Mais il n'y a ni tendresse, ni jeunesse, ni délicatesse, ni grâce dans les passages d'amour de Wagner. Celui de Tchaïkovski est également essentiellement sinistre et sensuel. Et tandis que celui de Wagner est au moins plein de richesse animale, celui de Tchaïkovski est morbide, hystérique et pervers, nous plaçant au milieu des canapés, des draperies et des abat-jour roses au lieu de sous le ciel nocturne. Celui de Berlioz est cependant plein d'une poésie calme et parfumée. C'est en effet la musique des amants de Shakespeare. C'est comme l'ouverture de cœurs muets d'excès de joie. Il y a tout le romantisme, toute l'extase d'un esprit intact. Car Berlioz semble avoir toujours eu sa candeur et sa jeunesse. Pendant trois cents ans, les hommes se sont tournés vers la pièce de Shakespeare, avec sa nuit italienne et son balcon au-dessus des cimes des arbres fruitiers, émerveillés par sa beauté juvénile, son tableau délicat du premier amour. Dans la musique de Berlioz, elle trouva enfin un digne rival. Car le musicien aussi avait en lui une partie de la grâce, de la grandeur et de la douceur d'esprit que le poète manifestait si souverainement.

Mais c'est surtout dans le « Requiem » que Berlioz se révèle dans toute la grandeur et la puissance de son être. Car c'est là que toute la fraîcheur aristocratique et la concision de "La Damnation de Faust" et de "Harold en Italie", tout le calme de fresque des "Troyens à Carthage", trouvent leur expression la plus libre et la plus riche. « Si j'étais menacé de détruire tout ce que j'ai composé, écrivait Berlioz à la veille de sa mort, ce serait pour cette œuvre que je mendierais la vie. » Et il avait raison dans son estimation de sa valeur. C'est en effet l'un des grands édifices du ton. Au cours des événements qui exigeaient de Berlioz, l'œuvre lui avait fourni une fonction à la mesure de ses pouvoirs et lui avait permis de s'inscrire de manière immortelle. Il fut appelé par son pays pour écrire une messe pour une messe de commémoration en l'église des Invalides. Cet édifice au dôme d'or, consacré à la mémoire de l'armée des morts, aux innombrables soldats tués dans les guerres de la monarchie, de la république et de l'empire, et qui deviendra bientôt le tombeau de Napoléon, avait besoin de son officiant. Et c'est ainsi que le génie de Berlioz est apparu et est venu. Le "Requiem" est le discours d'une grande âme classique, façonnée par la lumière calme et le sol fécond de la Méditerranée. Malgré toute sa masse « babylonienne et ninivite », il est plein du calme latin, du repos latin, de la résignation latine. Le ton simple, calme malgré toute son énergie, la douceur dorée du « Sanctus », l'acceptation nue de tous les faits de la mort, sont le langage de celui qui avait en lui une attitude à la fois primitive et grandiose, une attitude que nous en sont presque venus à les ignorer. En écoutant la messe, nous avons l'impression que certains *vates* d'un peuple méditerranéen sont venus, ravis et d'humeur élevée, offrir des sacrifices, apaiser les vivants, célébrer avec des rites appropriés les multitudes innombrables de morts héroïques. Certaines compositions semblent trouver un terrain d'entente entre tous les hommes à travers les âges. Et à la compagnie de telles œuvres d'art appartient la grande messe pour les morts d'Hector Berlioz.

Pourtant, la commande d'écrire le "Requiem" n'était qu'un accueil momentané adressé à Berlioz. L'époque dans laquelle il vivait n'était pas préparé à son art. Elle se trouva mieux préparée pour Wagner. Car la musique de Wagner était plus proche de l'ancienne musique, la résumait en fait. Berlioz dut donc rester incompris et sans logement. Et quand vint enfin un moment pour la musique de Wagner de reculer et un autre de prendre sa place, Berlioz était encore à moitié enseveli sous l'incompréhension de son époque. Et pourtant, avec la Cassandre d'Eulenberg, Berlioz aurait pu dire au moment où il semblait que la nuit éternelle allait l'obscurcir à jamais :

"Einst treibt der Frühling uns in neuer Blüthe

Empor et Licht; Leben, wir scheiden nicht,

Denn ewig bleibet, était dans uns erglühte

Et je t'en prie, tu es plus loin auf zum Licht!"

Car la ressemblance que lui portent tant d'hommes nouveaux nous a fourni un merveilleux exemple de la récurrence éternelle des choses.

Franck

Belge liégeois de naissance, et parisien seulement d'adoption, César Franck précipite néanmoins la musique française moderne. Le groupe de musiciens qui, au moment où la grande lignée de compositeurs descendue en Allemagne depuis Bach s'amenuisait chez Strauss, Mahler et Reger, a ravivé la haute tradition de la musique française, a créé un art musical nouveau et original. , et à l'heure actuelle, en raison de l'influence qu'il exerce sur les nouveaux talents des autres nations, est parvenu à dominer la situation musicale internationale, il aurait difficilement pu exister sans lui. Il a assuré le succès artistique non seulement d'hommes comme Magnard, d'Indy et Dukas, dont l'art montre des signes évidents de son influence. Des compositeurs comme Debussy et Ravel, qui semblent être parvenus à maturité indépendamment de lui, ont néanmoins énormément bénéficié de son œuvre. Il est possible que s'il n'avait pas émigré de Liège et travaillé au cœur de la France, ils n'auraient pas atteint leur plénitude d'expression. Car ce que Berlioz était peut-être trop prématuré, trop excentrique et radical pour réaliser, c'est-à-dire la dissipation de la torpeur qui pesait sur le sens musical de ses compatriotes depuis un siècle, le réveil de l'impulsion typiquement française de faire de la musique, non seulement dans seuls et solitaires, mais dans un groupe nombreux et représentatif, la renaissance d'une vie véritablement musicale en France, — cet homme, en vertu des particularités de son art, et particulièrement en raison de son actualité, a réussi à réaliser.

Car César Franck a vaincu une fausse culture musicale dans son pays d'adoption en lui montrant, au moment où il était prêt à la percevoir, le visage d'une vraie. Les Français ne sont pas une race exceptionnellement musicale. La musique joue un rôle relativement insignifiant dans leur civilisation. La masse du peuple ne le réclame pas, ne l'a jamais réclamé avec autant d'insistance que le font les Allemands et les Russes, et comme le faisaient la masse des Italiens à la Renaissance, la masse des Anglais avant la Révolution. Il doit exister dans la race un préjugé contre sa propre impulsion musicale. Car si la France a un sentiment musical très affirmé, qui varie peu au fil des siècles et qui explique les étonnantes similitudes entre l'œuvre de Claude Le Jeune au XVIe siècle, de Rameau au XVIIIe et de Debussy au XXe, elle a, pendant ses mille ans de culture, et tout en produisant un flot d'auteurs, de peintres et de sculpteurs illustres, elle n'a donné naissance qu'à quatre ou cinq compositeurs d'un rang incontestablement premier. L'Allemagne, au cours de deux siècles, en a produit au moins huit ou neuf ; La Russie trois au cours des cinquante dernières années. En France, des siècles s'écoulent entre l'apparition d'un Josquin des Prés au XVe siècle, d'un Rameau au XVIIIe, d'un Debussy au début du XXe. Et chaque fois que les Français ont reçu un art musical qui leur est propre, chaque fois qu'un compositeur comparable aux Goujons et aux Montaignes, aux Renoirs et aux Baudelaires a fait son apparition parmi eux, ils ont généralement été prompts à se détourner de lui et à lui préférer non seulement des étrangers, ce qui ne serait pas nécessairement mauvais, mais souvent les musiciens les moins respectables. Le triomphe de Rameau fut des plus brefs. A peine ses magnifiques tragédies lyriques furent-elles établies qu'éclata la *Guerre des bouffons* , et le goût populaire, sous la direction de Jean Jacques Rousseau et des autres encyclopédistes, découvrit la musique légère italienne de l'époque, plus « naturelle » et infiniment préférable à la musique sévère. et formes nobles du plus grand des compositeurs français. L'apparition de Gluck donne à l'œuvre de Rameau un véritable *coup de grâce* et bannit le maître de la scène lyrique. Et pendant un siècle et quart, la musique française, notamment la musique de théâtre, fut complètement infidèle à l'esprit racial. Pendant la majeure partie du XIXe siècle, Rossini et Meyerbeer ont dominé le monde de l'opéra. Les compositeurs d'opéra autochtones, Auber et Boieldieu, Adam et Halévy, combinèrent les faiblesses des deux sans parvenir à rien de comparable à leur éclat tape-à-l'oeil. Quant à l'accent de leur musique, ils flottaient allègrement quelque part entre l'Allemagne et l'Italie. Et quand quelque chose de reconnaissablement indigène fait son apparition dans les opéras de Thomas et de Gounod, ce n'est que du bout des lèvres en faveur du génie racial, et c'est une chose qui marche avec légèreté, dextérité, avec prudence, et qui ne réveille pas les chiens endormis.

Quelle est la cause de cette méfiance, quelle sorte de rigidité elle dénote, on ne peut que le deviner. Mais sa présence ne fait aucun doute. S'il n'y avait rien d'autre pour le démontrer, la survie parmi les Français d'une institution nommée M. Camille Saint-Saëns le ferait amplement. Car l'œuvre de cette personnalité extraordinaire, ou plus exactement de cette impersonnalité, qui pendant vingt-cinq ans de la Troisième République domina la situation musicale de son pays, fut acclamée partout, non seulement à Paris, mais aussi à Berlin, le monde moderne maître français, et qui, aujourd'hui, à cent quarante ans, persiste encore à écrire des quatuors à cordes avec le même classicisme glacial qui distinguait ses premiers efforts, est évidemment un compromis résultant du conflit de deux impulsions également fortes : celle de faire de la musique et celui de repousser l'expression musicale. Depuis des années, cet homme accomplit tous les gestes de la composition la plus sérieuse sans ajouter un iota à l'art musical. Depuis des années, il écrit une musique apparemment logique, claire, bien formée. Ses numéros d'opus s'élèvent bien à deux cents. Il a écrit des symphonies, des concertos pour piano et violon, des opéras, des cantates, des poèmes symphoniques, des suites, des ballades, des fantaisies, des caprices. Il a écrit un grand nombre de chacun. Il a écrit des « impressions » de Naples, d'Alger, des îles Canaries, de toutes les parties du globe qu'il a visitées. Mais malgré toute cette activité apparente, M. Saint-Saëns n'a en réalité réussi à rien faire du tout. Ses compositions sortent assez largement du cadre de l'art musical. Aujourd'hui, ils sont déjà plus âgés que ceux de Mendelssohn, dont ils semblent être un reflet encore plus pâle. Mendelssohn, lui aussi, était intérieurement en guerre contre lui-même, et peut-être que Saint-Saëns est un autre exemple du même conflit. Pourtant, celui-ci a atteint une sorte de froideur cireuse dont l'aimable Félix a finalement été sauvé. Elégante, finie, suave, classicisante, la musique de M. Camille Saint-Saëns nous laisse dans la plus complète objectivité. Nous n'en sommes pas du tout touchés et émus. Quelque chose, nous le percevons vaguement, est censé se dérouler sous nos yeux. De faibles lumières glaciales traversent l'orchestre. Ceci, nous pensons, est censé être un passage intérieur et réfléchi. C'est une finale, c'est un point culminant dramatique. Mais on ne se contente que d'un plaisir nonchalant de l'habileté et de l'urbanité de l'orchestration, de la douceur des formes de certaines mélodies, de la netteté de la composition. Au final, l'homme nous ennuie complètement. Il a inventé un nouvel ennui musical. C'est celui d'être invariablement joli, impersonnel et insignifiant.

Connaissez-vous le « Phaéton » de Saint-Saëns ? Oh, ne pensez jamais que ce petit poème symphonique raconte l'histoire d'une jeunesse brillante et de son char solaire, des coursiers en fuite et du corps brisé et sanglant ! Le « Phaéton » que chante Saint-Saëns n'est pas le fils arrogant de Phœbus. Quoi que proteste le compositeur, c'est le carrosse bas et à roues découvertes qu'il décrit. Il nous le montre parcourant le bois de Boulogne par un beau matin de printemps. Le nouveau vernis du charmant véhicule brille brillamment, les roues légères sur pneus tournent rapidement, les harnais chaussés d'argent scintillent dans l'air ensoleillé. Mais hélas, les poneys sont effrayés par quelque chose, sans doute la robe rouge d'une chanteuse de l'Opéra Comique. Il y a une fuite, et avant que les chevaux puissent être maîtrisés, le phaéton est bouleversé. Personne n'est blessé et en quelques minutes l'équipage est rétabli. Néanmoins, le compositeur ne peut retenir en lui quelques soupirs devant la nouvelle couche de vernis maintenant si grossièrement grattée.

Franck était d'un autre caractère. L'impulsion qui le poussait à faire de la musique n'était ni si faible ni si souple. On ne pouvait pas le coiffer et l'habiller élégamment et lui apprendre à conduire élégamment une canne nuancée dans la *rue de la Paix* ou l' *allée des Acacias* . C'était une chose trop chaude, sauvage et timide, trop passionnément engagée dans son cours, trop nostalgique pour que les hauteurs blanches et fulgurantes du Ciel se nie à la demande de la société française et se conforme à ce que les académiciens déclaraient être « la vieille tradition française ». ". Franck était trop artiste dans l'esprit de La Fontaine, de Germaine Pillon, de Poussin et des autres qui formaient cette tradition, et qui seraient violemment attaqués en son nom s'ils réapparaissaient aujourd'hui. De plus, il appartenait à la race des musiciens qui viennent faire de la musique en grande partie pour se libérer des démons qui les assaillent, de la sinistre couvée des doutes, des peurs et des malheurs, et pour regagner le sein de Dieu. C'était le croyant simple et de tout cœur, le pauvre petit homme perdu dans le désastre, secoué et blessé par le « terrible doute des apparences » et par la cruauté des choses, désireux de crier son désespoir, sa solitude et son chagrin aux oreilles des le Dieu de son enfance, et luttant au cours de longues veillées pour la confiance, la croyance et la réconciliation. Sa musique fait écho encore et encore au cri : « Je ne te laisserai pas partir à moins que tu ne me bénisses. » Parmi les compositeurs modernes, seul Bruckner a eu des relations aussi constantes avec les hauteurs, et Franck est le plus doux, le plus doux et le plus tendre des deux. Il se mit, à la manière des compositeurs de la Renaissance mourante, à écrire cent hymnes à la Vierge. Il a cherché dans ses compositions pour piano à retrouver le ton élevé et spirituel, la communion religieuse qui a inspiré les œuvres de Bach. Une seule fois, dans les Variations Symphoniques, il se montre brillant et virtuose, et puis, avec quelle naïveté et quelle gaieté désarmantes ! C'est souvent l'air gris et solitaire de la tribune de l'orgue de Sainte-Clotilde, l'église où il a joué tant d'années mélancoliques, qui respire à travers son œuvre. Seul avec son instrument et les cieux assombris, il épanche sa tristesse, son amertume, aspire à la résignation. Ou encore, sa musique est un pont entre le présent troublé et un plan plus rare, plus grand et meilleur. En symphonie et en quatuor, en sonate et en oratorio, il y parvient. La couvée infernale est dispersée ; les grandes cloches de la foi sonnent à nouveau courageusement ; le monde est plein de soleil du sabbat et rempli de simples fleurs des champs. Et il le traverse libéré, béni et joyeux, léger et le cœur joyeux.

La bataille acharnée qu'a dû mener l'homme pour faire fructifier un tel sens musical dans le Paris d'Ambroise Thomas, de Gounod et de Massenet se mesure au fait que les compositions qui assurent à Franck sa position ont été presque toutes produites au cours des dix dernières années. de sa vie, après sa cinquante-huitième année. Pendant trente ans, l'homme a dû lutter avec son médium et son environnement avant même de pouvoir rendre justice à son génie. En fait, jusqu'en 1850, il produisit peu de choses d'importance. Les trios rappellent Meyerbeer ; la cantate « Ruth », avec laquelle se termine cette première période de composition, a une douceur de celle qu'on identifiera plus tard au nom de Massenet. Les œuvres de la deuxième période, qui se termine vers 1875 avec la réédition de l'oratorio « Rédemption » récemment composé, le révèlent toujours en quête de puissance et d'une manière personnelle. Sans aucun doute, une grande amélioration par rapport aux travaux de la première période est visible. De cette époque datent le séraphique « Panis angelicus » et le noble et délicat « Prélude, fugue et variation » pour harmonium et piano. Mais ce n'est qu'avec la composition de son oratorio « Les Béatitudes », achevé en 1879, que commence la grande période de Franck. L'homme était enfin formé. Et, coup sur coup, sortaient de sa table de travail la série de compositions, le « Prélude, choral et fugue » pour piano, la sonate, le poème symphonique « Psyché », la symphonie, le quatuor et les trois chorals pour orgue qui révéler son génie. Il n'y a guère d'autre exemple dans toute l'histoire musicale d'une floraison aussi longtemps retardée.

Et c'est une musique presque aux antipodes de celle de Saint-Saëns qui s'est finalement révélée à travers Franck. Tout y est ressenti, nécessaire et expressif. Il est sans fioritures. Aucun des légers glaçages musicaux qui cachent la pauvreté et la vulgarité de tant d'idées de l'autre ne se retrouve ici. Les designs eux-mêmes sont nobles et significatifs. Franck possédait le don rare de sentir exactement ce qui convenait à son objectif. Il a eu le courage artistique nécessaire pour supprimer tout ce qui était superflu et insignifiant. Sa musique dit quelque chose à chaque note, et quand elle n'a plus rien à dire, elle se tait. Il est concis et direct. La Symphonie, par exemple, est une courbe ininterrompue, une progression ordonnée par étapes douces et à peine perceptibles depuis l'obscurité d'une introduction douloureuse et rongeante jusqu'à la clarté d'une conclusion saine et exubérante. Et tandis que le style de Saint-Saëns est trop lisse et glacial, sorte de pendant musical de la sculpture d'un Canova ou d'un Thorwaldsen, celui de Franck est subtil, tacheté, riche, plein de jeux d'ombre et de lumière. Le style chromatique que Wagner a développé dans "Tristan" et dans "Parsifal" est construit et développé pour devenir un style presque caractérisé par ses modulations riches, subtiles et incessantes. Les modes anciens et mixtes y font leur apparition. Le matériel thématique est originellement tourné, souvent large, ecclésiastique et magnifique ; le mouvement des thèmes franckiens étant une invention distincte. L'harmonie est pleine, variée et brillante. Mais c'est avant tout la douceur séraphique du style de Franck qui distingue sa musique et l'oppose à cette autre si dure de tranchant et si mince de substance. Là-dessus joue une tendresse légère et lumineuse, une qualité presque naïve et réticente et virginale. La musique de « Psyché » est exécutée avec le pinceau musical le plus léger. C'est aussi doux, lumineux et gracieux qu'une fresque de Raphaël. Le plus léger, le plus soyeux des voiles flotte dans la section « Le Sommeil de Psyché » ; le plus doux des zéphyrs porte la jeune fille à son seigneur. Pas étonnant que de fervents commentateurs aient découvert dans cette musique si imcorporelle et diaphane une intention chrétienne, et prétendent que dans l'esprit de Franck Psyché était l'âme croyante et Eros l'amant divin ! La tendresse, la douceur séraphique étaient les caractéristiques de l'homme, imprégnant tout ce qu'il touchait. Peu de compositeurs, certes, ont inventé une musique plus divinement douce que celle du troisième mouvement du quatuor, plus extatique et plus lumineuse que les idées dispersées dans son œuvre, qui semblent comme des enregistrements d'un moment où les cieux s'ouvrirent au-dessus de sa tête et où le l'empyrée résonnait des alléluias de l'armée angélique. Et certainement aucun compositeur, à l'exception de Mozart, n'a découvert des thèmes aussi naïfs et innocemment joyeux que ceux qui remplissent la fin de la sonate et les variations symphoniques d'un délicieux soleil printanier.

La carrière de celui qui devait servir l'art musical dans le Paris du vivant de Franck et attendre trente ans l'épanouissement de son génie était nécessairement obscure et triste. Le

> "yeux mentors, l'hypocrisie
>
> Des serrements de mains,
>
> Le masque d'amitié cachant la jalousie,
>
> Les pâles lendemains

De ces jours de triomphe"...

dont M. Saint-Saëns se plaint un peu pompeusement dans son petit volume de vers, étaient inconnus de César Franck. Pour cet homme, même dans la fleur de l'âge, il n'y eut que les humiliations, les déceptions qui sont le lot du génie incompris. Il eut de riches élèves, parmi lesquels le vicomte Vincent d'Indy, mais aucun d'eux ne semble être venu l'aider, lui assurer plus de temps pour la composition, lui éviter de perdre ses précieuses journées à instruire quelques amateurs. Toute sa vie, jusqu'à la fin de ses soixante-dix ans, César Franck fut obligé de se lever tous les matins à cinq heures pour avoir quelques heures de liberté pour composer avant que le jour croissant ne l'oblige à se mettre au trot. d'un bout à l'autre de Paris donnant des cours. De son vivant, il dut se contenter d'interprétations à moitié préparées de ses œuvres, se résigner à ce que des compositeurs d'opérettes lui soient préférés lorsque les chaires du *Conservatoire* devenaient vacantes, à ne recevoir pratiquement aucune reconnaissance d'un gouvernement prétendant à haute voix protéger et encourager les arts. Sans la ferveur et la fidélité avec lesquelles Ysaye s'est efforcé d'étendre sa renommée, faisant pratiquement avaler à un public réticent la sonate pour violon et le quatuor, l'homme n'aurait connu aucun succès même au cours des toutes dernières années. de sa carrière. Dans l'état actuel des choses, sa réputation ne s'est répandue qu'après sa mort. Puis, bien sûr, l'inévitable monument lui fut érigé.

Pourtant, l'avenir était avec César Franck comme il l'a été avec peu d'artistes. L'actualité de son art était presque miraculeuse. Sans aucun doute, durant les années de son travail, les Français étaient les plus prêts pour une renaissance musicale. La défaite de 1870 avait, après tout, renforcé la nation, réveillé ses énergies endormies. Elle n'avait pas été assez grave pour détruire, mais seulement assez violente pour forcer les gens à se débarrasser de la torpeur qui les avait envahis pendant les deux régimes précédents. Les gens recommençaient à travailler, le ventre un peu plus vide et la tête un peu plus pleine que sous Louis-Philippe et Louis-Napoléon. Surtout, c'était la fin de la vie insipide et superficielle du Second Empire. Les gens étaient plus sobres, plus intérieurs et plus réalistes qu'ils ne l'étaient auparavant. Il y avait une activité inhabituelle dans tous les arts. La peinture, la fiction, la poésie, la sculpture avaient ou étaient en train de renaître. Une seule étincelle créatrice enflammait à coup sûr les musiciens les plus récalcitrants. De vastes talents, comme ceux de Bizet et de Chabrier, se faisaient sentir. Mais avec une seule influence puissante et constructive, une seule expression classique du sentiment musical français et une vingtaine de musiciens doués étaient prêts à naître. Et cet exemple a été donné par Franck. Car, bien que sa musique soit indubitablement en partie belge, belge d'Anvers et de Bruxelles aussi bien que de Liège et du pays wallon, flamande presque dans ses larges et magnifiques passages, c'est ce à quoi l'œuvre de Saint-Saëns superficiellement parisien n'atteint jamais être. Il est représentatif de la grande tradition classique de la France, profondément expressif de l'esprit français. Ce doit être une parenté profonde avec les peuples voisins, plus profonde encore que le fait qu'il portait ses propres compatriotes, qui envoya le jeune Franck de Liège à Paris, le retint dans la ville toute sa longue et obscure vie et le fit prospérer dans le sol étranger. Car sa musique a des traits communs aux artistes français représentatifs et en est venue à identifier le génie français. Une fois de plus, on devinait dans la musique la clarté et l'ordre français, la logique et la concision. C'étaient encore une fois de grands édifices sonores, de style grandiose et aux tons sobres. La méfiance qui rend si difficile à la race de s'exprimer avec aisance dans la musique a été exprimée dans cette œuvre. De plus, avec l'argenté de Rameau, la simple solidité de la prose française et une partie de la vieille gaieté des artistes français médiévaux se retrouvent dans la musique de Franck. Les modes anciens y ressuscitent, les vieux rythmes paysans battent à nouveau le sol.

Mais surtout, il exprimait les personnages décrits dans la section de « Jean-Christophe » significativement intitulée « Dans la Maison ». Il exprimait la France essentielle cachée sous les reflets de la Troisième République. La musique de César Franck est la musique du peuple replié sur lui-même par les conditions de la vie moderne. C'est la musique des êtres nobles qui hésitent au seuil du monde et doivent sans cesse lutter pour le pouvoir d'agir, pour la foi et l'espérance. C'est la musique de ceux qui, parmi des millions de personnes, se sentent abandonnés, seuls et impuissants, et dont Franck lui-même a partagé l'existence obscure et laborieuse. C'est une chose éloignée du marché, pleine du calme de la chambre intérieure. À travers tant de choses sur Franck, on sent la lueur constante de la lampe dans la pièce chaude. Avec ses chants de solitude, de doute et de cruauté, ses communions avec soi-même, ses veillées et ses prières, sa lutte pour la lumière du soleil de parfaite confiance, santé et enthousiasme, il pourrait sortir directement de la vie d'une demi-douzaine de personnalités éminentes que La France produisait dans les dernières années du XIXe siècle. Romain Rolland lui-même est de ce genre. C'est pour ces gens méfiants, désillusionnés, dubitatifs, que Charles Péguy écrivait, leur demandant de se souvenir de l'origine divine de la vie et des institutions qui leur paraissaient si fausses, leur rappelant que la République elle-même était le résultat d'une impulsion mystique dans le cœur humain, que les morts d'une race vivent dans les corps qui respirent et que les membres d'un peuple ne font qu'un. Le mysticisme et le catholicisme de Paul Claudel, le dégoût du scepticisme de Renan et d'Anatole France qui est devenu si général dans la pensée française récente, le traditionalisme, voire la réaction intellectuelle, de la dernière France, sont tous préfigurés et esquissés dans la musique. de César Franck. Il a dû palpiter au cœur même de son pays d'adoption.

Face à une telle expression, à un standard aussi moderne, la nouvelle génération ne pouvait que répondre de toutes ses forces et se presser par l'ouverture pratiquée dans la Muraille de Chine. Et après Franck, a suivi une génération de musiciens français comme le monde n'en a pas vu depuis l'époque des clavecinistes. En dix ans, de l'un des plus moribonds, Paris était devenu le centre musical le plus important et le plus vivant. Quelque chose qui manquait depuis longtemps à l'air de Paris y avait largement réapparu. L'imaginaire musical était libéré. Après Franck, il était impossible à un musicien français de ne pas avoir le courage de s'exprimer dans son langage, d'oser développer les formes typiquement françaises, de rompre avec les standards étrangers allemands et italiens qui avaient si longtemps opprimé le génie national. Car cet homme l'avait fait. Et avec les Debussys et les Magnard et les Ravel, les d'Indy et les Duka et les Schmitt, les Chaussons et les Ropartz et les Milhaud qui suivirent immédiatement César Franck, une institution comme la Société Nationale de Musique commença à avoir un sens. Encore une fois, la musique française l'était.

Debussy

La musique de Debussy est la nôtre. Toutes les formes artistiques sommeillent dans l'âme, et aucune œuvre d'art ne nous est réellement étrangère, et aucune œuvre d'art de ce genre ne peut apparaître dans tous les âges futurs du monde. Mais la musique de Debussy nous est propre, à notre époque, comme aucune autre, et pourrait demeurer de tous temps notre symbole. Car il a vécu en nous avant de naître, et après la naissance, il est revenu sur nous comme une libération. Dès la première rencontre, le style de « Pelléas » était mystérieusement familier. Cela nous faisait sentir que nous avions toujours eu besoin de tels rythmes, d'accords si lumineux, de phrases si limpides, que nous les avions peut-être même entendus, sonnant faiblement, dans notre imagination. La musique semblait aussi vieille que notre sentiment d'individualité. Cela semblait n'être que la reconnaissance exquise de certains moments intenses, troublants et apaisants que nous avions déjà rencontrés. Il semblait façonné à partir de certaines expériences inéluctables et mystérieuses qui avaient germé, ineffablement tristes et douces, dans nos vies, et nous avaient rendus nouveaux et nous avaient distingués, et cela maintenant, au souffle de la musique, sur une note à moitié murmurée. , au déclenchement d'un rythme, l'épanouissement d'un groupe de tons hors de l'obscurité chaude et immobile, surgissent à nouveau dans la plénitude de leur stature et deviennent entièrement les nôtres.

Car Debussy est de tous les musiciens celui d'entre nous qui s'épanouit le plus. Il est ici, parmi nous, dans le monde de la ville. Il n'y a chez lui rien du côté étranger, de la distance, de la surhumanité qui éloigne de nous tant d'autres compositeurs. Nous n'avons pas besoin de l'imaginer dans des robes de chant exotiques, ni dans des vêtements classiques, ni dans une tenue étrange, démodée et pittoresque, pour reconnaître en lui le poète. Il est le poète moderne simplement parce que le costume civil moderne lui appartient si naturellement. C'est un homme normal, vivant notre propre manière de vivre. Nous semblons le connaître comme nous nous connaissons nous-mêmes. Ses expériences ne sont que les nôtres, intensifiées par son don de poète. Ou bien, s'ils ne nous appartiennent pas déjà, ils le deviendront. Il semble presque nous-mêmes alors qu'il traverse le crépuscule de la ville, occupé à une course pour laquelle nous aussi sommes allés, parcourant une route que nous avons nous-mêmes parcourue. Nous connaissons la pièce dans laquelle il vit, les fenêtres d'où il regarde, les instants qui l'y surprennent dans le silence de la lampe. Car il a capturé dans sa musique ce qui se distingue par la joie et la tragédie de cette époque. Toute la sensualité fine, tout le plaisir oriental dans la délicatesse et la chaleur infinies de la nature, toute la découverte soudaine et joyeuse de la couleur et du toucher qui donnaient aux hommes le sentiment que ni l'un ni l'autre n'étaient connus auparavant, y sont contenus. Elle aussi est pleine d'images de la « terre des arbres liquides et endormis », de la « terre du coucher de soleil disparu », de la « terre de la coulée vitreuse de la pleine lune juste teintée de bleu ». Il est plein de beauté matérielle, se plie à d'innombrables coquillages délicats – à la somnolence de la nuit du Sud, au geste hiératique des danseurs du temple, à la tombée de la lumière des lampes dans l'obscurité, au jaillissement fantastique des feux d'artifice, au romantisme de vieux miroirs et brocarts fanés et horloges de Saxe, à la jeune panoplie verte du printemps. Et tout comme il redonne à l'époque la conscience de la délicieuse robe de la terre, de même, il redonne son sentiment de lassitude, d'impuissance et d'oppression. Le XIXe siècle avait été bruyant de bruits, de rumeurs et de vibrations de mouvements colossaux, et l'homme avait apparemment parcouru de vastes distances et exploré des hauteurs titanesques et des profondeurs abyssales. Et pourtant, malgré tous ces reflets, la terre était plus sombre. La lumière n'était que miasmique. La vie de l'homme semblait toujours une chose brève, triste et simple, l'étirement de mains impuissantes, incapables de saisir et de tenir ; l'entrelacs d'ombres ; l'éclosion, un instant avant la tombée de la nuit, de fleurs exquises et fragiles. Le sentiment de l'infirmité de la vie, la conscience qu'elle n'avait rien de plus que la signification d'un rêve avec des lumières passagères, ou des pas hésitants dans la neige, ou une vieille histoire à moitié oubliée, avait mêlé une profonde nostalgie et une mélancolie au cœur même de la vie. glamour du globe, et devient lui-même plus lourd à cause de toute la douceur de la terre. Et Debussy a fixé les deux dans leur confusion.

Il a imprégné complètement la musique de sa sensibilité impressionniste. Son style est une image de notre époque pointilliste. Avec lui, l'impressionnisme atteint une forme musicale parfaite. Structurellement, la musique de Debussy est un tissu de moments exquis et poignants, chacun plein et complet en soi. Ses touts existent entièrement dans leurs parties, dans leurs atomes. Si ses phrases, ses rythmes, ses impulsions lyriques contribuent à la formation d'une seule chose, ils sont pourtant extraordinairement indépendants et significatifs en eux-mêmes. Aucun accord, aucun thème n'est subordonné. Chacun existe pour sa propre beauté, occupe un instant l'univers, puis fusionne et disparaît. Les harmonies ne sont pas, comme dans d'autres compositions, des préparations. Ils sont apparemment une fin en soi, circulent dans l'espace, puis changent de teinte, à mesure que change une matière chatoyante. Malgré tout son côté terreux et doré, le style de Debussy est le plus liquide et le plus impalpable des styles musicaux. Il glisse, brille, fond à jamais ; se cristallisant un instant dans une phrase savoureuse, puis avançant en frémissant. C'est presque sans bord. Il semble couler à travers nos perceptions comme l'eau coule entre les doigts. Les bulles irisées qui flottent dessus éclatent si nous les touchons. Il évoque sans cesse l'eau – les fontaines et les bassins, les embruns scintillants et le sein palpitant de la mer. Ou encore, il évoque le souffle informe de la brise, de la tempête, des parfums ou le jeu du soleil et de la lune. Son orchestration produit invariablement tout ce qui est trouble et diaphane dans chaque instrument. Il fait de la musique avec des flocons de lumière, avec des grains de pigment brillants. Sa palette rayonne des teintes douces et limpides d'un Monet ou d'un Pissaro ou d'un Renoir. Son orchestre scintille de feux irisés, aux tons divisés, aux délicats violets et argents et aux nuances de rose. Le son du piano, habituellement n'est qu'un tintement de pierres plates et colorées, à son toucher devient fluide, velouté et dense, prend les propriétés des satins et des liqueurs. La pédale lave nouvelle teinte après nouvelle teinte sur le clavier. "Reflets dans l'eau" a la qualité d'un satin bleu brillant, d'images de nuages dégringolant dans l'eau glissante. Le bleu passe au vert et revient au bleu dans la partie centrale de "Hommage à Rameau". Un clair de lune brillant et froid traverse "Et la lune descend sur le temple que fut"; des étincelles rouges brillent dans "Mouvement" avec sa joie à la Petruchka ; le piano est liquide, lumineux et aromatique dans "Cloches à travers les feuilles".

Pourtant, il n'y a aucune incertitude, aucun flou dans sa forme, comme dans celle de certains autres impressionnistes. Sa musique est classiquement ferme, classiquement précise et tricotée. Ses structures lyriques et chatoyantes sont parfaitement façonnées. La ligne n'hésite jamais, ne se perd ni ne s'implique. Il procède directement, clairement, en passant par les joyaux et les caillots de couleur, et en les fusionnant dans la masse. La trajectoire ne se brise jamais. La musique est toujours pleine de son poids et de son timbre. On peut dire sans exagération que ses meilleures œuvres n'omettent rien, ne négligent rien, que chaque élément qui le compose est traité avec justesse. Ses petites pièces occupent un espace aussi complet que la plus massive et la plus grandiose des compositions. Une composition comme « Nuages », le premier des trois nocturnes pour orchestre, même si elle ne dure que cinq minutes, l'emporte sur n'importe quel nombre de compositions qui durent une heure. "L'Après-midi d'un faune" est inspiré et nouveau, à merveille, à chaque mesure. Les trois petites pièces qui composent la première série d'"Images" pour piano survivront probablement à la moitié de ce que Liszt a écrit pour cet instrument. "Pelléas" sera un jour étudié pour son invention miraculeuse, sa modération, son équilibre et sa vérité classiques, pour sa diction pure et son orchestration économique, tout comme les partitions de Gluck sont étudiées aujourd'hui.

Car Debussy est, de tous les artistes qui ont fait de la musique à notre époque, le plus parfait. D'autres musiciens, peut-être même certains contemporains, peuvent faire preuve d'un plus grand héroïsme, d'une plus grande endurance et d'une plus grande infatigabilité. Néanmoins, dans son domaine, il est en tout point un ouvrier aussi parfait que les plus grands. Dans ses limites, il était un artisan aussi pur que le grand Jean-Sébastien. La différence entre les deux est la différence de leurs âges et de leurs races, et non la différence de leur talent artistique. Car peu de compositeurs peuvent rivaliser avec la perfection du goût de Debussy, sa finesse de sensibilité, son ravissement poétique et sa profonde conscience de la beauté. Rares sont ceux qui ont été plus gracieusement ronds et équilibrés que lui, ont été, comme lui, si beaux que rien de ce qu'ils pouvaient faire ne pouvait être de mauvais goût, insignifiant et sans grâce. Peu de musiciens ont été plus parfaitement conscients de leur don, mieux connus d'eux-mêmes, plus sûrs du caractère et des limites de leur génie. Rares sont ceux qui ont été aussi persévérants et essentiels, qui ont réussi à maintenir leur émotion et leur invention aussi régulièrement à une hauteur. La musique de Debussy est pleine de poésie la plus pure et la plus délicate. Peut-être que seuls Bach et Moussorgski ont invariablement trouvé des phrases aussi concises, aussi inclusives et finales que celles dont "Pelléas" est parsemé, des phrases qui, avec quelques notes simples, résument des émotions profondes et exquises, et sont en effet le mot. Il y a des moments dans l'œuvre de Debussy où chaque note ouvre une perspective. Il y a des moments où la musique de « Pelléas », la fine ligne sonore fluide, les moments mélodiques qui se fondent, passent et disparaissent les uns dans les autres, deviennent les bords brillants qui circonscrivent de vastes formes sombres. Certaines parties du drame ressemblent à des moments de rapports humains où de simples syllabes descellent de profonds réservoirs. La tendresse manifestée ici est difficilement reproductible dans l'art musical. Et la tendresse, après tout, est la plus intense de toutes les émotions.

Mille ans de culture vivent dans cette finesse. Dans ces gestes parfaits, dans cette grâce, cette certitude du choix, cette justice des valeurs, ce langage simple, profond, délicat, vivent trente générations de gentilshommes. Trente générations de cavaliers et de dames qui ont développé les arts de vivre dans les douces et fécondes vallées de « l'agréable terre de France » s'expriment ici. La douceur du soleil et l'ombre douce, les hivers doux et les étés doux de l'Ile de France, les fruits abondants de la terre, l'effervescence de la vigne, ont contribué à rendre cet être magnifiquement équilibré, réservé, raffiné. L'instruction et la culture des poètes et penseurs classiques et français, Virgile et Racine et Marivaux, Catulle et Montaigne et Chateaubriand, les chambres de l'Hôtel de Rambouillet, les jardins et galeries de Versailles, l'immense salon du Paris du XVIIIe siècle. , a contribué à former cet esprit. Dans toute la musique de cet homme, on aperçoit le long premier plan, les longs cycles de préparation. Dans chacune de ses œuvres, des plus imposantes aux moins, du « Quatuor à cordes » et « Pelléas » à la petite valse gracile et souple « Le plus que lent », se manifeste le génie latin nourri, façonné et développé par le sol fertile et tranquille de la France.

Et dans son art, les dieux de l'Antiquité classique revivent. Debussy est bien plus qu'un simple Français sensuel. Il est l'homme chez qui la vieille volupté païenne, le vieux plaisir serein du corps, contre lequel la noire couvée des moines a si longtemps lutté et transformé par eux pendant des siècles en formes démoniaques et infernales, est à nouveau libre, pur et doux. Elles étaient autrefois des nymphes, des naïades et des déesses, le « Quatuor » et « L'Après-midi d'un faune » et « Sirènes ». Ils erraient autrefois dans les clairières de l'Ionie et de la Sicile, réjouissaient les hommes avec leur sensualité dorée et les envoûtaient par la pensée du « sein de la nymphe dans la forêt ». Car ils sont pleins de merveilles et de douceur de la chair, d'une chair délicieusement dégustée et appréciée non pas dans des pièces fermées, derrière des portes secrètes et sous le voile honteux de la nuit, mais dehors, en plein air chaud et ensoleillé, au milieu des herbes et des parfums et le bourdonnement des insectes, le balancement des branches, l'errance des nuages. Le Quatuor est vivant, frémissant de lumière et d'animalité joyeuse. Il bouge comme un jeune faon ; tisse la plus gaie, la plus soyeuse, la plus dorée des toiles d'araignées ; nous remplit des délices du goût, de l'odorat, de la vue et du toucher. Dans le poème le plus scintillant et le plus flottant, "L'Après-midi d'un faune", est capté comme par magie par la flûte grimpante et chromatique, les pizzicati somnolents des cordes et le soupir langoureux des cors, l'atmosphère de la rêverie, la chaleur endormie des herbes ensoleillées, l'apparition divine, la merveille blanche des bras, des seins et des cuisses. Le mouvement Lento d'"Ibéria" ressemble à un gitan somnolent et échevelé. Même "La plus que lent" est pleine de bonté de chair, est comme une jeune fille svelte aux seins qui ne se ferment pas. Et dans « Sirènes », on célèbre quelque chose comme la divinité éternelle, la beauté éternelle du corps de la femme. C'est comme si, sur les marées montantes, descendantes, montantes et descendantes du poème, sur les vagues des voix féminines glamour, sur la houle aphrodisiaque de la mer, la blanche Anadyomène elle-même, avec sa galaxie de tritons et de naïades, s'approchait du monde terrestre. les rivages une fois de plus.

S'il est une tâche musicale à considérer comme accomplie, c'est bien celle de Debussy. Car il a écrit le seul livre que tout grand artiste écrit. Il a établi un style irréfragable, a fait de l'impressionnisme musical une chose aussi légitime que n'importe lequel des grands styles. Il est douteux qu'il ait eu plus à apporter que cette seule contribution. Son art ne subit aucun changement radical. Son style était déjà mûr dans le Quatuor et dans les "Proses lyriques", et connut son apogée dans "Pelléas", son déploiement orchestral dans "Nocturnes" et "La Mer" et "Ibéria", son expression pianistique dans les deux volumes de " Images" pour pianoforte. Quel que soit le raffinement de la musique de scène du Martyre de Saint-Sébastien, Debussy n'a jamais vraiment transgressé les limites que lui imposaient ses premières grandes œuvres. Et ainsi, même si sa longue maladie a provoqué la détérioration, le durcissement, la formulation, si évidents dans ses œuvres les plus récentes, les sonates, les « Epigrammes », « En blanc et noir », et la « Berceuse héroïque

», et a privé nous avons découvert un art très délicieux, ni lui ni sa mort ne nous ont réellement privé d'un développement radical auquel nous pouvions raisonnablement nous attendre. Le chef qu'il devait donner, il l'avait donné. Ce que son époque exigeait de lui, un art qu'il puisse tenir loin des reflets et du tumulte, un art dans lequel il puisse se retirer, un art qui puisse le compenser d'une vie devenue trop cruelle et trop exigeante, il l'avait produit. Il s'était essentiellement réalisé.

Le fait que « Pelléas » soit la plus éloquente de toutes les œuvres de Debussy et son signe éternel ne signifie donc pas qu'il n'a pas grandi pendant le reste de sa vie. Un complexe de déterminants faisait de sa musique-drame l'expression la plus complète de son génie, décrétait qu'il devait vivre le plus complètement au moment où il la composait. Le fait même que Debussy y composait de la musique pour le théâtre garantissait que son sens artistique s'exprimerait au maximum dans cette œuvre. Car cela impliquait la déclaration de son opposition à Wagner. Le fait qu'il s'agissait d'une musique conjointe à la parole garantissait que Debussy, si plein du génie classique français, serait, au contact de la parole, à travers l'étude de sa qualité essentielle, aidé et contraint à la réalisation complète d'un langage fondamentalement français. idiome. Et puis la petite pièce de Maeterlinck s'offrit à son génie comme un auxiliaire unique. Lui aussi est plein du sentiment d'ombre des choses qui pesaient sur Debussy, n'a pas peu de l'accent de l'époque. Cette "vieille et triste légende de la forêt" regorge d'images, comme le vieux et sombre château habité par des gens vieillissants et perdu au milieu de forêts sans soleil, la rose qui fleurit dans l'ombre sous la croisée de Mélisande, les cheveux de Mélisande qui tombent plus loin que que ses bras peuvent atteindre, le tarn noir qui couve sous les voûtes du château et respire la mort, la recherche angoissante de la vérité par Golaud dans le bavardage de l'enfant, qui ne pouvait que susciter une réponse profonde de l'imagination de Debussy. Mais c'est surtout la figure de Mélisande elle-même qui l'a poussé à s'investir pleinement dans le décor de la pièce. Car cette figure permet à Debussy de se consacrer pleinement à la création de son image idéale. La musique est toute Mélisande, toute la femme amoureuse de Debussy. C'est elle que la musique révèle à partir du moment où Mélisande surgit d'entre les rochers enveloppée dans le mystère de sa chevelure d'or. C'est elle que la musique interprète dès le début de l'œuvre. La partition entière n'est que ce qu'un homme peut ressentir envers une femme qui était la sienne et pourtant, comme toutes les femmes, étrange, mystérieuse et inconnue de lui. La musique est comme le dépouillement d'une fleur parfaite, pétale après pétale. Il y a des moments où c'est tout ce qui existe entre deux personnes, et c'est la plénitude de leurs connaissances. C'est le signe parfait d'une expérience.

Ainsi, puisque l'art de Debussy ne pouvait connaître de second point culminant, il était dans l'ordre des choses que les œuvres succédant à son chef-d'œuvre devaient être relativement moins importantes. Néanmoins, les poèmes, les chansons et les pièces pour piano qui suivirent, à l'exception de ceux écrits dans les années où Debussy aurait pu dire avec Rameau, son maître : « De jour en jour mon goût s'améliore. Mais j'ai perdu tout mon génie. » sont des œuvres un peu moins parfaites et étonnantes. Sa musique est comme les sommets d'une chaîne de montagnes, dont l'un des premiers et des plus proches est le plus haut, tandis que les autres paraissent à peine moins hauts. Et ils sont parmi les plus bleus, les plus beaux, les plus brillants qui s'étendent dans le monde de la musique moderne. Il faudra longtemps avant que l'humanité n'épuise sa beauté.

Effilochage

Ravel et Debussy sont issus d'une même lignée. Ils proviennent tous deux de ce qu'il y a de profondément et gracieusement tempéré dans le génie français. Au fil des siècles, ils touchent la main aux hommes qui ont été les premiers à exprimer cette tempérance argentée par le ton, à Claude Le Jeune, à Rameau, à Couperin et aux autres clavecinistes. Insensibles aux changements des temps révolutionnaires, ils perpétuent, dans des formes conditionnées par le sens moderne de la couleur, de la complexité tonale, du rythme souple et ondulant, la haute tradition de la musique ancienne.

Claude Le Jeune a écrit des motets ; les maîtres du XVIIIe siècle écrivaient des gavottes et des rigadoons, des forlanas et des chaconnes, s'exprimaient dans des danses de cour et d'autres formes fixes et sévères. Ravel et Debussy composent de manière plus libérale et naturaliste. Et pourtant, le génie qui anime toute cette musique est unique. C'est comme si tous ces artistes, nés à tant de centaines d'années les uns des autres, avaient envisagé le spectacle de leur époque respective du même point de vue. C'est comme s'ils affrontaient les problèmes de composition avec essentiellement les mêmes attitudes, avec les mêmes exigences et les mêmes réserves. La musique nouvelle, comme l'ancienne, est l'œuvre d'hommes avant tout respectueux de l'art de vivre lui-même. C'est l'œuvre d'hommes qui, dans toute conduite, recherchent avant tout la retenue et qui insistent sur l'équilibre et le bon sens. Ils considèrent toutes choses humainement et mettent leur respect pour les valeurs sociales dans la création de leur art. En fait, la réaction de Debussy face au wagnérisme fut principalement la réaction d'une sensibilité profondément socialisée et aristocratique, indignée par l'insistance excessive et la démesure. Les hommes dont il est l'exemple à travers les âges n'oublient jamais le monde, ses décences et ses exigences. Et pourtant, ils n'évitent pas le grand, le grave, le poignant. L'éventail des passions humaines est également présent dans leur musique, même si nombre d'entre eux n'ont pas eu de pouvoirs gigantesques, ni suscité d'émotions aussi grandioses et intenses que le mysticisme dévorant et annihilant le monde d'un Bach, par exemple. Mais c'est plus ombragé qu'énoncé. Si beaucoup d'entre eux ont été profondément mélancoliques, ils ont néanmoins pris conseil avec eux-mêmes et ont dit, avec Baudelaire :

"Sois sage, ô ma douleur, et tiens-toi plus tranquille."

Toute expression est faite sur un ton grave et aristocratique, en grisaille. Le plus souvent, il se réalise grâce à une grâce argentée. Il est normal que ces hommes soient profonds par grâce, amusants et pourtant artistiquement droits. Il est normal qu'ils s'expriment bien. Haut dans leur conscience flambent toujours les commandements de clarté, de délicatesse, de précision. En effet, des tempéraments de ce caractère sont apparus si souvent en France, non seulement dans sa musique, mais aussi dans ses lettres et autres arts, depuis l'époque de la Pléiade, jusqu'à celle de Charles Louis Philippe, d'André Gide et d'Henri de Regnier, que il est difficile de ne pas s'approprier la tradition centrale, essentiellement française, et de ne pas voir chez des hommes comme Rabelais seulement le Franc, et chez des hommes comme Berlioz seulement l'atavisme de l'époque gallo-romaine.

Mais ce n'est pas seulement l'esprit du classicisme français dont héritent Ravel et Debussy. D'une certaine manière, leur art est la continuation de la musique qui a atteint son apogée dans les œuvres de Haydn et de Mozart. C'est subtil et intime, et restitue à l'auditeur le grand rôle créateur que lui assigne une grande partie de la musique avant Beethoven. La musique de Haydn et de Mozart s'en remet à son auditeur. Il cherche délibérément à enrôler son activité. Sa signification repose en grande partie sur sa contribution. La musique elle-même ne véhicule qu'une partie de l'intention du compositeur. Il en contient juste assez pour enflammer et faire fonctionner l'imagination de l'auditeur. A lui est réservé le plaisir de sonder l'intention, de compléter l'idée esquissée par le compositeur. Haydn et Mozart ne voulaient pas que l'auditeur adopte une attitude complètement passive. Ils avaient trop d'amour et de respect pour leurs semblables. Ils étaient impatients d'obtenir leur collaboration, étaient convaincus de pouvoir comprendre tout ce que la musique laissait entendre et les considéraient comme des égaux dans le domaine de la création. Mais la musique écrite depuis leur époque a imposé à l'auditeur un rôle de plus en plus passif. Les compositeurs s'arrogent, à des degrés divers, la plus grande partie de l'activité ; insistait pour tout donner, pour faire la plus grande part du travail. L'ancienne intimité était perdue ; chez Wagner, le jeu intellectuel du système *des leitmotivs* s'est substitué à l'exercice créatif. L'art de Ravel et de Debussy revient à la stratégie antérieure. Il fait le plus grand effort pour exciter l'imagination créatrice, cette force que William Blake a identifiée avec le Sauveur lui-même. Elle s'efforce continuellement de l'attirer vers la participation la plus énergique. Et parce que Ravel et Debussy ont constamment en vue cette incitation, leur musique est une musique à quelques traits, comparable en effet à l'art pictural du Japon qu'elle rappelle si souvent. C'est une musique de suggestion, d'allumages soudains, de brefs départs et lignes, de petites formes. Il n'insiste jamais. Ça ne fait que piquer. Il suscite, commence, s'arrête, puis continue, attisant le besoin inné de l'auditeur d'un but, d'un ordre et d'un sens dans les choses. Ses gestes subtils, ses phrases brèves, aiguës et délicates, sa quintessence, sont comme l'ouverture des portes vers l'intérieur de la conscience, l'ouverture des fenêtres sur de longues perspectives, sont comme l'éclat de la lumière sur des souvenirs obscurs et des émotions enfouies. Ils sont comme le descellement de sources longtemps scellées, qui les laissent couler à nouveau dans la nuit. Et l'espace d'un instant lumineux, ils transforment l'auditeur de récepteur passif en artiste.

Et il y a bien d'autres choses encore que Ravel et Debussy ont en commun. Ils ont chacun été profondément influencés par la musique russe, "Daphnis et Chloé" montrant l'influence de Borodine, "Pelléas et Mélisande" celle de Moussorgski. Tous deux ont fait de vastes découvertes dans le domaine de l'harmonie. Tous deux ont ressenti la puissance des modes excentriques et exotiques. Tous deux ont été profondément impressionnés par les courants artistiques parisiens qui les entourent. Tous deux, comme tant d'autres musiciens français, ont été enflammés par les couleurs vives de l'Espagne, Ravel dans sa Rhapsodie orchestrale, dans son opéra en un acte "L'Heure espagnole" et dans la pièce pour piano du recueil "Miroirs" intitulée "Alborada del Graciozo", Debussy dans "Ibéria" et dans certains de ses préludes. En effet, un parallélisme existe tout au long de leurs œuvres respectives. Debussy écrit « Hommage à Rameau » ; Ravel "Le Tombeau de Couperin". Debussy écrit « Le Martyre de Saint-Sébastien » ; Ravel projette un oratorio, « Saint-François d'Assise ». Ravel écrit "Ondine" du recueil intitulé "Gaspard de la nuit" ; Debussy le suit avec « Ondine » de son deuxième volume de préludes. Tous deux, au cours de la même année, conçoivent et exécutent l'idée de mettre en musique les paroles de Mallarmé intitulées « Soupir » et « Placet futile ». Néanmoins, ce fait ne fait en aucune manière de Ravel un imitateur de Debussy. Son œuvre n'est en aucun cas, comme certains de nos critiques se sont empressés de le souligner, une contrefaçon de celle de son aîné. La musique de Ravel n'a-t-elle pas démontré qu'il possède une sensibilité bien distincte de celle de Debussy, par certains côtés moins fine, moins délicieuse, plus claire, par d'autres peut-être encore plus profondément engageante ; S'il ne représentait pas un développement distinct de l'art de Debussy dans une direction tout à fait particulière, on pourrait, à juste titre, parler d'un disciple. Mais à la lumière de l'œuvre réelle de Ravel, de son don vaste, original et attrayant, du savoir-faire magistral qui s'est manifesté dans tant de formes musicales, du chant et de la sonatine au quatuor à cordes et au poème orchestral, du talent qui s'est révélé de plus en plus d'année en année, et que même la guerre et l'expérience des tranchées n'ont pas réussi à faire disparaître, le parallélisme doit être considéré comme nécessité par la parenté spirituelle des hommes et par leur contemporanéité.

Et certes, rien ne révèle mieux à Ravel le pair de Debussy que le fait qu'il ait si bien réussi à manifester ce qui lui est propre. Car il est de dix ans le cadet de Debussy, et s'il avait une individualité moins positive, un tempérament moins original, un génie moins pleinement, il n'aurait jamais pu se réaliser. Il aurait subi le fléau qui s'est abattu sur tant de jeunes compositeurs parisiens moins déterminés que lui et, comme lui, d'une seule et même étoffe avec

Debussy. Lui aussi aurait permis à l'art d'un homme plus âgé et bien établi de s'imposer. Lui aussi aurait trahi sa propre cause en tentant de se modeler sur l'autre homme. Mais Debussy n'a pas plus dévié ni gêné Ravel que son maître, Gabriel Fauré. Il est trop fermement fixé dans sa propre direction. Dès le début de sa carrière, depuis l'époque où il écrivait la douce et hésitante et pourtant déjà très personnelle « Pavane pour une Infante défunte », il s'est maintenu fièrement contre son grand collatéral, comme il s'est maintenu contre ce qui est faux et épicène dans l'exemple artistique de Fauré. Dans leurs limites communes, il s'est réalisé aussi essentiellement que Debussy. Leur musique est le nouvel et double épanouissement de la tradition classique française. À partir du terrain commun, ils s'étendent chacun dans une direction différente et forment le plus grand contraste les uns avec les autres en raison de tout ce qu'ils ont en commun.

L'intelligence qui a façonné la musique de Debussy était une intelligence pleinement consciente, consciente d'elle-même, inondée de lumière dans ses lieux les plus secrets, inscrite en carré dans l'univers tourbillonnant. Peu d'artistes ont été aussi sûrs de leurs intentions que Debussy. L'homme pouvait fixer avec précision les émotions les plus insaisissables, pouvait décrire les sensations qui coulent à la frontière de la conscience, de manière vague, et que la plupart d'entre nous ne peuvent saisir à cause du vertige. Il pouvait écrire une musique aussi impalpable que celle de la partie médiane d'« Ibéria », dans laquelle le silence même de la nuit, les caresses de la brise semblent avoir pris chair musicale. Devant l'ensemble de son œuvre, si clair et lucide dans sa définition, si parfaite dans son organisation, on pense forcément à un monde créé à partir du chaos volant sous lui par un dieu. On nous fait savoir précisément de quelle matière l'âme de Debussy était faite, quels étaient ses pèlerinages, dans quelle aventure elle se cherchait. On sait précisément où il voyait se refléter son visage, dans "l'eau calme au même", dans la lueur rageuse du coucher de soleil sur les feuilles mouillées, dans les rythmes tziganes sauvages et effrénés, dans les feux de lune, les étoffes chatoyantes et les embruns clignotants, dans les lumières et les odeurs criardes. de la Péninsule, dans la pluie tombée sur les parterres fleuris, dans la marche mélancolique des nuages, dans la pompe dorée et le rituel de l'église, des bassins, des jardins et des pavillons élevés pour son plaisir par la délicate âme chinoise, dans les mille parfums et coquillages de la terre et couleurs. Car Debussy nous a exposé ces aventures dans leur intégralité. Avant de parler, il s'était attardé sur ses expériences jusqu'à les avoir pleinement sondées, jusqu'à ce qu'il ait vu clairement à l'intérieur, autour et derrière elles. Et ainsi nous les percevons dans leurs essences, dans leurs aspects éternels. Les dessins sont la courbe même de l'extase. Ils sont purement délimités. Les notes semblent jaillir les unes des autres, se suivre par pure nécessité, avoir un timbre original, fixer une matière jamais connue, qui ne pourra plus jamais revivre. Chaque instant dans une composition représentative de Debussy est logique et pourtant nouveau. Peu d'artistes ont dit avec autant de justesse ce qu'ils voulaient dire.

Ravel n'est en aucun cas un artiste aussi parfait. Il n'a pas une conscience de soi claire, une reconnaissance parfaite des limites. Sa musique n'a pas l'intégralité absolue de celle de Debussy. Ce n'est pas qu'il ne soit un merveilleux artisan, très à l'aise dans son médium. C'est que Ravel ose, et ose continuellement ; cherche avec passion à mettre en jeu tout son corps ; aspire à la plénitude de l'énonciation, à la transparence et à la rigidité de la forme. Ravel passe toujours directement par le centre. Mais comparez sa « Rapsodie espagnole » avec « Ibéria » de Debussy pour comprendre à quel point il est direct. Debussy donne l' atmosphère circumambiante, Ravel la forme intérieure. Entre lui et Debussy, il y a la différence entre l'apollonien et le dionysiaque, entre le lisse, le plat, le contenu, le parfait et le plus sombre, le plus turbulent, le plus passionné et le plus instinctif. Car Ravel a reçu une haute grâce. Il lui a été permis de rester, dans toute sa virilité, l'enfant que nous étions tous autrefois. Chez lui, le flux puissant et spontané des émotions venant des profondeurs de l'être n'a jamais été freiné. Il peut encore parler avec la plénitude de son cœur, pleurer ses chagrins avec acuité, se produire pleinement. Aussi gracieuse et urbaine que soit sa musique, propre au monde des choses modernes, des aventures modernes et des gens modernes, il y a encore une note lyrique grise et perçante qui est presque primitive et reflète la singularité enfantine et l'intensité de l'esprit qui l'anime. L'homme qui a façonné non seulement Ma Mère l'Oye, volontairement infantile, mais aussi des choses aussi simples, frémissantes, expressives et chantantes que les « Oiseaux tristes », la « Sainte », le « Gibet » ou la « Sonatine », comme la passacaille du Trio ou l'intermède vocal de "Daphnis et Chloé", a une pureté de sentiment que l'on a perdue. Et c'est ce ton criard et passionné, cette franchise d'expression, cette ampleur d'effort, même dans des formes minuscules et une portée limitée, qui, plus que son style polyphonique ou tout autre signe facilement reconnaissable de son art, distingue son œuvre de Celui de Debussy. L'autre homme a plus de sensualité, de complétude, d'inventivité peut-être. Mais Ravel est plein d'un lyrisme, d'une perçante, d'une passion, que veut une grande partie de la musique de Debussy successeur de "Pelléas". Nous comprenons la musique de Ravel, selon la célèbre phrase de Beethoven, comme un discours « vom Herz—zu Herzen ».

Et nous nous tournons vers lui avec gratitude, comme nous nous tournons vers tout art plein du « sens des larmes dans les choses mortelles » et dans lequel le pouls de la vie humaine est passé directement. Car il y a des moments où il est proche du lieu de la vie, où son art est immédiatement l'orifice de la région sombre, fleurie et en germination où se loge la dynamique de l'âme humaine. Il arrive parfois qu'elle touche de vastes régions. Il y a des moments où Ravel n'a qu'à toucher une note et nous la dénouons ; quand il lui suffit de laisser un instrument chanter une certaine phrase, et que les choses enfouies au plus profond du cœur surgissent de l'obscurité, comme la nymphe de son poème pour piano, dégoulinante d'étoiles. La musique de « Daphnis », dès l'instant de l'introduction, avec ses accords doucement déployés, ses fanfares lointaines et glamour, ses gorges humaines gonflées de chants, semble ouvrir les portes des cavernes non sondées de l'âme et convoquer le des trucs pour façonner le rêve. La petite chanson écrite depuis que Weber a fait respirer ses cors ou que Brahms a transmué la sorcellerie de la forêt allemande en ton, est plus romantique. Au-dessus pourrait être posée l'invocation de Heine :

« Steiget auf, ihr alten Traüme !

Oeffne dich, dur Herzenstor !"

Comme le passage qui inaugure la dernière scène merveilleuse de son grand ballet, il semble nous faire passer du monde irréel au réel et nous montrer à nouveau la face de la terre et le bleu qui l'entoure.

Et Ravel est à la fois un compositeur plus traditionnel et plus progressiste que Debussy. C'est en lui que l'on ressent le plus fortement le passé. Debussy, avec son style résolument impressionniste, est plutôt dans l'air du temps. Il y a sans doute une certaine mélancolie presque hébraïque et un lyrisme acéré dans la musique de Ravel qui donne un peu de couleur à la rumeur selon laquelle il serait juif. Et pourtant, on sent Rameau devenir moderne dans ses structures sobres, grises et délicates, dans la sécheresse de son noir. Dans « Le Tombeau de Couperin », Ravel est le vieux claveciniste devenu contemporain de Scriabine et de Strawinsky, le vieux claveciniste qui avait vu tomber les projectiles à Verdun et perdu une douzaine d'amis dans les tranchées. Il lui est facile, comme dans certaines de ses chansons récentes, d'atteindre le ton folk. S'il est vrai qu'il est juif, alors son traditionalisme n'est qu'un exemple brillant de plus du pouvoir de la France d'adopter les enfants de races étrangères et de les faire siens plus intensément que certains de ses propres descendants. Mais dans aucun autre cas, ni celui de Lully, ni celui de Franck, la transfusion sanguine n'a connu un tel succès. Ravel n'est en aucune façon traître envers lui-même. Il doit y avoir quelque chose dans le caractère de la nation française qui fait de chaque Juif, sinon un fils, du moins le plus heureux et le plus fidèle des beaux-enfants.

Et comme on ressent plus fortement le passé chez Ravel, on le trouve aussi, à certains égards, encore plus révolutionnaire que Debussy. Car tandis que le pouvoir de ce dernier faiblit dans la réalisation de préludes étrangement macDowellesques ou dans la composition de fantômes tels que "Gigues", "Jeux" et "Karma", Ravel est resté de plus en plus puissant, a développé son art jusqu'à devenu l'un des leaders de l'évolution musicale. S'il est une seule composition moderne qui puisse être comparée à "Petruchka" par son image du mouvement de masse, son naturalisme piquant, c'est bien la "Feria" de la "Rapsodie espagnole". S'il est une seule œuvre orchestrale moderne qui puisse être comparée à l'un ou l'autre des deux grands ballets de Strawinsky pour sa vitalité rythmique, c'est bien « Daphnis et Chloé », avec ses pulsations dionysiaques enflammées, ses « cornemuses et tambourins », son extase sauvage. Le même mécanisme d'horlogerie délicat caractérise "L'Heure espagnole", son opéra bouffe, qui caractérise "Petruchka" et "Le Rossignol". Un poème pour piano comme "Scarbo" fait appel à toute la puissance du piano et semble ouvrir la voie à la musique de Leo Ornstein et à l'âge de l'acier. Et Ravel possède une partie de la forme carrée, de la transparence et de la rigidité que recherchent les ultramodernes. La liquéfaction de Debussy a cédé à nouveau à quelque chose de plus métallique, de plus solide et de plus fluide. Il y a une sorte de raideur nouvelle dans cette musique. Et dans le domaine de l'harmonie, Ravel s'appuie constamment sur Debussy. Ses accords deviennent plus aigus et plus mordants ; dans "Le Tombeau de Couperin" et le menuet sur le nom de Haydn, il y a une audace et une subtilité harmonique et même une amertume qui dépassent tout ce que Debussy pouvait atteindre, plaçant le compositeur parmi les Strawinsky et les Schoenberg et les Ornstein et tous les autres barbares. .

Et puis son humour ironique le distingue aussi de Debussy. L'humour de ce dernier était après tout léger et fantaisiste. Celle de Ravel, en revanche, est extrêmement amère. Sans aucun doute, le Ravel « glacial », l'artiste « à qui l'absence de sensibilité fait encore une personnalité », comme le qualifiait l'un des quirites, n'a jamais existé que dans l'esprit de ceux qui étaient incapables de comprendre sa réticence, sa délicatesse et son caractère essentiel. . Néanmoins, outre son tempérament lyrique, rêveur et romantique, il a une veine très peu sentimentale, qui apparaît sans doute, comme chez Heine, comme une sorte de correctif, une sorte de compensation, à la sensibilité ambiante. Ainsi retrouve-t-on le tendre poète de la « Sonatine » et du quatuor à cordes et des « Miroirs » écrivant la musique spirituelle et mordante de « L'Heure espagnole » ; mettre en chant les amères petites "Histoires naturelles" de Jules Renard, écrire dans "Valses nobles et sentimentales" un commentaire un peu ironique et désabusé quoique souriant et gracieux et délicat de la saison des amours, projeter une musique-drame sur le thème de Don Quichotte. Au-dessus de ses valses, Ravel met malicieusement une citation d'Henri de Régnier : « Le plaisir délicieux et toujours nouveau d'une occupation inutile ». Avec Casella, il écrit une comédie musicale "A la manière de", parodiant avec beaucoup d'esprit Wagner, d'Indy, Chabrier, Strauss et d'autres. Il y a aussi en lui quelque chose d'Eric Satie, le clown de la musique. Et probablement rien ne le rend plus inexplicable et irritant pour son public que son côté ironique. Les gens sont prêts à tout pardonner à un artiste, sauf l'ironie.

Ce que l'avenir réserve à Maurice Ravel n'est connu que des trois nornes. Mais, à moins qu'un accident imprévu ne survienne et n'interrompe sa carrière, il ne peut lui réserver que les plus brillantes récompenses. L'homme semble sûrement en route vers des rivages splendides. Il n'a que quarante-cinquième année de sa vie et, même si son génie était déjà frais et subtil dans le Quatuor, écrit dès 1903, il a magnifiquement grandi en puissance au cours des deux dernières décennies. L'exploration continue des moyens musicaux a donné à sa personnalité un jeu de plus en plus libre et l'a libéré. Le geste de la main est devenu plus rapide et plus imposant. Les instruments sont devenus plus obéissants. Il a mûri, est devenu viril et même magistral. La guerre ne l'a pas adouci. Il parle plus intimement que jamais dans « Le Tombeau de Couperin ». On peut déjà voir en lui l'un des génies musicaux les plus délicieux et les plus originaux qui se soient nourris du terroir foisonnant de France. Il est possible que l'avenir fasse référence à lui avec encore plus d'enthousiasme.

Borodine

La musique de Borodine est une lecture du destin de la Russie dans le livre de son passé. "Je vis", écrivait un été le compositeur du "Prince Igor" à un ami, "sur une montagne escarpée et élevée dont la base est baignée par la Volga. Et pendant trente *verstes* je peux suivre les méandres du fleuve à travers le bleu de la distance incommensurable. » Et sa musique, du moins ces riches fragments qui sont sa musique, nous donnent l'impression que ce séjour d'été avait été le symbole de sa carrière, comme si en esprit il avait toujours vécu dans un lieu élevé et visionnaire surplombant le cours des siècles au cours duquel La Russie était passée de l'enfance à la maturité. C'est comme si le carillon des cloches d'innombrables villages russes, villages vivants et villages morts et souterrains depuis mille ans, montait sans cesse à ses oreilles, lui racontant le progrès d'une chose autour de laquelle soixante générations s'étaient élevées et tombées comme de l'écume. . C'est comme s'il avait suivi la Volga, coulant vers l'est, non seulement sur trente, mais sur trente cents *verstes,* à travers des plaines réverbérantes des combats et des affrontements séculaires, de l'hémorragie et de la fusion des Slaves et des Tartares ; l'avait suivi jusqu'à atteindre la zone où l'Asie, avec ses caravanes, ses pestes et ses fifres stridents mongols, sort des déserts sans fin. Et c'est comme si, pénétrant plus avant dans le sein de la mère éternelle, l'Asie, son regard s'était enfin posé sur un seul point, un seul noyau ; qu'il avait vu ce noyau se transformer en tribu ; avait vu cette tribu commencer sa marche vers l'ouest, errant, frayant, poussant toujours vers l'ouest, combattant et tâtonnant, avançant lentement, patiemment, régulièrement vers le pouvoir et la virilité, jusqu'à ce qu'elle entre en possession de la terre la plus sauvage et la plus juste de l'Europe orientale, jusqu'à ce qu'elle s'était joint à d'autres souches et s'était développé en une vaste nation, un gigantesque empire ; et qu'alors, à ce moment d'accomplissement, Borodine s'était tourné avec une extase prophétique vers la Russie moderne et lui avait ordonné de sonner ses cloches et de faire retentir ses chants, lui avait ordonné d'avancer avec sa foi et sa vigueur anciennes, puisque la grandeur et la gloire slaves étaient assurées. Car à travers les sons de trompettes sauvages et les rythmes grossiers et pesants, à travers les marches mongoles fracassantes et les chants paysans chauds et grossiers qui sont sa musique, surgissent cette vision, ce sentiment de gloire immanente, cette affirmation fortifiante.

Cela nous vient parce que, même si sa musique est une évocation des temps passés, une évocation de la Moscovie ensevelie, elle est joyeuse et exubérante. Elle n'a le ton ni de ces visions des jours disparus inspirées par l'aspiration à des âges plus verts et plus heureux, ni de celles dont parle, comme on parle du "Salammbô" de Flaubert, par exemple, une horreur de la crasse éternelle de l'homme. et la férocité. Un vent frais, joyeux et inspirant souffle de ces pages. La musique du « Prince Igor », avec ses mouvements et contre-mouvements épiques, ses cris, ses errances, ses hordes sauvages, ses lances brandies et ses heaumes slaves étincelants, son merveilleux défilé d'orgueil guerrier et de chair de femme, son évocation des temps de la Les inondations tartares sont pleines d'une vivacité grossière et chevaleresque, d'un grand enthousiasme et d'un grand appétit barbares, d'un rire enfantin. La symphonie en si mineur nous donne l'impression que la joie et la vigueur très païennes qui avaient jadis animé les assemblées, les joutes et les festins des boyarts de la Russie médiévale et fait sonner le guzli et la flûte de bambou, s'étaient réveillées à nouveau dans Borodine ; et dans cette musique magnifique et pesante, ces formes grossières et massives, levèrent une fois de plus leur voile, leur or et leur chant. Pour l'auteur de telles œuvres, de telles évocations, il est évident que le passé était le merveilleux garant d'un merveilleux avenir. Pour cet homme, en effet, les reliques, les ornements, les monuments couronnés de minarets, les chants barbares et les ornements d'or, toutes les mille choses riches qui lui rappelaient la Moscovie et l'empire enseveli, et qu'il aimait tant, valaient surtout. parce qu'ils étaient les emblèmes du temps qui portaient l'heureux présent.

Il faisait partie des « cinq » célèbres qui, dans les années 1870, ont trouvé en Russie son discours musical moderne. Le groupe, composé de Moussorgski, Balakirew, Cui, Rimski-Korsakoff et Borodine, était unifié par une impulsion commune à tous ses membres. Tous étaient en révolte contre la grammaire de la musique classique. Tous ont estimé que la tradition musicale de l'Europe occidentale était hostile à la libre expression de la sensibilité russe et, pour la première fois, opposée à l'Occident musical et à l'Orient musical. Pour ces jeunes compositeurs, les plans et les formes des phrases, les modes, les rythmes, le contrepoint, les « Règles », toute la théorie et la science musicales établies en Europe par la pratique de générations de compositeurs, étaient une convention ; la musique russe, en particulier celle de Rubinstein et de Tchaïkovski, qui avait cherché à s'y conformer, chose artificielle et sophistiquée, chose aussi artificielle et sophistiquée que la culture pseudo-parisienne des *salons de Petrograd* . Ils étaient fermement convaincus que pour le compositeur russe il n'existait qu'un seul modèle : la chanson populaire russe. C'est seulement dans la chanson populaire que l'on trouvait les équivalents musicaux du discours parlé. C'est seulement dans la chanson populaire que l'on trouvait les accents, les tournures et les inflexions musicales, les phrases, les rythmes et les couleurs qui exprimaient l'humeur nationale. Et vers les chants populaires et liturgiques, ils sont allés à la recherche de leur propre idiome. Mais ce n'est pas seulement vers le patrimoine musical qu'ils se sont tournés. A la recherche d'eux-mêmes, ils ont recherché chaque vestige du passé, chaque vestige de la patrie que Pierre le Grand et Catherine avaient cherché à réformer et qui persiste en chaque Russe sous le couvert des conventions. Avec les autres, Borodine s'imprégna des traditions et des légendes de l'empire enseveli, se familiarisa avec les coutumes des Slaves des XIe et XIIe siècles, fouilla dans les bibliothèques les missels illuminés par les vieux moines de l'église grecque, déchiffra des épopées. et ballades et chroniques, assimilé les chants et incantations des paysans et des tribus sauvages des steppes, recueilli les mélodies de la Russie européenne et asiatique depuis l'Ukraine jusqu'au Turkestan.

Et lui et ses compagnons avaient raison. Leurs instincts ne les avaient pas induits en erreur. Le contact avec la vraie Russie les a tous déliés. C'est grâce à cette nouvelle orientation musicale qu'ils sont nés, chacun plein de sa propre force.

C'était le contact du semblable avec le semblable qui les rendait expressifs. Car ce qu'ils étaient intérieurement était proche du souffle, de l'esprit, du toucher qui avaient inventé ces chants, construit ces minarets, façonné cette armure et composé ces épopées. L'accent de Moussorgski était dans les mélodies graves et populaires, dans les incantations liturgiques, avant sa naissance. Ses passages les plus originaux ne ressemblent en rien aux chansons folkloriques grossières et austères léguées au monde par la Russie médiévale. L'amour de Rimsky-Korsakoff pour les matériaux brillants et gais s'est manifesté dans des générations et des générations d'artistes paysans, chez chaque paysan qui, en vacances, avait enfilé un costume criard et enrubanné, des siècles avant la musique de "Schéhérazade" et "Le Coq d'or". " a été conçu. Il en va de même pour les tempéraments et les sensibilités des autres. Il leur suffisait de toucher ces emblèmes, ces reliques et ces rythmes pour devenir conscients d'eux-mêmes.

Ce doit être notamment le vieux guerrier, l'empreinte chevaleresque, peut-être même tartare, dans les emblèmes du passé russe qui a libéré Borodine. Car c'est le vieux Tartare, le vieux boyard sauvage de la musique moderne. En personne, il était le fils de la Russie féodale militaire. Ses photographies qui montrent la tête du grand chef, la crinière et la longue et sauvage moustache mongole dans toute leur contradiction plate avec le costume conventionnel du XIXe siècle, le noir, l'étoile et le ruban du costume de cour, font à moitié crédit à la légende selon laquelle sa famille était de pure descendance circassienne et avait coulé dans le grand tourbillon russe depuis une forteresse géorgienne. Son langage porte fortement l'empreinte de ce corps ; suggère fortement cette hérédité. C'est manifestement l'expression d'une personnalité qui désirait un son et des couleurs exubérants, avait besoin du brandissement des lames et du tintement des fifres tartares et de la danse sautante des archers tartares, avait la nostalgie de la vie sauvage qui avait engendré dans les steppes. Et à ce titre il se distingue de celui des autres compositeurs du groupe. Sa musique n'a rien du caractère perçant, poignant et ironique, ni de la profonde humilité et de la sombre résignation, si caractéristiques de celle de Moussorgski. Il n'y a rien de l'orientalisme brillant de Balakirew et de Cui, ni de la douce félicité, de la luxure et de la légère sensualité de Rimski-Korsakoff. Il est grossier, robuste et masculin, plein de mouvements anguleux, de coups vigoureux et de rires vigoureux et enfantins, et, en même temps, d'une ferveur romantique singulièrement fine. C'est presque le contraire de celui du Tchaïkowsky névrosé et jaunâtre, aux frénésie hystériques, à l'apitoiement hystérique sur soi et aux habitudes de délectation morose. S'il est une symphonie que l'on puisse qualifier d'éminemment virile et russe, c'est bien la deuxième de Borodine, la grande en si mineur. Et dans "Le Prince Igor" et le poème symphonique "Sur les steppes", pour la première fois, l'Asie continentale, avec ses battements aigus de tambours sauvages et ses étendues d'herbes océaniques, ses boissons kurdes fortes et ses steaks séchés, entre dans la musique moderne. .

Et cette réaffirmation du caractère national n'est-elle pas la grande contribution de Borodine à la vie de son époque ? Car l'époque la plus récente n'a-t-elle pas vu une résurgence de l'esprit russe dans le domaine politique, une tentative de reconstitution de la société à la lumière de l'esprit juste, fraternel et religieux dont ce peuple a toujours été doté et dont, dans toute sa misère, en a-t-il jamais eu conscience ? S'il est un professeur qui domine aujourd'hui la pensée et les affaires russes, c'est bien Tolstoï. Et de qui Tolstoï a-t-il appris plus que de ce conservateur des traits russes immaculés et dominants, le moujik ? Ainsi, des hommes comme Borodine, qui recherchaient le caractère racial et le reflétaient dans leur musique, nous apparaissent presque comme des pionniers, comme les membres d'une tribu qui sont envoyés devant les gens errants pour explorer la terre, trouver les cols et guider leurs semblables. sur. Leur art est un appel à la vie individuelle. Borodine en particulier rencontra le peuple russe à un moment où, comme une tribu qui a quitté ses champs à la recherche de meilleurs pâturages, et qui a erré au loin et s'est retrouvée dans un terrain aride, difficile et presque infranchissable, il était déconcerté et découragé, et se sentait perdu et voulait périr dans le désert. Et pendant que ses gens étaient couchés, il s'était levé et avait gravi la crête qui l'encerclait. Et avec un cri joyeux et en brandissant une bannière, il les appela sur le chemin qu'ils devaient parcourir et leur dit que la route était trouvée.

Son travail n'est pas volumineux. Au cours d'une vie relativement longue, longue au moins à côté de celle d'un Mozart ou d'un Moussorgski, il ne réussit à produire qu'un seul opéra, "Le Prince Igor", deux symphonies et le torse d'une troisième, une esquisse symphonique, "On les Steppes", deux quatuors à cordes et une vingtaine de chansons. Et beaucoup de ces travaux sont incomplets. "Prince Igor" est une composition fragmentaire, une série de numéros conjoints pas tout à fait satisfaisants, une mosaïque dorée dans laquelle manquent des groupes entiers de morceaux émaillés. En effet, Borodine n'avait même pas noté l'ouverture à sa mort, et nous ne la connaissons que grâce à un élève qui l'avait entendu jouer au piano et s'en souvenait assez bien pour la reconstituer. D'autres de ses œuvres complètes sont des scories et de l'or inégaux et mélangés. C'était un ouvrier curieusement inégal. Il semble que des régions entières de sa personnalité soient restées insensibles. Une partie de lui semble s'être tournée vers une nouvelle musique russe libre ; une partie de lui semble avoir été satisfaite du style des opéras italiens en vogue en Russie durant sa jeunesse. Celui qui, dans les danses du « Prince Igor », écrivait des musiques des plus piquantes, des plus souples, des plus sauvages, pouvait aussi écrire des airs doucement italiens et conventionnels. Les plus libres, les plus colorées et les plus courageuses de ses pages côtoient certaines des plus douces et timides. Dans son opéra, un récitatif à l'accent clair et passionné sert à introduire une jolie cavatine ; À la magnifique scène du « Prince Igor », si originale, contenue et vigoureuse, succède un duo écoeurant digne d'un opéra de Tchaïkovski. L'adagio de la Symphonie en si mineur, aussi beau soit-il, n'a pas tout à fait la solidité et le poids des autres mouvements. Les thèmes et idées joyeux, populaires et brillamment originaux du premier quatuor sont organisés avec une maladresse évidente, tandis que la valeur artistique du second est sérieusement endommagée par le bas prix de sa cavatine. Son travail rappelle continuellement que Borodine ne pouvait pas se consacrer entièrement à la composition ; qu'il ne pouvait venir à sa table d'écriture qu'à intervalles réguliers, seulement pendant les heures de récréation ; et que le gouvernement du tsar le laissait subvenir à ses besoins en enseignant la chimie à la Faculté de médecine et de chirurgie de Moscou, et le gardait toujours comme un amateur. Borodine, le compositeur, n'est après tout que l'auteur de quelques fragments.

Mais parfois, au milieu des ruines d'une ville orientale, les hommes trouvent une dalle de porphyre ou de malachite si magnifiquement grainée que peu d'œuvres d'art entières et parfaites peuvent rester intactes à côté d'elle. Telle est la musique de Borodine.

Rimski-Korsakoff

La musique de Rimski-Korsakoff est comme un de ces livres pleins d'images gaies qu'on donne aux enfants. C'est peut-être le plus brillant de tous, un livre d'images illuminé de couleurs brutes et joyeuses – rouges vifs, verts pomme, oranges et jaunes dorés – et exécuté avec une verve et une fantaisie authentiques. Les légendes et contes de fées slaves et orientaux sont illustrés de manière étonnante, avec un certain humour dans la notation terre-à-terre d'événements grotesques et miraculeux. Les personnages des tableaux sont vêtus de costumes bizarres et chatoyants, délicieusement inexacts ; et s'ils représentent des rois et des reines, ils sont placés au milieu d'une pompe et d'un éclat fabuleux, et portent des couronnes incrustées de grosses et impossibles pierres. Les illustrations sont encadrées par des fantaisies de tournesols, de coqs dorés et de merveilleux oiseaux printaniers, façonnés de manière bruyante et humoristique à la manière de l'art paysan russe. En effet, le livre est exécuté avec tant de charme que les parents le trouvent aussi amusant que les enfants.

La musique n'est pas plus que le plus beau et le plus joyeux des livres d'images. Il ne faut pas aller à Rimski-Korsakoff pour des œuvres d'un autre caractère. Car, au fond, il ignorait le discours plus large et se contentait d'avoir sa musique pittoresque et colorée. Le tsar enfantin et absurde du Coq d'or, qui ne désire que rester au lit toute la journée, manger des plats délicats et écouter les contes de fées de sa nourrice, est après tout en quelque sorte un portrait du compositeur. Malgré son extérieur gai et opulent, ses timbres orchestraux aigus, son œuvre est curieusement objective et cristallisée, comme si le besoin qui l'a fait naître avait été minime et facilement satisfait. Aucune des partitions de Rimsky n'est vraiment lyrique, profondément émouvante. La musique du "Tsar Saltan", par exemple, malgré toutes ses évocations de villes magiques, de tours merveilleuses et de splendeurs féeriques, n'impressionne guère plus qu'un décor théâtral d'une haute décoration. Il nous fait flâner dans une sorte de stalle d'orchestre, éveille en nous l'ambiance dans laquelle nous applaudissons aimablement la dextérité du décorateur. Comme la tapisserie aérienne tissée par l'orchestre du Coq d'or s'use vite ! Avec quelle rapidité les bruns subtils, les safrans et les vermillons s'estompent ! Comme il est joli et docile à côté de celui de Borodine, à côté de celui des « Danses persanes » de Moussorgski, à côté de celui de Balakirew, même l'orientalisme de Rimsky apparaît ! Aucune de ses musiques ne communique une expérience vraiment élevée, vraiment poétique. Il n'y a aucune page de lui qui révèle qu'il s'efforce de formuler une telle chose.

Sa composition n'est jamais qu'un gracieux agencement de surfaces, la présentation astucieuse et agréable d'une matière choisie pour ses rythmes et ses formes exotiques, sa saveur orientale et paysanne, son piquant. La forme est toujours une chose à deux dimensions. Les idées musicales passent à travers des cuves de teinture de timbres et de tonalités variés, sont soumises à une série de déformations intéressantes et sont contrastées, superficiellement, avec d'autres idées après avoir épuisé les possibilités de variations techniques. Il n'y a pas de développement réel dans le sens d'une quasi-augmentation du volume. Dans « Schéhérazade », par exemple, les sommets sont purement volontaires, ne sont rien d'autre que l'épaississement et la distension arbitraires de certaines idées. Et ce n'est que le piquant du matériau thématique, l'agilité et la suavité de la composition et, surtout, le piquant du discours orchestral, qui sauvent la musique de Rimski-Korsakoff d'une fragilité totale et lui confèrent une certaine beauté limitée.

C'est justement cette superficialité essentielle qui rend si ambiguë la place de la musique dans l'histoire de l'art russe. Intentionnellement et dans une certaine mesure, l'œuvre de Rimsky est autochtone. Il était un de ces compositeurs qui, au milieu du siècle dernier, sentirent descendre sur eux le besoin de parler leur propre langue et se livrèrent de bon cœur au travail de découverte d'une musique entièrement russe. Son matériel, au mieux, se rapproche du langage de la chanson populaire russe, ou communique certaines qualités – une douceur orientale, une lassitude et un abandon barbares – certes raciaux. Sa musique est pleine d'éléments – rythmes sauvages et impétueux, modes exotiques – abstraits des chants populaires et liturgiques ou adroitement moulés sur eux. Car il y avait toujours en lui l'idée de créer un art, notamment un art lyrique, qui serait aussi russe que celui de Wagner, par exemple, est allemand. Les textes de ses opéras sont empruntés à l'histoire et au folklore russes et il s'efforce continuellement de trouver un langage musical avec l'accent des vieilles chroniques et contes de fées slaves. Certaines de ses œuvres, notamment « Le Coq d'or », sont volontairement une imitation des inventions enfantines et fabuleuses des artistes paysans. Et certainement aucun des autres membres du groupe nationaliste associé à Rimski-Korsakoff – pas même Moussorgski, malgré toute sa profondeur émotionnelle ; ni Borodine, malgré toute sa somptueuse imagination, n'avaient une compréhension intellectuelle aussi ferme du problème commun, ni n'étaient techniquement aussi bien équipés pour le résoudre. Aucun d'entre eux, par exemple, ne connaissait aussi bien la chanson populaire, pierre de touche de leurs travaux. Car Rimski-Korsakoff était en quelque sorte une autorité philosophique en matière de musique de nombreux peuples de l'Empire, composait des recueils de chants et pouvait puiser dans ce fonds pour son travail. Aucun des autres ne possédait non plus ses capacités techniques. Moussorgski, par exemple, a dû découvrir péniblement l'art de la musique à chaque étape de la composition et a mal orchestré toute sa vie, tandis que Rimsky-Korsakoff avait un sens naturel de l'orchestre, a écrit des traités sur la science de l'instrumentation et sur la science de la musique. harmonie et est devenu en quelque sorte un docteur en musique. En effet, lorsqu'enfin lui fut confié, en tant que légataire général de l'école nationaliste, la tâche de corriger et d'éditer les ouvrages de Borodine, de Dargomijsky et de Moussorgski, il apporta à son travail une érudition qui frôlait dangereusement le pédantisme. Son apprentissage n'était pas non plus uniquement musical. Il avait une grande connaissance de l'art et des coutumes qui existaient en Russie avant que les influences de l'Europe occidentale ne les répriment, des danses, des rites et du culte du soleil qui survivaient, malgré le christianisme, sous forme de jeux populaires et rustiques. Et il pourrait les mettre à contribution dans sa recherche d'une expression nationale. Comme la Sultane dans son poème symphonique, il « s'inspirait des poètes pour leurs vers, des chansons populaires pour leurs paroles, et mêlait les contes et les aventures les uns aux autres ».

Pourtant, aucune partition de Rimski-Korsakoff, aucune de ses quinze opéras et de ses douzaines d'œuvres symphoniques n'a, dans toute sa masse, la vertu vivante qui informe une seule page de « Boris Godounow », la vertu d'une chose qui satisfait les besoins mêmes de la vie et apporte à une course la libération et la formulation de son discours. Aucune partition de lui, malgré toute la saveur et le luxe de son orchestration, malgré toutes les incrustations de pierres brillantes et étranges sur la matière de ses opéras, qui ait la couleur profonde et lumineuse de certains passages de l'œuvre de Borodine, avec leur magie. évocations de l'Asie terrestre et de la Moscovie féodale, leurs

"Timbres d'or des mongoles orfevrèries

Et vieil ou des vieilles nations."

Car il n'était en aucun cas d'une stature humaine aussi noble, ni aussi profondément conscient de la vie qui l'entourait, que Moussorgski. Il ne ressentait pas non plus en lui le sens riche et vif du passé de Borodine. Cui avait raison lorsqu'il accusait Rimsky de vouloir « un élan nerveux et passionné ». Après tout, il était d'un tempérament froid. "Le peuple est les créateurs", avait dit Glinka aux jeunes compositeurs nationalistes, "vous n'êtes que les arrangeurs". C'est précisément le contact vital et direct avec la source de toute œuvre créatrice qui manquait à Rimski-Korsakoff. Il y a un défaut d'instinct chez des hommes comme lui, qui ne peuvent ressentir leur race et leur environnement qu'à travers l'esprit conscient. Nous ne savons pas exactement ce qui, dans l'éducation de Rimsky, a produit son intellectualisme. Certes, cela n'avait rien d'extraordinaire, car la société produit d'innombrables artistes comme lui, foncièrement incapables de devenir l'instrument qu'est tout être créateur, et de découvrir par eux-mêmes la conscience de leurs semblables. Quelle qu'en soit la cause, il existe chez ces hommes une peur du descellement de l'inconscient, dépositaire de toutes les sensations actuelles et vitales, qu'aucun effort de leur part ne peut vaincre. C'est pour cette raison qu'ils ont une confiance si gigantesque et inébranlable dans tous les processus de création purement conscients, en particulier dans l'incorporation de théories *a priori* . Il en était de même pour Rimsky. Il y a dans toute son œuvre un grand amour de l'érudition et une grande foi en son efficacité. Il cherche toujours à incarner dans la chair de sa musique la loi abstraite des œuvres classiques. Même Tchaïkovski, qui était lui-même un grand intellectualiste et qualifié de « parfait », dans une lettre typiquement servile, chacune des trente fugues d'entraînement que Rimsky composa au cours d'un seul mois, se plaignait que ce dernier « adorait la technique ». » et que son œuvre était « pleine d'astuces contrapuntiques et de tous les signes d'un pédantisme stérile ». Ce n'est pas que Rimsky ait été pédant par choix, par perversité volontaire. Son obsession pour les formules intellectuelles était après tout le résultat d'une peur d'ouvrir les écluses obscures par où jaillissent les rythmes de la vie.

Si Rimski-Korsakoff n'était pas absolument stérile, c'est parce que sa qualité intellectuelle elle-même était vive et brillante. Bien qu'il soit toujours resté étranger à la Russie et à ses semblables, comme à lui-même, il est devenu le plus observateur des voyageurs. Même si, en tant qu'étranger, il ne percevait que les éléments superficiels et pittoresques de la vie du pays - son orientalisme, sa coloration barbare - et qu'il trouvait son expression la plus heureuse dans une fantaisie postérieure aux "Mille Nuits et une Nuit", il notait habilement ses impressions et avec vivacité, avec un sens presque virtuose de sa matière. S'il ne pouvait pas peindre le printemps en musique, il pouvait au moins broder délicieusement la partition de "Sniegourochka" avec des cris d'oiseaux et toutes sortes de fantaisies printanières. S'il ne pouvait recréer l'esprit de l'art paysan, il pourrait du moins, comme dans "Le Coq d'or", l'imiter avec un tel goût qu'en écoutant la musique, il semble avoir devant nous un des tableaux chers aux Le peuple russe – une image avec des touches de couleurs vives et joyeuses, avec des représentations maladroites mais joyeuses de batailles, de cavalcades et de festivités et des tables de banquet chargées de fruits, de viandes et de flacons. Il est en effet curieux, et pas peu pathétique, d'observer à quel point l'intelligence de Rimski-Korsakoff a toujours été vive. La satire des femmes démoniaques de « Parsifal » et de « Salomé » dans la figure et les motifs de la princesse de Samarcande est délicieusement légère et spirituelle. En effet, non seulement "Le Coq d'or", mais la plupart de son œuvre révèlent son sens de l'humour sec et réel. Et combien de fois ne montre-t-il pas la direction dans laquelle la musique russe a progressé par la suite ! Son dernier style, avec ses modes chromatiques et orientaux tachetés, ses intervalles curieux et déroutants, est le véritable lien entre la musique du groupe russe plus ancien auquel il appartient, en gros, et celle des hommes plus jeunes et plus récents, de

Strawinsky en particulier. . En effet, les œuvres de Strawinsky révèlent sans cesse combien le maître enseignait à l'élève.

Mais s'ils révèlent l'enthousiasme de Rimski, ils révèlent aussi ses limites. Ils mettent en relief la différence entre l'expressivité poétique et superficielle. Car Strawinsky a, dans de nombreux cas, réussi à manier des matériaux que Rimsky n'a pas employés de manière tout à fait satisfaisante. Les premières œuvres du premier, en particulier "L'Oiseau de feu", et le premier acte de l'opéra "Le Rossignol", dont le style est lié à celui de Rimski, ont pourtant une féerie, un émerveillement et un or scintillant que le maître n'a jamais réussi à réaliser. atteindre. La musique de "L'Oiseau de feu" est vraiment un oiseau de rêve fantastique. "Petrouchka" a un éclat, une vivacité et une folie qui rendent les scènes de la vie populaire de Rimsky, ses utilisations d'airs et de danses vulgaires difficilement comparables. Nulle part dans aucune des reconstitutions de danses et de rites ethnologiques de Rimsky , ni dans « Mlada » ni dans « Sniegourochka », on ne trouve quoi que ce soit de comparable à la puissance nue manifestée dans « Le Sacre du printemps ». Mais c'est surtout dans sa science de l'orchestration, dans le sens des instruments qui lui donne l'impression de s'en remettre à eux plutôt que de leur imposer sa volonté, que Strawinsky a réussi ce que son professeur n'avait pas réussi à réaliser. Car Rimsky, malgré tout son sens remarquable de la chimie des timbres, malgré sa belle intention de développer davantage la science que Berlioz a apporté jusqu'à présent, a été empêché de créer un discours orchestral vraiment nouveau et significatif en raison de la pauvreté de son invention. Son orchestration est pleine de trucs et de manières qui font pâlir. On entend les paraboles sifflantes des flûtes et des clarinettes de « Shéhérazade » dans « Mlada », dans « Sadko », dans une demi-douzaine d'œuvres. L'orchestre qui peint le ciel nocturne de « Mlada » roule dangereusement comme celui qui peint la mer de « Shéhérazade » et du « Tsar Saltan ». La fameuse "Chanson indou" semble flotter vaguement dans la moitié de ses évocations orientales. Mais l'originalité, la fécondité et l'inventivité qui lui manquaient, Strawinsky les possède dans une large mesure. C'est ainsi qu'il fut donné à l'élève d'entrer dans la chambre à l'extérieur de laquelle le maître resta toute sa vie sans pouvoir entrer et ne voyait qu'en regardant furtivement à travers les fentes de la porte.

Rachmaninov

C'est dans une interview donnée au début de sa récente tournée américaine que M. Serguëi Rachmaninov se qualifiait d'« évolutionniste musical ». La phrase, prononcée sans doute à moitié en plaisantant, n'est guère agréable. C'est l'un de ces termes si vagues qu'ils n'ont pratiquement aucun sens. Il y avait néanmoins une signification dans l'usage que M. Rachmaninov en faisait. Car il l'a utilisé comme excuse pour son travail. Sa musique manque évidemment d'audace. Dans l'ensemble, c'est prudent et traditionnel. Même ceux qui ne sont pas professionnellement du côté des anarchs musicaux le trouvent quelque peu peu aventureux, trop doux et élégamment élégiaque, trop ennuyeux. Et en substituant au révolutionnisme une formule de progrès musical moins évocatrice de changements violents, plus évocatrice d'un processus comme l'éclosion tranquille, graduelle et ordonnée du bourgeon en fleur, M. Rachmaninov n'a-t-il pas discrédité très légèrement et intelligemment le travail apparemment révolutionnaire de certains de ses congénères, et cherchant à révéler chez les siens une solidité jusqu'alors insoupçonnée ?

Cependant, on peut se demander s'il a réussi, si les implications de cette phrase parviennent réellement à donner à son travail une véritable importance. Il ne fait aucun doute que la musique ne se réforme pas invariablement par le processus que nous appelons révolutionnaire. C'est un lieu commun qu'il y ait eu de nombreux compositeurs de premier ordre qui n'ont créé aucune nouvelle syntaxe, aucun nouveau système d'accords et de relations toniques. On dit que JS Bach lui-même n'a pas inventé une seule harmonie. Il y a eu des compositeurs de génie qui n'ont pas fait grand-chose pour repousser les limites physiques de leur art, ont accepté la grammaire musicale des autres et ont arrondi une époque au lieu d'en initier une nouvelle. Néanmoins M. Rachmaninov ne peut pas tout à fait être compris dans leur compagnie. Il y a une différence aussi grande entre lui et les compositeurs de ce type quelque peu conservateur qu'entre lui et les compositeurs radicaux. Car, bien que la recomposition de la musique ne consiste pas nécessairement dans l'établissement d'un nouveau système, et puisse être assez complète sans lui, elle consiste néanmoins dans l'imprégnation du son d'un caractère et d'une vertu nouveaux.

Sans doute, M. Rachmaninov est un ouvrier accompli et charmant. Il est presque uniformément suave et adroit. Les cas où il écrit mal ne sont pas fréquents. Le Prélude en do dièse mineur est après tout une sorte de sport. Sans aucun doute, il y a des moments, comme dans tant de passages de la nouvelle version de son premier concerto pour piano, où il cherche à éblouir par l'opulence, le bruit et l'éclat des sons. Cependant, en règle générale, il écrit poliment. Si le deuxième concerto est un peu trop doux, élégiaque et sucré, un peu trop semblable à un triste banquet de confiture et de miel, il n'en est pas moins réalisé de manière très adroite et séduisante. Dans l'ensemble, même si sa musique ne nous touche que superficiellement, elle ne manque rarement d'éveiller une certaine gratitude pour son élégance. Mais il y a un essentiel que veut sa musique. Il veut l'empreinte d'une individualité décidée et importante. Dans toute la partition élaborée de « L'Île des Morts », dans celle-là même de M. Rachmaninov qui est généralement considérée comme sa meilleure, il y a peu d'accents qui soient soit très larges, soit très poignants, ou très nobles. La musique manque de distinction, manque de vitalité. Le style est étrangement doux et peu rafraîchissant. L'émotion est communiquée, sans aucun doute. Mais c'est une émotion de deuxième, voire de troisième ordre. La musique de M. Rachmaninov n'est jamais non plus tout à fait nouvelle. A-t-il une ligne mélodique tout à fait propre ? On en doute. Beaucoup de mélodies de M. Rachmaninov ont une distribution mendelssohnienne, malgré tout leur éclat russe. D'autres sont du genre d'air doux et soyeux, sans esprit, généralement caractéristique de l'école de salon russe. On ne peut pas non plus découvrir dans cette musique un sens distinctement original du rythme, de l'harmonie ou de la couleur du ton. La Symphonie en mi mineur, malgré toute sa compétence et sa douceur, est pleine de la couleur, de la qualité et de l'atmosphère de Tchaïkovski. C'est Tchaïkovski sans l'hystérie, peut-être, mais aussi sans l'énergie. Dans toute la musique de M. Rachmaninov, il y a quelque chose d'étrangement raconté deux fois. De là découle la tristesse distillée par toutes choses un peu inutiles.

On trouve dans toutes les galeries de tableaux des toiles attribuées, non à un seul peintre, mais à un atelier, à l'école de quelque grand maître. On trouve parmi eux des pièces charmantes. Ils ne sont pas non plus toujours l'œuvre d'élèves qui ont peint sous la direction d'un homme célèbre. Tout aussi souvent, ils sont l'œuvre d'artistes qui se sont montrés suffisamment indépendants vis-à-vis de leurs mécènes et d'eux-mêmes. Leurs noms et leurs personnes étaient familiers à ceux qui leur commandaient des photos. C'est seulement qu'au fil du temps, leurs noms ont fini par être oubliés. Car il y a dans leurs toiles peu de traces de la substance qui fait que les gens chérissent une individualité et font qu'un nom reste gravé dans les mémoires. D'autres personnalités se sont manifestées à travers leurs coups de pinceau et ont montré que derrière l'homme qui tenait le pinceau à la main, il y en avait un autre qui dirigeait les traits, l'homme sur lequel l'artiste s'était modelé, la personnalité qu'il préférait à son propre. C'est cette réflexion qui a conduit à l'attribution de l'œuvre à des ateliers.

Et si M. Rachmaninov, au lieu d'être musicien, avait été peintre, un pareil destin n'attendrait-il pas ses compositions ? Ne partent-ils pas en effet du point de départ de toute la brillante école des compositions pour piano ? Ne sont-ils pas une sorte de retour à l'école des salons, à l'école de la vélocité, de l'effet, de tout ce que Rubinstein et Liszt pourraient désirer ? Les pièces pour piano de M. Rachmaninov ne sont-elles pas le résultat d'un rapport à l'instrument qui devient vite dépassé ? Il y avait une légère justification au travail pompeux et vide de ses modèles. Les concertos, les compositions pour pianoforte souvent flashy et clinquantes de Liszt et Rubinstein étaient le résultat immédiat et superficiel de ce sens plus profond de l'instrument apparu au XIXe siècle et enivrait les gens avec les timbres du piano et les rendait désireux d'entendre ses nombreux sons. voix, aussi grossière soit-elle. Toute une école de virtuoses faciles surgit en réponse à cette demande. Depuis, cependant, nous avons acquis une perception plus subtile de l'instrument. Nous n'avons plus besoin d'un affichage aussi insensible. Et avec ces œuvres pour piano plutôt grossières, la pièce *par excellence* caractéristique de l'époque, le brillant concerto pour piano avec son instrument cabré intégré dans la pompe, le bruit et les hululements de l'orchestre, a progressivement perdu en popularité. Les hommes modernes n'écrivent plus de concertos. Lorsqu'ils introduisent un pianoforte dans l'orchestre, soit ils le traitent, comme Brahms, comme l'instrument premier et écrivent des symphonies, soit, comme Scriabine et Strawinsky, le réduisent au niveau commun. Mais M. Rachmaninov n'a pas participé à ce changement d'attitude. Il se contente toujours d'une musique qui joue avec le pianoforte. Et il écrit des concertos à l'ancienne. Il écrit des morceaux pleins de dislocation musicale ancienne et étonnante. Des phrases d'une intensité et d'un lyrisme apparents sont niées par des passages frivoles et tintants. Otez le bruit et la fureur qui ne signifient rien du troisième concerto, et que reste-t-il ? Il fut peut-être un temps où un tel travail servait. Mais un autre lui a succédé. Ainsi M. Rachmaninov apparaît parmi nous comme un fantôme très charmant et aimable.

Mais pour cela, ne manquons pas de leur en être dûment reconnaissants. Ne manquons pas de rendre grâce pour que l'éternité soit la conception de la musique comme un sirop d'après-dîner, une boîte de bonbons assortis, un bric-à-brac, une titillation, un bain tiède, un spectacle qui amuse et caresse. et des moments d'une demi-heure, enchantement pour les miss de pensionnat, occasion pour les virtuoses de se glorifier.

Une des choses curieuses de la saison de M. Rachmaninov, c'est qu'elle l'a non seulement mis en avant parmi nous, mais qu'elle a mis en relief, à travers lui, d'autres compositeurs. Cela a mis en relief tout le groupe de musiciens russes auquel il appartient. Il a bien évalué les prétentions des deux écoles contradictoires de la musique russe. L'école dont M. Rachmaninov est peut-être le principal représentant vivant et qui fut représentée à diverses époques par Rubinstein, Tchaïkovski et Arensky, est généralement qualifiée d'« universelle » par ses partisans. Il est censé avoir ses traditions dans la musique européenne en général, et être une continuation de l'art des romantiques, en particulier de l'art de Chopin et de Schumann. Mais pour les hommes de la faction adverse, ceux qui acceptaient uniquement la chanson populaire russe comme pierre de touche et cherchaient dans leur œuvre à lui trouver un équivalent moderne, la musique de cette école était étrangère et sophistiquée, aussi sophistiquée que la musique de cette école. culture pseudo-française des salons de Petrograd. Pour eux, la musique de Tchaïkovski, même, était le résultat de la manipulation de thèmes de couleur slave selon des formules abstraites de la musique classique. Sans égard cependant à aucune question de théorie musicale ; en dehors de toute question de la valeur pour nous de la science des maîtres classiques, on se retrouve de cette opinion. Car la musique présentée par la visite du compositeur, qui est actuellement dans ce pays comme envoyé de son école, nous convainc que l'œuvre des hommes de son parti, aussi élégante et brillante qu'elle soit souvent, est l'œuvre essentiellement d'hommes. insensibles à l'appel de leurs compatriotes. Pour eux, comme pour tout musicien russe, la Russie était sans fenêtres, appelant bêtement à exprimer son énergie sauvage et incontrôlée, sa misère, ses rires riches et enfantins, son profond et grand christianisme. Il voulait une musique qui ait les accents de son discours grossier et généreux, et qui, comme son discours, exprime ses réactions essentielles, sa conscience. Et il y avait des hommes, Moussorgski et Borodine, qui avaient l'imagination assez vive pour devenir les instruments de leur peuple et répondre à ses besoins. Ainsi, lorsque nous entendons parler russe, nous allons vers eux comme nous allons vers Dostoïevski et Tolstoï. C'est dans "Boris" et "Prince Igor" aussi richement que dans n'importe quelle œuvre. Mais les hommes de l'autre école n'ont pas entendu l'appel. Ils étaient assis dans leurs maisons luxueuses et parisiennes derrière les fenêtres fermées.

Scriabine

Il y a des pages solennelles et magnifiques dans les poèmes symphoniques de Scriabine. Et pourtant, malgré leur éclat, leurs splendeurs multiples, leurs gestes hiératiques, ces œuvres ne sont pas ses œuvres les plus individuelles et les plus significatives. À l'exception du « Prométhée » flamboyant, ils révèlent chacun dans une certaine mesure l'influence de Wagner. L'« Idyle » de la Deuxième Symphonie, par exemple, se rapproche dangereusement du « Waldweben » de « Siegfried », même si, certes, la forêt de Scriabine est plutôt une forêt parfumée et éclairée par des roses, celle de Wagner une nature sauvage et fraîche et primitive. Le "Poème de l'extase", avec ses marées océaniques de corps voluptueusement enchevêtrés, est une sorte de "Bacchanale" de Tannhäuser modernisée, agrandie et intensément aiguisée. Car, même s'il le traitait par moments avec une rare sympathie, l'orchestre n'était pas son médium approprié. Le piano était son instrument. Ce n'est que dans des compositions pour ce médium qu'il a exprimé de manière indélébile son tempérament exquis, lumineusement poétique, presque inquiétant, et qu'il s'est définitivement enregistré.

Peu de compositeurs ont eu une conscience plus fine du piano. Rares sont ceux qui ont pleinement exploité ses ressources, rares sont ceux qui l'ont tenu avec plus de respect, rares sont ceux qui ont écouté avec plus d'attention sa voix si différente de celle des autres instruments. De toutes les musiques pour piano, seule celle de Debussy et de Ravel semble aussi profondément imprégnée de la couleur essentielle du médium, semble résider aussi complètement dans les touches noires et blanches, qui en font partie et ne leur sont pas imposées. Et Scriabine, le barbare et le romantique, est encore plus affranchi des teintes du clavier qu'eux, les Latins, les classiques. Ses œuvres nous font prendre pleinement conscience des limites rythmiques et formalistes des pièces pour piano de Chopin, de la dureté d'une grande partie de celles de Brahms, de l'éclat superficiel et de la théâtralité de celles de Liszt. Ils nous font même sentir par moments comme si en eux s'était réalisé le style pianistique définitif, que l'heure de la transition vers le nouveau clavier des quarts de ton était proche. Car Scriabine semble avoir réveillé dans le piano toute son animalité latente. Sous son contact, il perd son ancien être mécanique, pleure et chante comme un oiseau, devient instantanément chat, serpent, fleur, femme. C'est comme si les courants de la vie de l'homme s'étaient dirigés avec une force mystérieuse vers l'instrument, jusqu'à ce que cela devienne pour lui une expérience éternellement fraîche et merveilleuse, jusqu'à ce qu'entre lui et la chose inanimée se produise un échange de vie. Il y a la science la plus rare dans son style, surtout dans celui de sa dernière période, où sa propre individualité s'épanouissait si merveilleusement. Il écrivait pour cela comme l'une de deux personnes ayant partagé la vie ensemble pouvait s'adresser à l'autre, conscient de la complexité et de la profondeur avec lesquelles résonneraient un sourire, un geste, une phrase brève. Personne ne l'a caressé avec plus de légèreté, de tendresse, de volupté. Personne n'a fait du piano-trill, par exemple, une chose plus lumineuse et plus frémissante. Et parce qu'il était si sensible à son médium, celui-ci lui a attiré sa force créatrice.

Il a acquis sa haute stature poétique en tant qu'artisan élégant et aristocratique de l'école de Chopin. Plus que celui de n'importe quel maître moderne, son art s'enracine dans la grande tradition romantique telle qu'elle nous vient à travers Chopin, Wagner, Liszt et Strauss ; et s'en développe presque logiquement. Et dans les compositions de sa première période, celle qui se termine, en gros, avec le concerto pour piano, l'allégeance est marquée, le disciplat indéniable. L'influence de Chopin est omniprésente. Scriabine écrit des mazurkas, des préludes, des études, des nocturnes et des valses avec la manière générale froide, polie et fastidieuse de son maître. Ces pièces aussi pourraient sembler avoir été écrites pour être jouées dans des salons nobles éclairés par des candélabres massifs, devant des comtesses aux épaules nues. Les vingt-quatre préludes opus 11, par exemple, sont pleins de tournures chopinesques, de morbidezza chopinesque, de mélodies chopinesques. Le schéma harmonique transgresse rarement les limites que Chopin s'est fixées. Les pièces sont évidemment l'œuvre de celui qui, au fil des concerts, est venu découvrir les subtilités du travail du Polonais. Et pourtant, la description caustique des préludes par César Cui comme des « morceaux dérobés au trousseau de Chopin » est éminemment injuste. Car même à l'époque où Scriabine était membre de l'école de salon russe, ses compositions contenaient des éléments originaux et attrayants. Il y a une vraie poésie et une vraie fraîcheur dans ces pièces aux couleurs douces. Le traitement de l'instrument est audacieux et, par moments, plus satisfaisant que celui de Chopin. Scriabine, par exemple, donne à la main gauche une plus grande indépendance et une plus grande signification que ne le fait généralement son maître. Il ne se livre pas non plus aux répétitions et aux récapitulations qui gâchent tant d'œuvres de ce dernier. Son sens de la forme est déjà en alerte. Et à travers la ligne mélodique soyeuse, les harmonies douces et riches, se fait déjà sentir quelque chose qui est à l'esprit de Chopin ce que le fer russe est à l'argent polonais.

Ce n'est peut-être que dans les compositions postérieures à l'opus 50 que Scriabine apparaît dans la plénitude de sa stature. Car c'est seulement en eux qu'il abandonna définitivement le système majeur-mineur auquel il avait jusqu'alors adhéré et lui substitua l'autre qui lui permettait son sens exquis et délicieux de la couleur pianistique, son don infiniment délicat de la mélodie, son magnifique et lointain- diffusion d'un sentiment harmonique, jeu libre. Et c'est seulement dans ces pièces ultérieures qu'il atteint la perfection de la forme, en particulier de la forme sonate, dont la Neuvième Sonate est l'exemple magistral, et qui rend son art comparable à celui de Bach dans la maîtrise d'un médium, et permet pour citer à juste titre la « Fantaisie chromatique et fugue » et la Neuvième Sonate dans un seul souffle. Et pourtant, les compositions de la période médiane, celle qui suit immédiatement la période chopinesque précoce et immature, n'en sont guère moins riches et raffinées, à peine moins importantes. Sans doute l'influence des maîtres de Scriabine, bien que considérablement en déclin, est encore évidente. Le "Poème satanique" affine sur Liszt. La Troisième Sonate, malgré son andante lancinant, est manifestement l'œuvre de quelqu'un qui a étudié son Liszt et aime son Chopin. Et pourtant, ces œuvres sont typiquement masculines, enragées et fières. Et dans toutes les œuvres de cette période apparaît quelque chose de nouveau et de magnifique qui n'a presque jamais influencé la musique pour piano. Il y a une profondeur, une véhémence et une ampleur véritablement russes dans cette musique tantôt langoureuse, tantôt mystique, tantôt léonine, qui la sort entièrement de la compagnie des œuvres de l'école des salons de Petrograd pour la placer dans celle de ces compositeurs qui faisaient parler l'orchestre et l'opéra. la langue nationale. Les rythmes sont joyeux, barbares, parfois presque frénétiques, libres. Ils sont finement variés et s'éloignent presque entièrement du un-deux, un-deux, du un-deux-trois, un-deux-trois qui rend tant monotone Chopin. Par instants, les sonorités du piano défilent avec certains des mouvements tantôt festifs, tantôt majestueux, tantôt solennels des processions orchestrales d'un Moussorgski et d'un Borodine. Et on a le sentiment d'avoir rencontré seulement dans les somptueuses étoffes orientales, dans les tapis de soie et les mosaïques dorées, ou dans la féerie orchestrale de certains compositeurs russes, dans la chimie orchestrale d'un Rimski-Korsakoff, par exemple, si débordante, si délicieuse. couleurs. Néanmoins, la volupté et la véhémence sont contenues dans une retenue minutieuse. Scriabine est toujours le bon gentilhomme, intolérant, malgré toute la splendeur de son style, de tout excès, de toute exagération, de toute faute de goût. Et tout au long de l'œuvre, on constate le bourgeonnement constant et agité de cette délicatesse exquise, inquiétante, presque chinoise, qui, dans l'œuvre de la dernière période, atteint sa merveilleuse efflorescence.

Ces dernières œuvres, ces dernières sonates, poèmes et préludes de Scriabine ne sont que l'essentialisation des traits personnels esquissés par les compositions des périodes antérieures. Tout se passe comme si en adoptant le système basé sur « l'accord mystique » qui persistait dans son imagination, l'accord construit en quartes à partir des tons do, ré, mi, fa dièse, a, b, il avait réussi à s'en débarrasser. de toute l'influence des maîtres classiques, pour donner à chaque note qu'il emploie une valeur intense, poignante, nouvelle, et par cette révolution atteindre une forme comparable aux plus éminentes. Sa fantaisie s'étend sur le clavier en toute liberté ; il crée de nouveaux rythmes, de nouvelles combinaisons de tons qui font que les mains de l'interprète s'approprient une intelligence nouvelle et curieuse, qu'elles accomplissent des gestes significatifs et qu'elles bougent avec une vie délicieuse. Et ces dernières compositions sont entièrement de structure, entièrement d'os. Il existe une économie complète. Il n'y a pas une note dans la Neuvième Sonate, par exemple, qui ne soit pas nécessaire et qui ne semble pas avoir une grande signification. Ici tout est discours. L'œuvre se développe en fait à partir des premières mesures chevrotantes. La vaste péroration résonante ne fait que rassembler en un seul énoncé furieux et tragique la matière déployée dans le corps de l'œuvre. Rarement la forme binaire, le combat entre deux thèmes contradictoires, n'a été plus essentialisée. La forme du prélude n'a presque jamais été réduite à des termes plus simples que dans les préludes de Scriabine. Ces travaux sont effectivement radicaux. Car ils nous donnent un nouvel aperçu de l'archétype de leurs formes.

Et pourtant, comme c'est une chose étrange, infiniment complexe et nouvelle. Il existe en effet peu de musique qui mette plus en relief le miracle de la communication par la forme matérielle. Quelques sons, brisés et insaisissables, sortent d'un instrument, s'éteignent à nouveau. Et pourtant, à travers ces vibrations, la vie devient un instant incandescente. C'est comme si une grande partie de ce qui jusqu'ici était une expérience timide et solitaire avait subi une transformation soudaine en quelque chose de clarifié et d'universel. C'est comme si l'interprète et l'auditeur avaient eux-mêmes été transformés en instruments plus sensibles et préparés à participer plus gracieusement à l'expérience commune. C'est comme si chez chacun la capacité de ressentir la beauté avait été vivifiée, que chacun devenait pour un instant l'homme qui n'avait jamais vu le printemps venir sur la terre et qui, levant les yeux vers le haut, apercevait pour la première fois une pomme. branche fleurie sur fond bleu. Et Scriabine nous remplit du besoin de faire des gestes merveilleux et ailés. C'est comme si, pendant des instants, il nous transformait en êtres étranges, rayonnants et extatiques, en choses nouvelles et merveilleuses.

Car cette musique est pleine de la magie de la sensibilité peut-être la plus exquise qui se soit révélée depuis longtemps dans la musique. Peut-être seulement en Extrême-Orient, peut-être seulement parmi les Chinois, des tempéraments plus délicieux, plus délicats et plus extatiques s'expriment-ils dans la musique. A côté de cet homme, avec sa musique qui est comme des bouquets de fleurs jaillissant soudain de la terre fraîche et sombre, ou comme le battement d'ailes lumineuses dans l'azur infini, ou comme les murmures de quelqu'un qui s'éloigne du monde dans une maladie mortelle, Debussy, même , semble frais, argenté par la belle tempérance de la France. Car Scriabine a dû souffrir d'une soumission presque excessive aux manifestations de la beauté, a dû être consumé par la passion de communiquer ses aventures brûlantes et poignantes. Il y a des moments où il semble à peine capable de parler, tant sa sensation voluptueuse est intense, si ravissante. En effet, la sensualité est parfois si intensément communiquée qu'elle suscite presque autant de douleur que de plaisir. S'il est une musique qui semble flotter à la frontière entre extase et souffrance, c'est bien celle-là. On y recule comme devant une révélation trop poignante. On ne peut pas respirer longtemps dans cet éther. Il n'est pas étonnant que Scriabine ait cherché toute sa vie à fuir dans les transports, à inventer une religion d'extase. Pour quelqu'un qui portait le terrible fardeau d'une sensibilité aussi vibrante, il ne pouvait y avoir d'autre moyen d'existence.

Et le geste de fuite est présent tout au long de sa musique. Partout, on entend des battements d'ailes. Parfois, c'est le léger battement d'éphémérides luisantes qui tournent et glissent délicieusement dans l'azur limpide. Parfois, il s'agit du battement passionné des ailes se préparant à des ascensions rapides et abruptes. Parfois, c'est l'affaissement des pignons qui s'enfoncent de manière brisée. Car toutes ces pièces sont des « Poèmes ailés », des envolées vers quelque île de bienheureux. Ce sont toutes des aspirations « vers la flamme », vers le feu spirituel de la joie, vers le paradis du plaisir divin et de l'activité divine. La Cinquième Sonate est comme un rassemblement de forces, le puissant ressort d'un volant radieux qui se lance dans l'empyrée. Des pignons blancs et brillants tournent et planent dans la clôture divine du « Poème divin ». Des ailes en cage impuissantes se préparent à s'envoler dans la mystique Septième Sonate, battues un instant, et sont sinistrement immobiles. Parfois, comme dans la Huitième Sonate, Scriabine ressemble à un magnifique oiseau tropical se lissant dans la lumière frémissante du fleuve. Parfois, il s'agit d'une créature séraphique qui déploie ses puissantes ailes pour saluer un formidable lever de soleil spirituel. Et dans ces derniers préludes saignants et angoissants, il y a encore le souffle de la fuite. Mais cette fois, c'est une autre motion. Est-ce « l'aile impérissable du vent de la mort » ? Est-ce le vol stationnaire aveugle de l'esprit qui a quitté son habitation terrestre au moment de sa dissolution ? On ne peut pas le dire.

Et c'est cette envolée d'extase qu'il cherchait à réaliser dans ses poèmes symphoniques. Il s'était fait une curieuse religion personnelle, un mélange bizarre de théosophie, de néoplatonisme et de philosophie bergsonienne, une foi qui prescrivait le transport ; et ces œuvres étaient en partie conçues comme des rituels. Elles étaient conçues comme des cérémonies d'élévation et de déification par extase, dans lesquelles les artistes et les auditeurs se livraient en tant que célébrants actifs et passifs. Ensemble, ils devaient s'élever d'un plan à l'autre du plaisir, expérimentant la lutte divine, la félicité divine et la créativité divine. La musique devait appeler l'âme à travers la porte du sens de l'ouïe, pour la conduire, lentement, hiératiquement, à travers cercle après cercle du ciel, jusqu'à ce que les gongs mystiques retentissent et que l'émotion de masse atteigne le Père des âmes et devienne Dieu. Avec Jules Romains, Scriabine aurait crié à son public :

"Tu vas mourir tantot, sous le poids de tes heures:

Les hommes, delies, glisseront par les portes,

Les ongles de la nuit t'arracheront la chaise.

Qu'importe!

       Tu es mienne avant que tu sois morte ;

Les corps qui sont ici, la ville peut les prendre ;

Ils garderont au front comme une croix de cendre

Le vestige du dieu que tu es maintenant!"

Dans "Prométhée", il introduit un *clavier à lumière* dans son orchestre, espérant en vain provoquer l'extase par la couleur aussi bien que par le son, et après sa mort, on trouva parmi ses papiers une esquisse d'un "Mystère" dans lequel la musique devait être conjoint non seulement à la lumière, mais aussi à la danse et au parfum. C'est dommage qu'il ne lui ait pas été accordé de réaliser ce travail. Les programmes théosophiques de ses œuvres orchestrales sont, après tout, inoffensifs. Une grande partie de la coloration mi-mystique, mi-sensuelle de son orchestre leur est due. Et si la partition des "Mystères" avait été autant améliorée par rapport à celle de "Prométhée" que "Prométhée" l'est par rapport aux autres œuvres symphoniques, Scriabine aurait en effet pu se révéler un écrivain aussi éminent pour l'orchestre que pour le piano.

Il est en effet probable que demain le monde trouvera dans ses œuvres pour piano son nouveau Chopin, que Scriabine retrouvera bientôt la place autrefois occupée par l'autre. Car non seulement il est à bien des égards le supérieur artistique de celui qui fut autrefois son maître. Il est également l'un des êtres chez qui l'âge qui s'écoule lentement autour de nous est devenu conscient et articulé. La Russie l'a porté, il est vrai, l'a élémentaire, lui a donné sa tendresse enfantine, sa richesse barbare et sa lumière mystique. Mais en évoluant de l'école « universelle » russe vers une liberté et une individualité parfaites, il est devenu en effet une expression universelle, la première réellement produite par le groupe. Il est devenu, comme Strawinsky intensément « national », un de ces hommes en qui une époque entre. Il est le symbole de son époque. Il semble avoir ressenti la vie de son époque dans sa forme la plus intense. L'heure qui l'a créé était une heure où la puissance du sentiment s'était accrue de manière démesurée, presque au point d'entraver l'action, où une délicatesse asiatique avait commencé à se manifester dans le caractère occidental, où la fusion de l'Europe et de l'Asie commençait à se faire. lui-même ressenti. Et chez Scriabine, cette nouvelle intensité de sensation atteignait quelque chose de proche de la stature surnaturelle héroïque. Ce qui était beau et malade à son époque entrait dans son art. Grâce à lui, nous apprenons, pas peu, ce que nous ressentons.

Sa musique était une chose créée dans la chair d'un homme, à partir de son agonie. « Eine Entwicklung ist ein Schicksal », écrivait un jour Thomas Mann. Pour Scriabine, l'éveil de cette sensibilité aérienne palpitante était tel. Cela l'a dévoré comme un feu. On frémit autant qu'on s'émerveille du destin de celui qui est parvenu à ressentir la vie telle qu'elle est ressentie dans ces derniers poèmes frémissants — « Guirlandes », « Flammes sombres », les intitule-il, — ou dans la mystérieuse Dixième Sonate, qui rayonne de la lumière fiévreuse du rêve, ou dans ces derniers préludes hantés. L'existence, pour l'homme qui a pu écrire une telle musique, dans laquelle le ravissement surnaturel contraste avec la souffrance surnaturelle, a dû être une sorte de martyre exquis. L'homme devait effectivement avoir un nerf à nu. Et, comme une chose fragile qui s'enflammait soudain, il s'enflamma, violemment, magnifiquement, et sortit.

Strawinsky

Les nouveaux orgues d'acier de l'homme ont engendré leur musique dans "Le Sacre du printemps". Car avec Strawinsky, les rythmes des machines entrent dans l'art musical. Avec cette œuvre magistrale, un nouveau chapitre de la musique commence, la spiritualisation du nouveau corps humain se manifeste. Grâce à Debussy, la musique s'est liquéfiée, devenue opalescente, impalpable et fluide. C'était devenu, à cause de son sens, du sens de sa génération, de l'infirmité des choses, une sorte de symbole du flux éternel, de l'éternel momentané. Il était devenu corps de tout ce qui fusionne, change et disparaît, pour refléter les départs incessants et les évanescences de la vie, pour se modeler sur les jeux infiniment subtils de la lumière, la surface agitée, soulevée, écumante de la mer, les impalpables bancs d'eau. parfum, sur les rafales de vent et les bruits atténués, sur toutes les merveilles éphémères du monde. Mais grâce à Strawinsky, il est apparu une musique stylistiquement presque à l'opposé de celle des impressionnistes. Grâce à lui, la musique est redevenue cubique, lapidaire, massive, mécaniste. La scintillation a disparu. La ligne mélodique délicate et sinueuse, les harmonies glamour et chatoyantes en ont disparu. L'élégance de Debussy, la sensualité dorée, la touche calme et classique, s'envolent. Au lieu de cela, on voit apparaître de grandes et lourdes masses métalliques, des tas et des tôles d'acier et de fer en fusion, des masses adamantines brillantes. Les contours deviennent sombres, sévères, anguleux. Les mélodies sont aiguës, rigides, asymétriques. Les accords sont des groupes de notes grossiers et carrés, robustes et solides comme les piliers qui soutiennent les toits, lourds comme les coups de marteaux triphasés. Il y a surtout le rythme, le rythme rectangulaire et pur et emphatique, le rythme qui bondit et bat et réitère et danse avec toute l'infatigable perfection d'acier de la machine, jaillit et recule, jaillit vers le haut et abat, avec le mouvement inhumain de des bras d'acier titanesques. En fait, le changement est aussi radical, aussi complet, que si, au milieu des nobles jardins éclairés par la lune, une machine géante surgissait rapidement du sol et inondait la nuit d'éclats électriques et faisait vrombir sans relâche ses organes et ses articulations métalliques, fonctionnant sans relâche. .

Et pourtant, les deux styles, celui de Debussy et celui de Strawinsky, sont liés. En effet, ils sont complémentaires. Ce sont les réactions au même stimulus de deux types d'esprit fondamentalement différents. Sans doute, entre les deux hommes, il existe des différences autres que celles de leurs modes de pensée généraux. Le caractère de Debussy était profondément sensuel, aristocratique et contenu. Celui de Strawinsky est nerveux, ironique et violent. Cet homme issu d'une tradition ininterrompue a été produit par des générations et des générations de gentlemen. L'autre fait partie de ces êtres qui semblent avoir été créés uniquement par le mode de vie moderne, par les trains express et les lévriers océaniques, par le rétrécissement des continents et par la vibration du monde du XXe siècle. Mais la différence principale, celle qui rend « Le Sacre du printemps » presque antithétique à « Pelléas et Mélisande », réside essentiellement dans la divergence entre deux manières cardinales d'appréhender la vie. Debussy, d'une part, semble être du genre d'hommes chez qui le centre de la conscience est, au sens figuré, enfoncé ; un de ceux qui ont en eux-mêmes une certaine immobilité qui rend les gens et les choses qui les entourent paraissent éphémères et irréels. Pour ceux-là, le monde est une chose lointaine, située aux confins de la conscience, délicate et éphémère comme les teintes du coucher du soleil ou les lumières et les gestes du rêve. La musique de Debussy est l'image magistrale et classique de ce cortège lointain et glamour, de ce spectacle illusoire et fantastique et transparent, de cette chose qui change d'instant en instant et n'est jamais deux fois la même, et s'éloigne si vite de nous. Mais Strawinsky, en revanche, se trouve au milieu de cette chose si éloignée de l'autre homme. Pour lui, le monde matériel est bien réel, pointu, immédiat. Il l'aime, l'apprécie, est excité par ses multiples formes. Il est très réactif à son trafic. Les choses lui font une impression immédiate et mordante, stimulent en lui le plaisir et la douleur. Il sent leur avantage et le sait durement, sent leur poids et le sait lourd, sent leur mouvement dans toute sa violence. Il y a chez Strawinsky une joie presque frénétique pour les processus qui se déroulent autour de lui. Il parcourt les artères bondées, les lieux encombrés, les usines, les hôtels, les quais, s'assoit dans les trains, et l'éblouissement, le tumulte et la pulsation, les moteurs, les locomotives et les grues, toute la fantasmagorie folle de la ville moderne, évoquent des images dans lui, l'enflammer pour les reproduire dans tout leur poids, leur géantité et leur masse, leur noirceur, leur sinistre et leur puissance. Les choses et les événements les plus vulgaires l'excitent. La circulation, l'agitation des foules, le bruit des véhicules, le fracas des chevaux sur l'asphalte, les cris et les appels humains qui résonnent au-dessus de la basse de la rue, deux joueurs d'orgue essayant de se surpasser, une fanfare qui descend l'avenue, le tonnerre d'un train se précipitant sur des lieues d'acier, les sirènes des bateaux à vapeur et des locomotives, les accents des sifflets des usines, le rugissement des villes et des ports, deviennent pour lui une musique. Dans l'une de ses premières esquisses orchestrales, il imite le bourdonnement d'une ruche d'abeilles. Une de ses miniatures pour quatuor à cordes vibre au rythme des sabots de bois des paysans dansant au son hargneux d'une cornemuse. Un autre reproduit le bourdonnement du curé dans une petite chapelle, recrée la scène presque cruellement. Et la partition de "Petruchka" vit à merveille de la vie rangée et criarde d'une foire bon marché. Ses flûtes bouillonnantes, son chaudron instrumental bouillonnant, ses rythmes en accordéon et ses couleurs vives et criardes évoquent le mouvement des foules qui se pressent autour des stands de divertissement, donnent vie aux petits drapeaux flottants, aux gestes des forains, aux ballons lumineux, aux les stands de tir, les tentes bohémiennes, les murs de toile grossièrement tachés, les groupes de cochers, de servantes et d'enfants dans leurs atours de fête. Par moments, on peut même sentir l'odeur des saucisses en train de frire.

Car Strawinsky fait partie de ces compositeurs, dispersés tout au long du parcours de son art, qui augmentent l'expressivité de la musique par l'imitation directe de la nature. Son imagination semble libre, nullement liée par ce que d'autres hommes ont jugé la musique ni par ce que leur pratique lui a donné l'impression. Il semble qu'il aborde son art sans préjugés ni préconceptions d'aucune sorte. Il joue avec ses éléments de manière aussi capricieuse que l'enfant joue avec du papier et des crayons. Il s'amuse avec chaque instrument du groupe sans se soucier de ses usages habituels. Il y a des moments où Strawinsky entre dans le conclave solennel des musiciens comme un gamin avec trompette et tambour. Il s'amuse avec le quatuor à cordes, infiniment digne, lui fait faire des choses légères et acrobatiques. Il y a un intermède de "Petruchka" qui est écrit pour caisse claire seule. Son œuvre est incrustée de valses bon marché et d'airs d'orgue de Barbarie. Son style est ludique et racé ; plein d'argot musical. Il fait imiter à l'orchestre le frémissement d'une vieille vielle. Il a récemment écrit un ballet pour huit clowns. Et il aurait dit : « Je voudrais faire en sorte que la musique soit jouée dans les tramways, pendant que les gens descendent et montent. » Car il trouve son plus grand ennemi dans la salle de concert, cette ornière qui limite le jeu de l'imagination du public, cette forteresse dans laquelle se sont établies toutes les intentions des hommes du passé et d'où ils dominent le présent musical. . La salle de concert a réussi à faire de la musique une drogue, un sédatif, à créer chez le folk une « attitude musicale » fausse et à priver l'art musical de son pouvoir. Pour Strawinsky, la musique est soit une infection, soit la communication d'une impulsion lyrique, soit rien du tout. Aussi le ferait-il jouer dans les lieux ordinaires de rassemblement, dans les foires, dans les tavernes, les music-halls, les tramways, si l'on veut, pour lui permettre de fonctionner à nouveau librement. Son art vise à accélérer, à infecter, à déclencher une action que l'auditeur doit accomplir en lui-même. C'est une sorte de raccourci musical. Sur le papier, cela a un aspect fragmentaire. C'est comme si Strawinsky avait cherché à réduire les éléments de la musique à leurs termes les plus pointus et les plus simples, espérant que le « développement » serait réalisé par le public. Il semble penser que s'il ne parvient pas à atteindre son objectif, la communication de son impulsion lyrique, avec un seul *motif fort*, un seul mouvement de tons fort, un seul début rythmique, il ne peut pas du tout y parvenir. On le retrouve donc en train d'écrire des chansons, les trois paroles japonaises, par exemple, qui sont épigrammatiques par leur brièveté ; une pièce pour quatuor à cordes qui se joue en cinquante secondes ; un opéra en trois actes qui peut être joué en trente minutes.

Mais ce n'est pas une expérience de forme qu'il fait. Il semble apporter à la musique une partie de la puissance des artistes chinois qui, en peignant une brindille ou une paire de fleurs, représentent le printemps tout entier. Il a écrit certaines des musiques les plus fraîches, les plus entraînantes et les plus délicates. Rares sont les hommes vivants qui ont écrit avec plus de fraîcheur et d'humour. Avril, les branches fleuries, les pétales qui neigent, les nuages hauts dans le bleu, sont vraiment dans le petit orchestre strident des paroles japonaises, dans le vert, les flûtes gargouillantes et les violons aqueux. Aucune des innombrables Symphonies printanières, Ouvertures printanières, Chansons printanières, n'est vraiment plus printanière, plus imprégnée du doux soleil du printemps, n'est plus vraiment le temps des semences, que les six mesures naïves de mélodie qui introduisent la figure du " Sacre" intitulé "Rondes printanières". Sans doute, en s'aventurant à écrire une musique aussi audacieuse et originale dans son esthétique, Strawinsky a-t-il été encouragé par l'exemple d'un autre musicien, un autre compositeur russe. Moussorgski, avant lui, avait fait confiance à sa propre innocence plutôt qu'à la sagesse des pères de l'Église musicale, avait osé obéir aux impulsions de son propre sang et enregistré des accords, des mélodies, des rythmes, tels qu'ils chantaient dans son crâne. bien que le monde entier se lève pour le damner. Mais l'écriture d'une musique aussi irrégulière, cubique, barbare que le prélude du troisième acte du petit opéra de Strawinsky, « Le Rossignol », ou aussi nue, grossière, rectangulaire, rocheuse, polyharmonique, impétueuse, que celle de « Le Sacre » du printemps" n'exigeait pas une conviction moins parfaite, non moins une grande confiance en soi. La musique de Strawinsky est l'expression d'une innocence comparable en effet à celle de son grand prédécesseur. "Le Sacre du printemps", c'est ainsi que l'a appelé son compositeur. C'est « un acte de foi ».

Ainsi, libre de tout préjugé, Strawinsky a pu se laisser pousser par la nature à l'imitation. Tout comme Picasso fait entrer la nature du XXe siècle dans ses natures mortes, le jeune compositeur l'intègre dans sa musique. C'est le rythme des machines qui a libéré l'artiste Strawinsky. Toute sa vie, il a été conscient de ces hommes d'acier. Les choses mécaniques ont influencé son art depuis le début. C'est comme si la machinerie l'avait révélé à lui-même, comme si la vue du fonctionnement de ces organismes métalliques, eux-mêmes qui ne sont que le prolongement des os, des muscles et des organes humains, avait mis en jeu le moteur qu'est son propre corps. Car, comme James Oppenheim l'a dit dans l'introduction de « The Book of Self », « le corps de l'homme est aussi grand que ses outils, car un outil n'est qu'une extension de muscles et d'os ; une roue est un pied plus rapide, un derrick une plus grande main. Par conséquent, au début du siècle, la race s'est retrouvée avec un nouveau corps gigantesque. C'est comme si l'infection des tiges de piston, des poutres mobiles, des exercices qui dansaient, bondissaient, pompaient, avait éveillé chez Strawinsky une réponse et lui avait donné le pouvoir de battre le rythme. La machine l'a toujours fasciné. Une de ses premières compositions originales, écrite alors qu'il était encore élève de Rimski-Korsakoff, imite les feux d'artifice, distingue ce qu'il y a d'humain dans leur activité, dans le claquement, le sifflement, l'explosion, dans les pleurs hystériques des fontaines enflammées, les fières expositions et des effondrements soudains des moulinets. C'est la machine, ennemie de l'homme, qu'image le Rossignol, cette curieuse œuvre dont un acte date de 1909 et deux de 1914. Strawinsky fit former le livret sur le conte de Hans Christian Andersen qui raconte les aventures du petit oiseau brun qui chante si bien que l'empereur de Chine l'offre à sa cour. Le rossignol de Strawinsky vient aussi au palais et chante, et toutes les dames de l'entourage se remplissent la bouche d'eau dans l'espoir de mieux imiter le gazouillis du chanteur. Mais alors entrent des envoyés portant le cadeau de l'empereur du Japon, un rossignol mécanique qui amuse la cour avec ses pitreries mécaniques. Une fois de plus, l'empereur ordonne à l'oiseau des bois de chanter. Mais il est piloté. Dans sa rage, l'empereur le bannit de son royaume. Alors la mort vient s'asseoir au chevet de l'empereur et lui vole la couronne et le sceptre, jusqu'à ce que, tout à coup, le rossignol revienne, chante et oblige la mort à abandonner son butin. Et les courtisans qui entrent dans la chambre impériale en s'attendant à trouver le monarque mort, le trouvent en bonne santé et heureux sous le soleil du matin.

Et dans ses deux œuvres majeures, « Petruchka » et « Le Sacre du printemps », Strawinsky fait représenter à la machine sa propre personne. Car les actions des machines se sont d'abord réveillées dans l'organisme humain, et Strawinsky intensifie la conscience du corps en référant ces mouvements à leur origine. "Petruchka" est l'homme-machine vu du dehors, vu sans sympathie, sous son aspect comique. Avant Strawinsky, d'innombrables poètes ont tenté de décrire les activités de l'être humain, semblables à des marionnettes, et "Petruchka" n'est que l'un des innombrables spectacles récents qui exposent l'automate dans l'âme humaine. Mais le spectacle de marionnettes de Strawinsky est singulier par son accompagnement musical. Plus encore que les mimes sur scène, l'orchestre est imprégné de l'esprit de l'automate. Les gestes anguleux et en bois des poupées, leurs visages maculés, leurs entrailles de sciure de bois, sont dans la musique dix fois plus intensément que sur scène. Dans la partition de "Petruchka", la musique elle-même est devenue un petit mannequin aux vêtements multicolores, que Strawinsky regarde et rit comme un enfant rit d'une drôle de poupée, fait danser, se lance en l'air et s'étale. La partition est pleine de tours de roues, de mouvements d'horlogerie délicats, de vis et de turbines. Sous la musique, on entend toujours la respiration régulière, insistante et maniaque d'un accordéon. Et ce qui n'y est pas purement mécaniste complète néanmoins le tableau du monde tel qu'il apparaît à celui qui a vu l'homme-machine dans toute sa comédie. Les tableaux de scène, la petite fête foraine, les guirlandes et les parures pathétiques des foules, la danse des éphémérides humaines un instant avant que la neige ne commence à tomber, sont merveilleusement souillés par la musique. La partition a les couleurs d'une banderole grossièrement teinte et délavée. Il a en effet une grâce de servante, une fougue de cocher, une saveur d'orgue de Barbarie, de ferrotype, de pop-corn, de diseuse de bonne aventure.

"Le Sacre", en revanche, est l'homme-machine vu non pas de l'extérieur et sans sympathie, mais de l'intérieur. Jusqu'à présent, il s'agit du chef-d'œuvre de Strawinsky, de l'expression la plus complète et la plus pure de son génie. Pour les éléments qui font l'originalité du style de "Petruchka" et des autres compositions représentatives de Strawinsky, cette œuvre atteint une grandeur et une puissance remarquables. L'élément rythmique, déjà frais et libre dans le scherzo de "L'Oiseau de feu" et tout au long de "Petruchka", y atteint une puissance virile et magistrale, déferle et tonne avec une vigueur géante. L'instrumentation, magique avec toute la magie des maîtres russes dans les ballets précédents, est ici informée par la netteté, la dureté, la nudité qui sont à l'origine celles de Strawinsky. En outre, ce dernier ouvrage a ce qui manque jusqu'ici un peu à l'art du jeune homme : la grandeur, la sévérité et la ironie du langage. Il y est complètement nouveau, complètement en possession de ses pouvoirs. Et c'est là que la machine fonctionne. Apparemment, l'action du ballet se situe à l'époque préhistorique. Apparemment, il s'agit du rituel par lequel une tribu de Russes de l'âge de pierre consacrait la source. Quelque chose de ce genre était nécessaire, car une représentation réelle de machines, un ballet de machines, n'aurait pas eu une signification aussi sombre que les gestes anguleux et grossiers des hommes, n'aurait en aucun cas révélé aussi ouvertement la machine humaine. Ici, dans la chorégraphie, tout mouvement fluide, souple et courbe est supprimé. Tout est anguleux, cubique, rectiligne. La musique bat au rythme des moteurs, tourbillonne et spirale comme des vis et des volants d'inertie, grince et hurle comme du métal travaillant. L'orchestre est transmué en acier. Chaque mouvement du ballet met en corrélation les rythmes des machines avec les rythmes humains qu'elles prolongent et répètent. Une douzaine de moulins palpitent en même temps. De la vapeur s'échappe ; les pots d'échappement respirent fortement. L'étrange introduction orchestrale de la deuxième scène a tout le silence oppressant des machines immobiles la nuit. Et dans le final dévastateur, la musique et les danseurs créent une figure qui est à la fois un piston et une action sexuelle. Car Strawinsky a dépouillé l'homme de tout ce dont la spécialisation, la différenciation l'avait recouvert, et lui a restitué, dans une sorte de lumière blanche et cruelle, quelques organes fonctionnels. Il lui a montré une machine à laquelle le pouvoir est appliqué et qui travaille dans une obéissance aveugle, exactement comme l'animal microscopique qui mange, met bas et meurt. Le printemps arrive ; et la vie se reconstitue ; et l'homme, comme la graine et le germe, obéit aux incitations de la puissance aveugle qui l'a créé, accomplit sa course prédestinée, absorbe l'énergie et la restitue. Mais, l'espace d'un instant, dans "Le Sacre du printemps", nous ressentons les forces motrices, regardons les roues nues, les leviers et les bras au travail, voyons la dynamo elle-même.

Le ballet fut achevé en 1913, l'année où Strawinsky avait trente et un ans. Il se peut qu'à l'œuvre succèdent d'autres encore plus originales, plus puissantes. Ou bien il se peut que Strawinsky ait déjà écrit son chef-d'œuvre. Les œuvres qu'il a composées pendant la guerre ne sont pas, semble-t-il, des développements strictement nouveaux. Quel que soit l'élargissement du domaine du quatuor à cordes qu'aient créé les trois petites pièces que les Flonzaley jouèrent ici en 1915, il ne fait aucun doute que ce n'était rien du tout comparable à l'innovation dans la musique orchestrale créée par le grand ballet. Et, selon la rumeur, la plus récente œuvre de Strawinsky, le ballet de music-hall pour huit clowns, et l'œuvre pour orchestre, ballet et chœur intitulée "Les Noces villageoises", ne sont en aucun cas d'un style aussi audacieux que "Le Sacre". ," et ressemble plus à "Petruchka" qu'au ballet ultérieur. Mais quelle que soit la réalisation future de Strawinsky, il ne fait aucun doute qu'avec cette œuvre, sinon aussi avec "Petruchka", il s'est assuré une place parmi les vrais musiciens. Il est peu probable qu'un compositeur vivant ait ouvert de nouvelles terres musicales plus largement que lui. Car il n'a pas seulement recréé la musique. Il a atteint un point devant nous que le monde aurait atteint sans lui. Cela seul lui montre le génie. Il a apporté en musique quelque chose que nous attendions depuis longtemps et dont nous savions qu'il arriverait un jour. « Le Sacre du printemps » nous apparaît en ce moment une de ces compositions qui jalonnent les kilomètres musicaux.

Mahler

Presque simultanément avec l'essor de la musique russe et la renaissance de la musique française, celle de l'Allemagne s'est dégradée. La grande lignée de compositeurs qui descendent de Bach et de Haendel depuis deux siècles a vacillé et visiblement diminué au cours des trois dernières décennies. La fière tradition semble s'être temporairement arrêtée chez Wagner, Bruckner et Brahms. Il se peut que l'Allemagne moderne soit un terrain difficile, que le changement violent des conditions de vie, l'accélération furieuse aient créé, pour le moment, un terrain inhabituellement hostile à la découverte d'œuvres d'art parfaites. Le fléau qui frappe toute la nouvelle génération de compositeurs semble indiquer une cause commune. Il y a sans aucun doute une curieuse coïncidence dans le fait que chez chacun des quatre principaux musiciens allemands de la période récente, on puisse constater, dans une certaine mesure, une défaillance de l'instinct artistique. Le grossissement du savoir-faire, la faillite spirituelle du dernier Strauss, le pédantisme grotesque de Reger, l'intellectualisme dont l'art de Schoenberg a toujours été entaché et par lequel il a été corrompu ces derniers temps, la banalité de Mahler, soupçonneusement. Et pourtant, il est probable que la cause est ailleurs, et que la conjonction de ces quatre hommes est accidentelle. Après tout, il y a eu peu d'environnements vraiment favorables à l'artiste ; la plupart des maîtres ont dû se remettre de « quelque chose de pourri dans l'État du Danemark », et beaucoup d'entre eux ont surmonté des conditions pires que celles de l'Allemagne bismarckienne moderne. La cause du caractère insatisfaisant d'une grande partie de la musique de Strauss et Schönberg, Reger et Mahler réside sans doute plus dans la faiblesse innée des hommes eux-mêmes que dans l'atmosphère malsaine dans laquelle ils ont vécu.

Pourtant, le cas de Mahler fait hésiter un moment avant de porter un jugement. Alors qu'il est probable que Richard Strauss se serait détérioré, même si son époque était amicale, que Reger aurait été tout autant un pédant s'il était né à Paris plutôt qu'en Bavière, que Schoenberg aurait développé son ouvrage mathématique frigidité partout où il résidait, il est possible que le destin de Mahler aurait été différent s'il n'était pas né dans l'Autriche des années 1860. Car si la musique de Mahler est avant tout le reflet de celle de Beethoven, s'il n'a jamais parlé avec des accents authentiques, si de ses vastes rêves d'un grand art symphonique populaire moderne, de son honnêteté, de sa sincérité, de son industrie, de son indéniable noblesse et traits magnifiques, il n'en est résulté que ces malheureux colosses ennuyeux que sont ses neuf symphonies, c'est sans doute, dans une large mesure, la conséquence du fait que lui, le Juif, est né dans une société qui a fait du judaïsme, de l'origine juive et des traits juifs , une malédiction pour ceux qui en ont hérité. Le destin qui l'avait fait juif décrétait que, s'il s'exprimait pleinement, il lui faudrait employer un idiome qui rappellerait les accents durs de la langue hébraïque tout autant que ceux de n'importe quelle langue parlée par les peuples d'Europe. Elle décrétait que, quelle que soit l'histoire de l'art qu'il pratiquait, quel que soit le caractère de l'époque dans laquelle il vivait, il ne pouvait s'imposer sur son médium sans l'imprégner des traits hérités de ses ancêtres. Il décrétait qu'en parlant, il devrait imprégner l'art musical des qualités et des caractéristiques gravées dans la souche par l'histoire et les vicissitudes de sa race, par son séjour séculaire dans les déserts d'Arabie et sur les collines arides de Syrie, par la contrainte de sa religion et de ses coutumes, par sa lutte titanesque et terrible pour sa survie contre les peuples féroces d'Asie, par la merveilleuse vitalité, la conscience de soi et l'exclusivité qui l'ont transporté à travers les pays et les temps, hors de l'Egypte éternelle à travers l'éternelle Mer Rouge. Mais c'étaient justement les attributs raciaux, les gestes et l'accent raciaux qu'un homme dans la situation de Mahler trouvait extrêmement difficile à enregistrer. Car la société autrichienne mettait un grand prix à sa suppression. Elle ne lui permettait de participer à ses activités qu'à condition qu'il ne lui rappelle pas continuellement son étranger, sa conscience raciale. Cela lui permettait d'acquérir le sentiment d'égalité, de fraternité et de citoyenneté, à la seule condition qu'il cherche à supprimer en lui-même toute conscience de son ascendance, de son caractère et de ses particularités, et qu'il s'efforce de s'identifier à ses membres et de se sentir juste. comme ils le ressentaient et parlent comme ils parlaient.

Car si la société austro-allemande avait admis les Juifs aux droits civiques, elle leur avait fait ressentir comme jamais auparavant la vieille haine, la malédiction et l'exclusion. Les murs des ghettos avaient, après tout, empêché le juif de ressentir toute la force du handicap dans lequel il souffrait, dans la mesure où ils avaient refoulé en lui tout désir de se mêler à la vie du pays dans lequel il se trouvait. Mais en excitant son grégarisme, en semblant lui permettre de participer à la vie publique, en l'invitant et en le repoussant, une communauté comme celle de l'Autriche, encore si proche du Moyen Âge, lui faisait sentir dans toute sa terrible puissance le handicap de race, la haine folle et le mépris avec lesquels il punissait sa descendance. Et il est tout à fait naturel que parmi les Juifs les plus aptes à prendre part aux affaires, et par conséquent les plus sensibles à la mauvaise volonté qui les empêchait du pouvoir et du succès, se lèvent, en dépit de tous leurs efforts conscients, pour ne pas céder ni reculer. , un désir inconscient d'échapper aux conséquences de ce qui les marquait aux yeux du général comme des individus d'un genre inférieur ; inhiber tout geste spirituel susceptible de susciter l'hostilité ; et pour conjurer tout sentiment subjectif d'infériorité personnelle en se convainquant eux-mêmes et leurs semblables qu'ils possédaient les traits généralement estimés.

C'est ainsi qu'un conflit dévastateur s'est introduit dans l'âme de Gustav Mahler. A la place du moi uni, deux hommes sont nés en lui. Car tandis qu'une partie de lui réclamait la libre expression complète nécessaire à l'artiste, une autre cherchait à la bloquer de peur que dans le libre flux n'apparaissent les traits raciaux détestés. Car Mahler aurait été le premier à avoir été repoussé par le son de sa propre inflexion hébraïque dure, hautaine, gutturale et abrupte. Il aurait été le premier à se retourner avec mépris face à ses propres gestes. Il y avait en lui le désir frénétique et inconscient de se débarrasser de ce qu'il en était venu à croire inférieur. Et plutôt que de l'exprimer, plutôt que de parler dans son idiome propre, il fit, sans s'en rendre compte peut-être, le choix de parler par la voix d'autres hommes, des grands compositeurs allemands ; de les imiter au lieu de développer sa propre personnalité ; d'accepter la stérilité, la banalité et l'impuissance plutôt que d'acquérir un pouvoir de parole.

Et ainsi son œuvre est devenue la chose douteuse et bâtarde qu'elle est, une chose d'intentions élevées et originales non réalisées, de grands pouvoirs mal appliqués, d'efforts créatifs grands et respectables qui n'ont pas réussi à donner naissance à quelque chose de vraiment nouveau, de vraiment complet. Ses symphonies, telles qu'elles sont, ne laissent aucun doute sur ce que Mahler aurait pu réaliser s'il n'avait pas été une personnalité divisée. Si Mahler n'est pas un grand homme, il en est au moins la silhouette. Le besoin d'expression qui le poussait à composer était sans aucun doute puissant. La passion avec laquelle il s'adonnait à son travail malgré tout découragement et manque de succès, la hauteur et la noblesse de la tâche qu'il s'était fixée, la splendeur des intentions, révèlent combien un feu brûlait en cet homme. Il n'était pas de ceux qui viennent à la musique pour former des petits bijoux. Au contraire, dans ses gestes, il était toujours un des éminemment fidèles. Il est venu à la musique pour créer un grand art symphonique simple et populaire pour ces derniers jours, une chose aux lignes larges, aux contours simples et à la grandeur spirituelle. Il cherchait à exprimer sincèrement sa profonde et réelle tristesse, son mal du pays étouffant pour ce quelque chose que l'enfance semble posséder et que la maturité semble manquer ; se rêver dans des joies enfantines et paradisiaques et s'éveiller à nouveau à la foi et à l'action. Il a tenté de créer un langage musical qui serait gigantesque, brut et puissant comme la Nature elle-même ; essayé d'imprégner l'orchestre de la puissance dionysiaque du soleil, des vents et de l'argile grouillante ; aurait souhaité pouvoir dire de ses symphonies : « Hier rörht die Natur ». À un ami qui lui rendait visite dans sa maison de campagne à Toblach et lui faisait des commentaires sur les montagnes entourant l'endroit, Mahler répondit en plaisantant : « Ich hab' sie alle fortcomponiert ». Et il avait des programmes vastes et dramatiques pour ses symphonies. Le Premier aurait dû être une sorte de Chant de jeunesse, un adieu à ce qui vit en nous avant notre rencontre avec le monde et qui se brise dans la collision. La Seconde aurait dû être le Chant de la Mort, la musique de la connaissance de la mort. La Troisième a été conçue comme une Chanson du Grand Pan – sa « gaya scienza », comme Mahler aurait aimé l'appeler. Dans le Quatrième, il cherchait à ouvrir le cœur d'un enfant ; dans le sixième, pour exprimer sa désolation, sa solitude et son désespoir ; dans le huitième, pour accomplir une grande cérémonie religieuse ; dans "Das Lied von der Erde" pour écrire sa "Tempête", son épilogue.

Et en général, ses symphonies sont assez originales. Mahler était complètement émancipé de tous les vieux préjugés concernant la nature de la symphonie. Il a conçu la forme à nouveau. "Mir heiszt Symphonic", aurait-il dit, "mit allen mitteln der vorhändenen Technik mir eine Welt aufbauen". Il a conçu la forme particulièrement en référence à l'être, aux exigences, au cadre de la salle de concert moderne. Il s'est rendu compte que la brièveté des symphonies classiques les handicape aujourd'hui gravement. Pour le public moderne, il faut une heure et demie ou deux heures de divertissement musical. Afin de remplir les programmes des concerts, la symphonie doit être associée à d'autres œuvres. En conséquence, il perd en efficacité. Ainsi, s'inspirant de la Neuvième de Beethoven et du « Roméo » de Berlioz, Mahler a hardiment imaginé des symphonies qui pourraient à elles seules remplir une soirée. À partir de sa Deuxième, il augmenta le nombre de mouvements, abandonnant l'inévitable suite d'allegro, andante, scherzo, rondo ; des entractes prescrits d'une certaine durée; et ajouté des chœurs et des solos vocaux pour donner le relief nécessaire aux longs passages orchestraux. Dans la Seconde, il a placé entre un allegretto et un scherzo une mise en musique pour soprano d'une des paroles de "Des Knaben Wunderhorn", et a conclu l'œuvre par une mise en musique chorale d'une ode de Klopstock. Dans la Troisième Symphonie, il a précédé le final orchestral d'un solo d'alto composé sur "Das Trunkene Lied" de Nietzsche, et d'un chœur employant les paroles d'un autre des poèmes naïfs de l'anthologie d'Arnim et Brentano. La huitième est simplement une mise en musique chorale du « Veni, Creator » et la scène finale du « Faust » de Goethe. Et dans la Cinquième Symphonie, une de celles dans lesquelles il ne faisait appel à aucun interprète vocal, il réussit néanmoins à varier et à élargir la suite conventionnelle en faisant précéder le premier allegro d'une marche, et en séparant et en soulageant le scherzo et le rondo gargantuesques par un adagietto pour cordes seules.

Il a organisé son matériel assez indépendamment des anciennes règles. Il fait partie de ceux qui semblent avoir appris de Liszt que le contenu d'une pièce doit conditionner sa forme. Les symphonies de Mahler ressemblent à des poèmes symphoniques. Leur caractère est essentiellement dramatique. Même s'il recherche continuellement une forme classique, ses œuvres révèlent néanmoins leur origine programmatique. Il était dans l'âme l'un des compositeurs littéraires. Mais il était un meilleur artisan que la plupart d'entre eux. Il était par exemple un meilleur ouvrier que Strauss. Ses scores sont beaucoup plus osseux. Ils sont libérés de la masse de détails insignifiants qui encombrent tant d'œuvres de Strauss. Il pourrait affirmer avec une certaine justice : « Je n'ai jamais écrit de note peu sincère. » Et même si son orchestration n'est pas révolutionnaire, et est souvent assez banale, il emploie néanmoins souvent une palette instrumentale distinctement sienne. Il a utilisé à la place du violon la trompette comme premier instrument de l'orchestre ; obtenu toutes sortes d'effets brillants avec. Il accroît la variété et l'utilité des instruments de percussion, formant à partir d'eux une nouvelle famille d'instruments pour équilibrer les familles des cordes, des cuivres et des bois. Dans la partition de la Deuxième Symphonie, il demande six timbales, une basse et une caisse claire, un tam-tam aigu et grave, des cymbales, un triangle, un glockenspiel, trois cloches graves, dans l'orchestre principal ; en plus d'une grosse caisse, d'un triangle et de cymbales en supplément. Dans la Huitième Symphonie, les instruments de percussion forment à eux seuls un petit groupe. Et il utilisa d'une manière originale les instruments communs, fit imiter les cloches aux harpes, aux fanfares les bois, aux pointes d'orgue les cors ; combiné des piccolos avec des bassons et des contrebasses, écrit des unissons pour huit cors, laissé les trombones exécuter des gammes...

Mais aucune des neuf symphonies du pauvre Mahler, aussi honnêtes et dignes que soient certaines d'entre elles, n'existe sous la forme d'une musique fraîche, nouvelle et vivante. Son génie n'a jamais pris chair musicale. Ses partitions sont lamentablement faibles, souvent arides et banales. Il n'y a sûrement pas d'autre cas dans l'histoire de la musique où un génie indubitable, un grand besoin d'expression, une manière de ressentir distinctement personnelle, une science musicale respectable, un effort grand et idéaliste, ont obtenu des résultats aussi insatisfaisants. On se demande si Mahler le compositeur n'a pas été, après tout, le plus grand échec de la musique. S'il existe une musique éminemment Kapellmeistermusik, un art musical éminemment routinier, réfléchi et poussiéreux, ce sont certainement les cinq dernières symphonies de Mahler. Le Désert musical du Sahara se retrouve sûrement dans ces compositions malheureuses. Ce sont des monstres d'ennui et, par leur prétention même, leurs dimensions gargantuesques, mettent en relief la stérilité essentielle de Mahler. Ils cherchent à être colossaux et atteignent surtout la vacuité. Ils ne rappellent rien de plus que les "géants" énormes, laids et difformes qui se dressent devant le vieux palais de Florence, œuvre de l'obscur sculpteur qui pensait surpasser Michel-Ange par sa masse. Et les quatre premières de ses symphonies, bien que moins tout à fait banales et pédantes, sont toujours amorphes et fondamentalement de seconde main. Car Mahler n'a jamais parlé dans son propre idiome. Son style est une affaire de bâtard. Le matériel thématique est presque entièrement dérivé et imitatif, d'une médiocrité et d'un caractère déprimant sans égal. On se demande s'il y a jamais eu un compositeur respectable qui ait utilisé des idées aussi platitudes que celles employées dans le premier mouvement de la Première Symphonie, ou le thème cuivré et pompeux qui ouvre la Huitième, ou l'air sur lequel dans cette dernière œuvre la strophe mystique commençant

"Tout est disponible

C'est nur ein Gleichnisz"

est entonné. On se demande si quelqu'un a utilisé des thèmes plus sucrés et sans caractère que ceux du dernier mouvement de la Troisième Symphonie, ou l'adagio de la Quatrième. De temps en temps, sans doute, un vague ton personnel, un parfum de la campagne bohème où Mahler est né, parvient à se distinguer des grandes masses inchoatives de ses symphonies. Le musicien ambulant joue de sa clarinette ; les paysans s'assoient à des tables recouvertes de nappes rouges et boivent de la bière ; Hans et Gretel dansent ; le soir tombe ; les ruisseaux coulent argentés ; de la caserne retentissent les sons du clairon autrichien ; de vieux chants de soldats, qui auraient pu être chantés pendant la guerre de Sept Ans, surgissent ; le gardien fait sa ronde endormie.

Mais, pour l'essentiel, c'est précisément le ton personnel qui manque complètement à sa musique. Car il n'a jamais été lui-même. Il était tout le monde et personne. Il cherchait toujours à être un compositeur ou un autre, sauf Gustav Mahler. Le pouvoir fatal d'assimilation du Juif ne se révèle nulle part plus clairement dans la musique que dans le style de Mahler. Romain Rolland découvre seul dans la Cinquième Symphonie des réminiscences de Beethoven et Mendelssohn, Bach et Chabrier. Schubert parcourt avec persistance les partitions de Mahler, en particulier celle de la Troisième Symphonie, dont le thème introductif pour huit cors rappelle presque ostensiblement l'ouverture du do majeur de Schubert, sans toutefois en retrouver le moins du monde son efficacité. Bruckner, le professeur de Mahler, se reflète aussi sans cesse dans ces œuvres, dans les thèmes choraux que Mahler aime tant incarner dans ses compositions et, plus particulièrement, dans la longueur et les involutions de tant de thèmes de ses symphonies ultérieures. Car, comme ceux de Bruckner, ils semblent choisis en tenant compte de leur aptitude à la déformation et à la dissection contrapuntiques. Wagner, Haydn, Schumann et Brahms, le sentimental *Wienerwald* Brahms, passent aussi sans cesse par ces partitions. Mais c'est Beethoven que Mahler cherchait principalement à imiter. Sur ses symphonies (et c'est curieux que Mahler, comme les trois hommes qu'il a le plus souvent imités, Schubert, Bruckner et Beethoven, n'a écrit que neuf symphonies), sur l'ensemble de son œuvre, ses chansons comme ses pièces orchestrales, là repose l'ombre du Maître de Bonn. Mahler fut sans aucun doute le disciple le plus fidèle de Beethoven. Toute sa vie, il a cherché à écrire la « Dixième

Symphonie », la symphonie que Beethoven est mort avant de composer. Il essayait continuellement de se rapprocher du ton grandiose et pathétique de l'autre, de ses manières larges et bien-pensantes. Sa musique est pleine de citations légèrement déguisées. Le thème de trompette qui inaugure la Cinquième Symphonie de Mahler, par exemple, semble être le résultat d'une tentative de croiser le thème de la marche funèbre de la « Symphonie Héroïque » avec les célèbres quatre coups de la Cinquième Symphonie de Beethoven. Dans le premier mouvement de la Deuxième Symphonie, juste avant l'apparition au hautbois du motif à peine déguisé "Sleep" de "Die Walküre", un thème presque directement tiré du concerto pour violon de Beethoven est annoncé aux "violoncelles et cors". Et l'andante de la même symphonie dérive à la fois de l'allegretto de la Huitième de Beethoven et de l'andante de sa « Symphonie pastorale » ; pourrait en effet figurer comme une sorte de « Szene am Bach » à travers laquelle coulent les marées jaunâtres du Danube. Beethoven est rappelé par certains finales triomphales de Mahler, notamment celles des Cinquième et Septième Symphonies, ainsi que par de nombreux passages adagio de Mahler. "Es sucht der Bruder seinen Bruder", oh combien de fois et avec quelle longueur à travers les symphonies de Mahler, et avec quelle persévérance à la trompette ténor ! Et combien de fois le père de famille allemand n'emmène-t-il pas ses enfants se promener dans les bois un dimanche après-midi et ne leur ordonne-t-il pas d'adorer leur Créateur pour avoir implanté l'Amour de la Vertu dans le Cœur humain !

De même qu'il était inévitable que Mahler, au lieu de développer sa propre individualité artistique, cherche toute sa vie à s'identifier à certains autres compositeurs, de même il était inévitable que ce soit Beethoven qu'il imite le plus assidûment. Car Beethoven n'était pas seulement la grande présence classique de la salle de concert allemande et était considéré, selon les mots de Lanier, comme le « cher seigneur vivant du ton », le « seul hymne de toute la vie ». Il était aussi, de tous les maîtres, celui qui, spirituellement, s'approchait le plus de Mahler. Car Beethoven était aussi de ceux qui voulaient doter leur art d'une grandeur morale, lui donner le pouvoir de réveiller les traits humains les plus nobles, de lui faire communiquer des conceptions éthiques et philosophiques. Lui aussi est venu à son art avec l'espoir magnanime de revigorer, de consoler et de racheter ses frères, de guérir les blessures de la vie et de lier tous les hommes dans les liens de la fraternité. Tiraillé entre le désir de s'exprimer et la peur de se révéler, Mahler a trouvé la solution à son conflit dans cette pièce particulière d'auto-identification.

Et si Mahler avait été capable d'être vraiment lui-même, de développer sa propre individualité, il aurait sans aucun doute été ce qu'il désirait le plus être et aurait donné au monde un nouveau Beethoven. Mais, en tant qu'imitateur, il est loin d'être Beethoven ! Quelles que soient les limites de Beethoven (et elles étaient nombreuses, malgré tout ce que peuvent dire les fidèles), il possédait néanmoins, à un degré extraordinaire, deux choses qui manquaient éminemment à Mahler : un génie inventif et une force paysanne géante. Il a su faire face avec vigueur aux gigantesques programmes qu'il s'était fixés. À certains moments, sans doute, comme dans la Symphonie en ut mineur et dans tant de ses sonates pour piano, on est repoussé par une certaine pompeur et une certaine suffisance indéfinissables et exaspéré par l'évidence, l'ennui et la lourdeur de son art. Le final de la Neuvième Symphonie, avec ses éclats et ses fracas, son chœur hurlant sur un do aigu, sa marche turque avec cymbales et grosse caisse, n'est pas entièrement inspiré, la plupart des gens en conviendront. Et pourtant, malgré toutes ses lacunes, les merveilles de Beethoven sont innombrables. Il y a les nombreux quatuors avec leur invention et leur composition magistrales, les Première et Sixième Symphonies avec leur jeunesse et leur fraîcheur immortelles, leur force et leur simplicité chaleureuses, les passages et mouvements d'une grande beauté que l'on retrouve dans presque chacune de ses œuvres. Il y a toute cette solidité merveilleuse que Mahler, par exemple, n'a jamais atteinte. Car dans l'œuvre du pauvre Mahler, on ne sent que l'intention, rarement l'accomplissement. Nous le sentons agonisant, poussant et travaillant, essayant de transformer son matériau thématique banal en musique par l'application de toutes les petites formules contrapuntiques. Nous le voyons s'appuyer finalement sur des appareils physiques, sur la pure force brute. Ses symphonies regorgent de répétitions insensées, de toutes sortes de musiques oculaires. Et dans la Huitième Symphonie, apothéose de sa confiance dans le physique, il appelle à un chœur de mille hommes, femmes et enfants, et à la fin, je crois, à la descente du Saint-Esprit. Mais l'effet final est exactement l'inverse de celui prévu par Mahler. La taille même de l'appareil met en évidence sa lassitude et son manque de créativité. L'espace d'un instant, une œuvre comme la Huitième Symphonie stupéfie l'auditeur par sa simple masse physique. Après tout, on n'entend pas mille voix chanter ensemble chaque jour, et les cuivres et les percussions sont très brillants. Bientôt, néanmoins, on se rend compte qu'il n'y a dans cette œuvre ni l'esprit créateur de tout que le compositeur évoque si magnifiquement, ni le paradis qu'il s'efforce si ardemment d'atteindre. Ils sont dans la musique d'une vingtaine d'autres compositeurs. Car ces hommes avaient vécu. Et c'est dans la vraie vie que Mahler n'a jamais accédé.

Si sa musique exprime quelque chose, elle exprime exactement les caractéristiques que Mahler tenait le plus à lui faire cacher. La vie est le plus grand des farceurs, et Mahler, en cherchant à échapper à ses traits raciaux, a fini par ne représenter rien d'autre que le Juif. Car s'il y a quelque chose de visible derrière la musique de Mahler, c'est bien le Juif tel que Wagner, par exemple, le décrit dans "Das Judentum in der Musik", le Juif qui, par l'assimilation superficielle des traits du peuple parmi lesquels il est condamné, vivre, et par la suppression de sa propre nature, devient stérile. C'est le Juif rongé par le mal-être et le mal du pays, par l'aspiration impuissante du terrain qui lui permettra de s'exprimer librement et qu'il conçoit comme un ailleurs, ou comme une Palestine de rêve. C'est le Juif incapable de ressentir la foi, la joie ou le contentement parce qu'il est incapable de vivre sa propre vie. C'est le Juif rongé par l'amertume parce qu'il est perpétuellement menteur envers lui-même. C'est le Juif qui a peur de mourir parce qu'il n'a jamais vraiment vécu. C'est le Juif tel qu'il est lorsqu'il désire le plus cesser d'être Juif. Mahler n'aurait pu paraître plus juif s'il s'était exprimé dans toute sa ferveur hébraïque au lieu de chanter Saint Pierre au ciel et de chercher à réconcilier Rhaban Maur et Goethe dans une « synthèse supérieure ». Seulement, cela aurait été de la bonne musique au lieu d'une chose quelconque et bâtarde qu'il avait composée. Tout ce qu'il parvint réellement en se gênant, c'était la stérilité.

Et, en fin de compte, force est de constater que ce n'est pas seulement l'environnement, aussi favorable soit-il, qui a condamné Mahler à la stérilité. Si nous n'avions pas d'exemple d'un musicien juif parvenu à la créativité par l'expression franche de ses caractéristiques sémitiques, nous pourrions présumer que Mahler n'avait pas le choix et qu'il est inévitable que le Juif, chaque fois qu'il s'essaye au grand style, devienne exactement ce que Wagner il l'appelait dans son pamphlet brillant et brutal, un prétendant. Mais heureusement, un tel exemple existe. Genève, « la ville protestante », qui a vu se dévoiler l'art d'Ernest Bloch, n'était après tout pas beaucoup plus désireuse d'accueillir une renaissance juive que ne l'était la Vienne de Gustav Mahler. Mais une certaine puissance intérieure qui manquait à l'aîné donna au jeune compositeur genevois le courage de s'exprimer et d'accéder au salut. C'était, après tout, une sorte d'intelligence, un sens de la réalité, une véritable force spirituelle écrasante qui manquait à Mahler. Malgré toutes ses immenses capacités, c'était un homme faible. Il a laissé son environnement le ruiner.

<hr>

Reger

Les copies de la plupart des compositions de Max Reger sont ornées d'un motif de couverture représentant le masque mortuaire de Beethoven couronné de laurier. C'est en toute sincérité que ses éditeurs y ont placé cette décoration. Car il fut un moment où Reger suscitait de grands espoirs. A l'époque où il apparaît, la cause de la musique « absolue » semble perdue. La modernité musicale et la forme programmatique semblent désormais indissociables. Les anciennes formes classiques étaient supplantées par celles de Wagner, Liszt et Strauss. Non qu'il y ait une pénurie de docteurs en musique à lunettes qui se sentaient appelés à composer des œuvres « classiques ». Mais le contenu de leur travail était invariablement formel. Reger semble cependant pouvoir opérer une union entre l'esprit moderne et les formes employées par les maîtres des XVIIe et XVIIIe siècles. Lui, l'homme troublé, nerveux et moderne, écrivait avec aisance fugues et doubles fugues, chaconnes et passacaglie, concerti grossi et variations. Il semblait avoir maîtrisé les secrets des compositeurs anciens, poursuivre leur œuvre, développer leur pensée et leur style. Il excellait dans la maîtrise de ce qui semblait être les détails techniques de la composition. N'avait-il pas, dans ses « Contributions à la théorie de l'harmonie », proposé cent exemples de cadences modulées à partir de l'accord commun de do majeur à travers toutes les tonalités et séquences transpositives possibles ? N'avait-il pas écrit deux livres de canons faisant preuve des ingéniosités techniques les plus étonnantes ; a-t-il trouvé simple, comme dans sa « Sinfonietta », de maintenir cinq ou six lignes de contrepoint ? Ainsi, croyant qu'il s'apprêtait à faire pour la musique de la période post-wagnérienne ce que Brahms avait fait pour celle de la période romantique, les conservateurs et traditionalistes musicaux se rallièrent à lui. Il fut plébiscité par un grand public, successeur en ligne droite des trois grands « B » de la musique. De la même manière qu'ils avaient autrefois opposé Brahms au compositeur de Parsifal, les partisans de l'absolutisme musical ont élevé Reger au rang d'une sorte d'antipape de Richard Strauss. De nombreuses revues musicales ont été consacrées à l'étude et à la discussion de son art dans toutes ses ramifications. Reger semblait sur le point de gagner une place parmi les immortels. Et ses éditeurs plaçaient sur les couvertures de ses compositions le dessin qui symbolisait les grandes choses qu'ils pensaient que l'homme accomplissait et les cieux élevés vers lesquels ils le croyaient destiné.

Le succès ne fut que momentané. Bien avant sa mort, le monde avait trouvé en Max Reger sa *bête noire musicale* . Une connaissance plus approfondie de son art ne l'avait pas attiré auprès de son public. En effet, le public des concerts s'ennuyait au point d'être exaspéré par ses compositions classicisantes. Pour la plupart des gens, il semblait que l'homme ne voyait pas d'autre but dans la composition que d'atteindre le numéro d'opus Mille. Et bien que ses œuvres regorgent de problèmes et de solutions techniques que les initiés à la science musicale sont censés apprécier, peu de musiciens les ont trouvées vraiment attrayantes. Reger fit plusieurs tentatives pour regagner la faveur qu'il avait perdue. Ils étaient inutiles. Même lorsqu'il tournait le dos aux absolutistes et écrivait de la musique programmatique, des suites romantiques qui commencent par des flûtes graves à la Debussy et se terminent par des sons de trompette qui rappellent la musique du lever du soleil de "Aussi Sprach Zarathustra", des suites de ballet qui cherchent à rivaliser avec le "Carnaval". " de Schumann et les valses du "Der Rosenkavalier", suites de "Böcklin" qui prétendent traduire en ton certaines toiles du peintre suisse, il n'a fait qu'intensifier la mauvaise volonté générale. Ceux qui l'ont connu chuchotent qu'il s'est rendu compte de son échec et qu'en conséquence il s'est mis à vider les cuves de bière qui ont fini par le noyer. Et à l'occasion de sa mort, les félicitations se sont contentées d'applaudir froidement son travail honorable pour l'orgue, son érudition et sa productivité qui rivalisent presque avec celles des compositeurs du XVIIIe siècle. La dernière tentative d'intéresser le public à son œuvre, faite au cours de la saison suivante, n'amena que peu de gens à se repentir de leur ancienne indifférence. Il ne faut guère s'attendre à un regain d'intérêt.

Car ce n'était pas un Brahms que le monde avait retrouvé. En fait, c'était une personnalité exactement comme Brahms n'était pas. La ressemblance était des plus superficielles. Les deux hommes sont allés à l'école de Bach et des maîtres polyphoniques. Tous deux étaient traditionalistes. Là s'arrête la parenté. Car l'un était un poète, un personnage solidement vivant, riche et puissant. L'autre était essentiellement un être dur et laid, désirant éminemment la flamme divine. Pour Brahms, l'érudition n'était qu'un moyen pour parvenir à ses fins, une fortification de son mode d'expression personnel. Il voyait que les faiblesses de nombreux compositeurs romantiques, de ses proches, de Schumann son père spirituel en particulier, étaient dues à leur manque de pouvoir organisateur, à leur impuissance face aux formes plus larges. Et désireux de parvenir à une forme large, solide et résistante dans son propre travail, il s'est adressé aux grands maîtres de la science musicale, à Beethoven et Haydn et en particulier à Bach, pour apprendre d'eux, afin de pouvoir faire pour son époque quelque chose de ce que ils avaient fait pour les leurs. Et il a pu assimiler une grande quantité de son savoir et l'intégrer à sa chair et à ses os. Parfois, sans aucun doute, on est douloureusement conscient de son érudition, douloureusement conscient qu'il applique les principes appris de Beethoven et de Bach, manipulant sa musique sans aucune nécessité intérieure. Parfois, sa musique sent la lampe. Et pourtant, comme ces moments sans jus sont complètement contrebalancés par la masse de son chant vivant, parfumé et robuste ! Avec quelle rareté surgit le pédant chez Brahms ! Derrière cette musique est presque toujours visible la grande créature grave, passionnée et résignée qu'était Brahms, l'homme qui cherchait de toutes ses forces à se tenir ferme, droit et inflexible devant les assauts hideux de la vie, l'homme qui vivait sans espoir. d'épanouissement, aimé sans espoir de consommation, et pourtant savait que c'était assez d'accomplissement, assez de consommation d'avoir aimé, d'avoir été touché par un rêve radieux ; l'homme qui priait seulement pour que son cœur ne se flétrisse pas, et pour qu'il ne cesse jamais de rêver, de ressentir la douleur et le réconfort de la beauté et d'avoir le pouvoir de chanter. Et dans sa musique, il y a presque toujours la consolation des grandes forêts, la guérison des arbres et des silences, les mains rafraîchissantes de la terre, le oui éternel à l'amour et à la beauté, la résignation virile, l'adieu aux rêves. et la vie. Toute cette musique dit : « La chanson suffit. »

Mais aucune présence aussi belle ne transparaît dans la musique de Max Reger. Aucun esprit bardique robuste n'y vibre. Ce Reger est un type sarcastique et grossier, amer, pédant et grossier. C'est une sorte de cyclope musicien, un être fort et laid, bombé de muscles noueux et difformes, un ogre de composition. Il a peu de délicatesse, peu de finesse d'esprit. En écoutant ces œuvres avec leurs blocs de ton maladroits, leurs éternelles plaintes sans soleil, leur manque d'humour là où elles seraient humoristiques, leur manque de passion là où elles seraient profondes, leur bourdon sardonique et monotone, on pense forcément à la photographie. de Reger que ses éditeurs placent sur la couverture de leur catalogue de ses œuvres, la photographie qui montre quelque chose qui ressemble à un scarabée gonflé et myope avec des lèvres épaisses et une expression maussade accroupi sur un banc d'orgue. Il y a quelque chose de répugnant et de pédant dans cet art. La poésie, la noblesse, la modération et la propreté de la ligne de Brahms sont absentes. Au lieu de cela, il y a une sorte de froideur brutale, la froideur du pédant né, une prédominance de mauvaise humeur, une pauvreté d'invention et de pouvoir organisateur qui se cache sous une surface élaborée, complexe et érudite. La beauté forte, calme et classique de Brahms fait défaut. Malgré tout son air de subtilité, de sévérité et de profondeur, sa manière savante et classicisante, la musique de Reger est vraiment superficielle. L'homme n'atteint que rarement la forme. Généralement, malgré toute l'activité complexe et convulsive de sa musique, rien n'y progresse, ne se développe, ne s'y passe réellement. Surtout, la sévérité stylistique de Brahms dans Reger est devenue une confusion des styles ; une absence de style. Le classique est devenu le baroque.

Reger fait partie de ces hommes qui développent des muscles qui entravent toute grâce et toute liberté d'activité. On ne peut s'empêcher de penser qu'il s'est tourné vers les maîtres classiques pour leurs formules afin de faire de la composition un exercice avant tout mental, qu'il a accepté tant de règles, de manières et de tours pour se libérer de la nécessité de composer librement, pleinement et spontanément. mouvements. Avec Reger, la création devient routine. Ses œuvres sont stéréotypées ; rassis terriblement vite. Il y a des moments où l'on se demande s'il a vraiment compris ce qu'est la création. Car certes, les trois quarts de ses compositions semblent écrites sans nécessité intérieure et n'apportent aucune libération à leur suite. Ils sont comme des problèmes et des solutions mathématiques, de pures œuvres cérébrales et peu lyriques. On a toujours conscience chez Reger qu'il résout des problèmes contrapuntiques pour étonner le vulgaire troupeau de professeurs. Reger connaissait certainement l'art de parler avec une étonnante démonstration de logique, sans rien dire. Peut-être parlait-il continuellement pour ne pas avoir à réfléchir. Et malgré toute son érudition, il ne comprenait ses maîtres qu'intellectuellement. Il se sentit appelé à poursuivre le travail des trois grands « B », mais ne comprit jamais le grand esprit qui animait leur art. Strauss, avec sa belle direction d'instruments à travers la partition de "Salomé", est plus proche de l'esprit de Bach que ne l'a jamais été Reger avec toutes ses fugues et doubles fugues.

Il ne fait aucun doute que Reger aimait la solidité mathématique et l'équilibre de la musique plus ancienne et cherchait donc à l'assimiler. Mais il ne se contenta pas d'en prendre connaissance, comme Brahms l'avait fait. Il cherchait à rivaliser avec les grands hommes du passé sur leur propre terrain, à faire ce qu'ils faisaient mieux qu'ils ne l'avaient fait, à pouvoir dire : « Vous voyez, moi aussi, je peux faire l'affaire ! Nous le voyons donc écrire du contrepoint pour le bien de son érudition et de sa respectabilité présumée, plutôt que comme moyen d'expression. Ses compositions sont surchargées, encombrées et gâchées par toutes sortes de détours, de rebondissements et de manœuvres érudits. Toute l'attention de l'homme semble avoir été concentrée sur le fait que ses œuvres étonnent les savants et rendent fous les simples. Même une chanson légère comme "Wenn die Linde blüht" est ornée de félicités contrapuntiques. Il copie les manières des compositeurs des XVIIe et XVIIIe siècles, contorsionne ses compositions de toutes sortes de tournures surannées. Il semble être inévitablement venu à sa table de travail l'esprit plein des compositions qu'il avait étudiées. Son impulsion semble toujours être une chose réfléchie, un désir de rivaliser avec quelqu'un selon les conditions de cette personne. Il écrit des fugues pour orgues et des sonates pour violon seul sous l'influence de Bach, des concerti grossi sous l'influence de Haendel, des variations sous celle de Mozart, des sonates sous celle de Brahms. On cherche en vain un style parfaitement individuel à travers ses œuvres. L'homme vivant est enseveli sous la masse d'un savoir mal assimilé. Même au mieux, dans les variations de Hiller, dans certains trios à cordes et fugues pour orgue, dans certains de ses adagios graves, même dans certains de ses scherzi sardoniques et turbulents (peut-être ses contributions les plus originales), son art est plutôt un raffinement sur un autre art qu'une expression fraîche et vitale. L'éducation avait produit chez lui le pédant typique, un pédant à la musculature cyclopéenne peut-être, mais néanmoins un pédant.

Ainsi, au lieu d'être le successeur de Brahms, Reger est aujourd'hui considéré comme tout le contraire de Brahms. Ce n'est pas que les fugues et les concertos dans le style ancien ne puissent être écrits aujourd'hui, que la musique moderne et les formes antiques soient incompatibles. C'est que Reger était très peu l'artiste. Il confondait le vêtement matériel avec l'esprit, pensait qu'il existait des formules de composition, des voies royales vers le ciel de Bach et de Mozart. Quelque chose de plus d'humanité, de sympathie pour l'homme et ses expériences, de liberté intérieure, aurait pu le sauver. Mais c'était justement le don poétique dont l'homme manquait lamentablement. Ainsi, chargé de trop d'érudition et de trop peu de sagesse, Reger s'échoua.

Schönberg

Arnold Schoenberg de Vienne est la grande présence troublante de la musique moderne. Son crâne vaste et jaunâtre s'abaisse dessus comme une sorte de cap Nord. Car avec lui, avec les fameuses cruelles cinq pièces pour orchestre et neuf pièces pour piano, on semble entrer dans la zone arctique de l'art musical. Aucun des vieux phares, aucune des vieilles étoiles ne peut nous guider plus longtemps dans ces déserts gelés. Des formes étranges et menaçantes nous entourent et la lumière est sombre, glaciale et faible. Les compositions caractéristiques de Strawinsky et d'Ornstein n'ont pas non plus de tonalité, sont dépourvues de tout vestige d'accord pur et présentent des harmonies inanalysables et des rythmes d'une violente nouveauté, dans les conjonctions les plus étonnantes. Mais ils confèrent au moins un certain sentiment de libération. Eux, au moins, témoignent avec certitude de l'envolée émotionnelle du compositeur. Un instinct palpite ici, un instinct barbare et débridé, si l'on veut, mais incontestablement exubérant et vif. Ces travaux ont une nécessité. Ces harmonies ont de la couleur. Cette musique est manifestement une parole. Mais les compositions ultérieures de Schoenberg se retiennent, refusent notre contact. Ils sont déconcertants par leur laideur apparemment volontaire et déconcertants par leur cruauté géométrique et leur froideur. Rien n'indique qu'en les façonnant, le compositeur s'est libéré. Au contraire, ils semblent glacés et cérébraux. Ils sont comme des hommes formés non pas de chair, d'os et de sang, mais de verre, de fil de fer et de béton. Ils grincent, gémissent et grincent dans leur mouvement. Ils ont toute la pâleur mortelle des abstractions.

Et Schoenberg reste une présence troublante tant qu'on persiste à considérer ces pièces particulières comme l'expression d'une sensibilité, tant qu'on persiste à chercher en elles l'envolée lyrique. Car bien qu'on les perçoive avec l'intellect, on peut à peine les ressentir musicalement. Les rythmes contradictoires du troisième des "Trois Pièces pour Pianoforte" s'affrontent sans générer de chaleur, sans finalement sonner vraiment. Il y a sans doute une certaine intransigeance admirable, une certaine sévérité égyptienne dans la ligne musicale du premier des « Trois ». Mais s'il existe une forme sans signification en musique, ces compositions ne pourraient-elles pas servir d'exemple ? En fait, ce n'est que par l'expérimentation, par l'incorporation dans le ton d'une conception abstraite et intellectualisée des formes, que l'on peut les comprendre. Et ce n'est qu'en le considérant avant tout comme un expérimentateur que le dernier Schönberg perd son incompréhensibilité et se rapproche un peu de nous.

Il y a beaucoup de choses dans la carrière de Schoenberg qui font de cette explication quelque chose de plus qu'un moyen facile de résoudre un problème gênant, qui la rend en fait éminemment plausible. Schoenberg n'a jamais été le musicien le plus instinctif et le plus sensé, le moins cérébral et intellectualisant. Car tout comme Gustav Mahler pourrait être un exemple d'un tempérament musical qui l'emporte fatalement sur l'intellect musical, Arnold Schoenberg pourrait être un exemple d'un déséquilibre tout aussi excessif de la sensibilité par des éléments cérébraux. L'amitié des deux hommes et leur admiration mutuelle s'expliquent aisément par le fait que chacun aperçoit chez l'autre l'élément qu'il désire le plus. Il ne fait aucun doute que les œuvres de la première période de Schoenberg, qui s'étendent des mélodies op. 1, à travers la "Kammersymphonie", Op. 9, sont pleins d'un lyrisme fervent, d'une effusion romantique. "Gurrelieder" ouvre en effet grand les vannes du romantisme. Mais ces compositions sont quelque peu inhabituelles et dérivées. Les premières chansons, par exemple, pourraient provenir de la plume facile de Richard Strauss. Ils ont beaucoup de la chaleur endormie straussienne et de la douce couleur harmonieuse, beaucoup de l'exubérance straussienne qui dégénère parfois si facilement en l'orgueil venteux du jeune bourgeois se considérant comme un surhomme. Ce n'est que par hasard que "Freihold" n'a pas été écrit par le poète munichois. Le poème orchestral d'après "Pelléas" de Maeterlinck est lui aussi ultra-romantique et post-wagnérien. Le thème de la trompette, le thème "Pelléas", par exemple, descend en ligne droite des motifs "Walter von Stolzing" et "Parisfal". L'œuvre révèle que Schoenberg s'efforce d'imiter Strauss dans le domaine du poème symphonique ; efforts cependant en vain. Car il n'a rien de l'éclat ni de la pointe de Strauss, et est plutôt terne et détrempé. Le grand point culminant, hérissé et pathétique, est de ceux qui sont devenus exaspérants et vulgaires plutôt qu'excitants depuis que Wagner et Tchaïkovski l'ont exploité pour la première fois. Dans l'ensemble, l'œuvre est bien moins « Pelléas et Mélisande » que « Pelléas *et* Melisanda ». Et les autres œuvres de cette époque, plus brillamment faites et plus opulentes qu'elles soient, sont encore éminemment de l'école romantique. Celui qui a déclaré avec extase qu'assister à une représentation du sextet à cordes « Verklärte Nacht » ressemblait à « entendre un nouveau « Tristan » » faisait après tout preuve d'un sens critique inconscient. La grande cantate « Gurrelieder », la mise en musique symphonique de la romance de Jens Peter Jacobsen, pourrait même constituer le point culminant de toute la période post-wagnérienne ultra-romantique et représenter le moment où tout le style et l'atmosphère ont changé. son dernier service héroïque. Et même la « Kammersymphonie », malgré tous les signes de transition vers une manière plus personnelle, malgré la scolastique accrue du ton, malgré la coloration plus acidulée, malgré le scherzo nettement nouveau, avec ses sauts capricieux et fauves, n'est pas tout à fait caractéristique de l'homme.

C'est dans le quatuor à cordes opus 7 que Schoenberg parle pour la première fois sa propre langue. Et en le révélant, l'œuvre démontre à quel point son intelligence est théorique. Il ne fait aucun doute que le Quatuor en ré mineur est une œuvre importante, l'une des compositions de chambre les plus importantes. Assurément, c'est l'un des grands morceaux de la musique moderne. Il donne une impression inoubliable et vivante de la voix, de l'accent, du timbre du monde moderne, névrotique et précipité ; laisse entrevoir l'avènement d'un art musical moderne, libre et subtil, amer et puissant. En tant qu'élément de construction, le Quatuor en ré mineur est extrêmement significatif. La polyphonie est audacieuse et libre, les voix faisant preuve d'une indépendance peut-être inconnue depuis l'époque des madrigalistes. L'œuvre est unifiée non seulement par la consolidation des quatre mouvements en un seul, mais aussi par un mouvement central, une "durchführung" qui, introduite entre le scherzo et l'adagio, révèle la cohérence interne de tous les thèmes. Il n'y a aucun sacrifice de la logique aux règles de l'harmonie. En effet, l'œuvre se caractérise par une certaine intransigeance et une certaine acuité dans ses harmonies. La coloration instrumentale est prismatique, tous les registres des cordes étant exploités avec une grande habileté. Hormis le thème du scherzo, qui rappelle un peu trop les banalités germaniques des symphonies de Mahler, la qualité de la musique est, dans l'ensemble, grave, poignante et exaltante. Il a une dignité savante, une richesse magistrale, un clair-obscur qui rappelle par moments Brahms, bien que Schoenberg ait une mélancolie sensuelle, une délicatesse et une amertume hébraïque que l'autre n'a pas. Comme une grande partie de Brahms, cette musique sort du silence du bureau, bien que le bureau dans ce cas soit la chambre d'un érudit juif plus que celle d'un Allemand. L'ensemble de l'œuvre avait-il la plénitude et le lyrisme des deux derniers mouvements ; s'il était aussi passionné que le large thème germinal de la claque grise qui commence l'œuvre et l'entraîne devant elle, on pourrait facilement inclure le compositeur dans la compagnie des maîtres de l'art musical.

Malheureusement, les passages magnifiques sont entrecoupés de passages peu musicaux. Non seulement l'œuvre ne « cache pas tout à fait l'art », mais elle sent trop le laboratoire. C'est que certaines parties de celui-ci sont à peine « ressenties » et ne sont que trop visiblement charpentées. L'ouvrage regorge de musiques qui s'adressent avant tout aux professeurs de théorie. Il regorge d'écritures dictées par une conception arbitraire et intellectuelle de la forme. Il y a là beaucoup de contrepoint qui n'existe qu'au profit de ceux qui « lisent » les partitions, et qui encombre l'ouvrage. Il existe des passages entiers qui n'existent qu'en obéissance à une certaine demande scolastique d'inversions et de déformations thématiques. Il y a une quantité inutile de marches et de contremarches d'instruments, une obsession pour certains rythmes qui devient purement mécanique, une intensification des picotements et picots contrapuntiques qui agacent si souvent dans les compositions de Brahms. C'est Schoenberg l'intellectuel, Schoenberg le docteur en musique, et non Schoenberg l'artiste, qui obtient ici.

Et c'est lui qu'on retrouve presque uniquement dans la musique de la troisième période, les énigmatiques petites pièces pour orchestre et piano. C'est lui qui est sorti vainqueur du duel révélé par le Quatuor en ré mineur. Ces petites œuvres grotesques et menaçantes descendent en ligne directe des passages intellectualisés du grand précédent et sont, en effet, une expression complète des processus théoriques qui les ont donné naissance. Car tandis que dans le quatuor la scolastique semble s'être superposée à un ensemble d'idées musicales, dans les œuvres de la dernière période, elle apparaît bien près du principe générateur. Ces derniers ont tout le manque d'air, le manque de poésie, la froideur des choses construites d'après une formule, si audacieuse et brillante que soit cette formule. Ils donnent l'impression que Schoenberg, à travers un processus de réflexion, de réflexion et d'étude, est parvenu à la conclusion que la musique du futur prendrait, dans la logique des choses, telle ou telle tournure, telle tonalité telle qu'on l'entend. était voué à disparaître, que l'écriture partielle atteindrait une nouvelle indépendance, que de nouvelles conceptions de l'harmonie en résulteraient, que le rythme atteindrait une nouvelle liberté sous l'influence du nouveau corps mécanique de l'homme, et avait commencé à incorporer ses théories dans le ton . On retrouve le côté expérimental et méthodique à chaque instant de ces compositions. Derrière eux, on semble invariablement apercevoir quelqu'un assis devant une feuille de papier à musique et trafiquant l'art de la musique ; cherchant à découvrir ce qui résulterait s'il acceptait comme base harmonique non pas l'accord majeur mais la neuvième mineure, s'il faisait s'affronter deux rythmes contradictoires, ou s'il aiguisait le tout et maintenait une dureté géométrique de ligne. On sent toujours en eux l'intelligence qui part délibérément à la découverte de nouvelles formes musicales. Malgré leur apparente liberté, ils regorgent des procédés musicaux les plus anciens, regorgent d'imitations canoniques, d'augmentations et de diminutions, de toutes sortes de manœuvres contrapuntiques grisonnantes. Ce sont des chefs de musique des plus intransigeants. Les « Cinq pièces orchestrales » regorgent de combinaisons d'instruments purement théoriques, combinaisons qui ne sonnent pas du tout. "Herzgewächse", la mise en musique du poème de Maeterlinck réalisée à l'époque de ces pièces, impose des exigences fantastiques au chanteur, demande à la voix de tenir un F *pppp aigu* , de sauter rapidement à travers les intervalles les plus larges et de se maintenir sur un accompagnement en filigrane de célesta, harmonium et harpe. Mais c'est dans la musique pour piano que les sonorités sont le plus grossièrement négligées. Par moments, ils donnent l'impression d'être rien de plus que des abstractions des particularités et des manières des œuvres de la deuxième période de Schoenberg, réalisées dans l'espoir d'arriver à une définition du style et à l'intensité du discours. Ils sentent autant la synagogue que le laboratoire. A côté du Docteur en Musique se tient le Juif talmudique, l'homme tout intellect et sans sentiment, qui subtilise l'art musical comme s'il s'agissait de la Loi.

Les compositions de cette période constituent une régression artistique plutôt qu'un progrès. Ce n'est pas de la « musique moderne », malgré leur apparente parenté stylistique avec la musique de Strawinsky, de Scriabine et d'Ornstein. Ce ne sont pas non plus des « musiques du passé ». Ils appartiennent plutôt à une musique qui n'a pas plus de rapport avec le passé qu'avec celui-ci ou le suivant. Ils appartiennent à l'espèce qui n'a jamais de jeunesse et de vigueur, et qui est vieille au moment où elle est produite. Leur inexpressivité essentielle rend presque vaines les caractéristiques que Schönberg y a apportées de sa période féconde. La sévérité et l'audace du contour, si mordantes dans le quatuor, y deviennent presque sans importance. S'il existe une musique sans rythme, l'orchestre stagnant des « Cinq pièces orchestrales » n'en est-il pas un exemple ? La couleur tour à tour riche et acidulée est estompée ; un vert glacé prédomine. Et, curieusement, dans tout le groupe, la vieille allégeance romantique du premier Schoenberg se réaffirme. Wotan, avec sa lance, poursuit la conclusion du premier des « Trois pièces pour pianoforte ». Et le deuxième de la série, une composition non sans incisivité, ainsi que plusieurs des minuscules « Six pièces pour piano », op. 19, rappelle tantôt Brahms, tantôt Chopin, un Chopin bien sûr cadavérique et légèrement verdi.

Il se peut que, grâce à ces expériences, Schoenberg se prépare à une nouvelle période de créativité, tout comme il s'est certainement préparé autrefois, à l'aide d'expériences qu'il n'a pas publiées, pour la période représentée par le Quatuor en ré mineur. Il se peut qu'après que le nuage de la guerre se soit complètement dissipé du domaine de l'art et qu'un échange normal soit rétabli, on verra que le monodrame op. 20, "Die Lieder des Pierrot Lunaire", qui fut la dernière de ses œuvres à être entendue, était en vérité le gage d'une nouvelle perte du vieil élan lyrique si longtemps incarcéré. Mais pour le moment, Schoenberg, le compositeur, est presque complètement obscurci par Schoenberg, l'expérimentateur. Pour le moment, il est le grand théoricien combattant les autres théoriciens, le docteur en musique annihilant les lois faites par les médecins. En tant que tel, son utilité n'est en aucun cas minime. Il parle avec une autorité non moindre que celle de ses adversaires, les autres professeurs moins radicaux. Lui aussi a inventé un système et une méthode ; son Harmonielehre, par exemple, est aussi irréfragable que le leur ; il peut citer les Écritures avec le diable. Il démolit au moins les vieilles superstitions contraignantes et, ce faisant, il peut exercer une influence incalculable sur le cours de la musique. Il se peut que de nombreux musiciens du futur se trouvent mieux équipés grâce aux explorations de Schoenberg. Il est sans doute le théoricien le plus magistral de l'époque. Le fait qu'il ait pu écrire en tête de son traité sur l'harmonie : « Ce que j'ai écrit ici, je l'ai appris de mes élèves », prouve de manière indépendante qu'il est un grand professeur. Il est probable que sa musique ultérieure, la musique de sa mystérieuse « troisième période », sera bientôt considérée comme une simple partie de son unique cours d'enseignement.

Sibélius

D'autres ont introduit le Nord dans les maisons et l'ont transmué en musique. Et leur art dépend de l'abri et, s'il en est éloigné, il diminue. Mais Sibelius a écrit une musique sans toit ni enclos, une musique véritablement propre aux vastes espaces ouverts, au paradis finlandais sous lequel elle a grandi. Et si nous pouvions seulement le réaliser jusqu'aux jours du Nord, nous le trouverions intact, vivant de toute sa vie. Car il est frère de sang du vent et du silence, des falaises qui s'abaissent et des embruns, des cris rauques des oiseaux de mer et du souffle du brouillard, et, posé au milieu d'eux, il grandirait et tirerait une nouvelle force de les atouts de ses semblables.

L'air souffle dans la musique de Sibelius, accélère la moindre de ses compositions. Il y a certaines de ses chansons, certaines de ses esquisses orchestrales, qui seraient déjà assez vaines sans la fraîcheur venteuse qui les imprègne. De toutes ses œuvres, même des plus banales, naît un espace lointain et résonant. Des chansons comme "To the Evening", "Call", "Autumn Sundown", quelle que soit leur valeur musicale ultime, semblent en réalité inspirées par le soir du nord, semblent inclure dans leur substance même les teintes aqueuses du ciel, le parfum naïf des forêts. et les prairies, la tintinnabulation dérivant dans l'air calme du coucher du soleil. C'est comme si Sibelius était si sensible à la qualité de sa terre natale qu'il savait précisément dans quels accords noirs et massifs du piano, par exemple, se cachent le silence des rochers et des nuages, précisément quelle manière de résistance entre le chant et le piano peut créer. le chant humain résonne comme à l'air libre. Mais c'est dans ses œuvres orchestrales, car il est résolument écrivain d'orchestre, qu'il l'a fixé avec le plus de succès. Il n'y a pas eu de compositeur, ni Brahms dans sa forêt allemande, ni Rameau parmi les peupliers de sa France d'argent, ni Borodine dans ses steppes, ni Moussorgsky dans ses champs enneigés sous les cieux menaçants, dont la musique restitue les couleurs et les formes. et les odeurs de sa terre natale de manière plus persistante. Les compositions orchestrales de Sibelius semblent avoir traversé des torrents noirs et des landes désolées, à travers un soleil pâle et de sombres forêts primitives, et en ont été inondées. L'instrumentation est entièrement composée de gris et de noirs humides, relevés seulement par des éclats de luminosité blafardes et insaisissables comme l'été nordique, d'un vert glacial comme les aurores polaires. Les œuvres sont pleines du rongement des bassons et de la morosité du cor anglais, pleines de trombones fracassants et de violons hurlants, pleines du roulement sinistre des tambours, de la réverbération menaçante des cymbales, du scintillement glacial des harpes. Les idées musicales de celles des compositions finement réalisées rappellent la robustesse, la rusticité et la dépouille des choses qui persistent dans l'hiver finlandais. Les rythmes semblent se rapprocher des rythmes sauvages et innombrables de la forêt, du vent et de la lumière du soleil. La musique a toujours été un mouvement « conforme à la nature », et la devise de Schönberg n'est que la précision d'un motif qui a gouverné tous les compositeurs. Mais Sibelius a écrit une musique qui semble être la réponse même à cet appel, et qui constitue véritablement le Nord.

Une telle découverte de la nature faisait nécessairement partie de sa révélation. Car Sibelius est essentiellement le Norvégien. Malgré toutes ses réalisations personnelles et sa position culturelle, il reste le paysan finlandais, préservant intact en lui l'héritage racial. D'autres musiciens, ayant trouvé la vie encore un bref et sinistre mélange de combats sanglants, de tensions de cœurs élevés et inflexibles et de la chute d'un destin inaliénable, se sont imaginés les successeurs des Skalds et ont rêvé d'eux-mêmes dans le Nord gris et primitif. Mais, en présence de Sibelius, ils semblent de toute évidence être des hommes d'une génération plus douce et plus récente. À côté de la sienne, leur musique apparaît enveloppée de glamour romantique. Car il y a des moments où il entre dans la salle de concert comme un homme d'un autre âge, comme un barbare décharné et noué du monde des sagas. Il y a des moments où il vient parmi nous comme quelqu'un qui aurait tout à fait pu être le camarade de guerriers bombardés qui combattaient avec des gourdins et des marteaux, comme quelqu'un qui aurait pu faire entendre une musique grossière de noirs fumant au bord du foyer tout aussi facilement qu'il aurait composé des poèmes symphoniques. pour la salle de concert moderne. Et sa musique avec ses coups vikings et ses accents sauvages et criards, son discours dur et grossier, nous plonge sans circonstance dans ce monde englouti, nous met au milieu même des hommes austères et des femmes graves et sauvages pour lesquels les sagas ont été faites, de sorte que nous pouvons les voir dans toute leur force de course et leur cruelle barbarie, nous pouvons presque les toucher avec les doigts de nos mains. Et parce que Sibelius est fondamentalement un homme comme le combat contre le Nord l'a fait, seule la vision de sa terre natale pourrait lui apporter une riche conscience de soi. Car son individualité n'est que la forme d'âme donnée à sa race par son ajustement séculaire. C'est le Nord qui lui a donné sa profonde expérience. Ses rythmes l'ont distingué. Sa couleur et celle de son esprit sont jumelles. Alors il se tourne vers lui comme vers un miroir. Comme celle du héros de son poème symphonique, sa vie est un long voyage vers la Finlande. Le contact avec la terre finlandaise le remet en main. C'est le Nord, le vent, la lande et la mer qui rassemblent les fragments de son âme brisée et le rétablissent.

C'est avec l'approbation d'un peuple que Sibelius parvint à sa tâche. Pendant des siècles avant sa naissance, la race qui l'avait porté était restée couchée sur ses côtes inclémentes. Mais maintenant, une nouvelle vigueur germait en elle. La jeunesse l'avait repris et l'avait rempli du désir d'indépendance. Enchaînée à l'Empire russe, elle se tournait vers tout ce qui pouvait lui donner la force de persister et de durer, vers tout ce qui pouvait lui faire connaître son âme propre. Ainsi Sibelius, à la recherche de l'expression de sa propre personnalité, si en harmonie avec celle de ses semblables, voyageait selon la voie commune. La parole qu'il recherchait, la parole qui devrait apporter l'épanouissement à son âme propre, était profondément nécessaire à ses semblables. Des milliers d'inarticulés, ignorant son existence, attendaient son travail, voulaient la subsistance qu'il pouvait apporter. Et, certainement, le sentiment de la nécessité de son travail, le sentiment de la grande valeur accordée à ses réalisations les meilleures et les plus pures par la vie elle-même, ont dû toujours accompagner Sibelius, lui ont fourni un puissant stimulant et ont énormément contribué à son succès. réalisations. Il a dû ressentir toute la montée de la course qui l'animait. Il devait avoir continuellement le merveilleux stimulant de ressentir autour de lui, car toute la nuit et le froid, les formes de camarades tendus vers un seul but élevé, se sentaient comme faisant partie d'une armée d'hommes en marche. Ce peuple, très lointain dans son passé, avait imaginé la figure d'un héros-poète, Vainemunden, et avait placé dans ses mains un instrument « façonné à partir d'une grande douleur » et avait attribué à son chant un pouvoir magique. Et Sibelius, penché sur son papier à musique, a dû sentir le rêve remuer en lui, a dû se sentir incarné en lui, même incomplètement, cette image mystérieuse, et a ainsi poursuivi son travail avec l'assurance éternelle que tout ce qu'il a réellement accompli s'est réveillé de hors de lui. le cœur du peuple et répondait à son besoin immémorial.

C'est d'une telle impulsion qu'est né son art. Il ne fait aucun doute que certaines de ces réponses ne sont pas tout à fait dignes d'un plan de relance d'une telle ampleur. Peu de compositeurs modernes éminents sont aussi singulièrement inégaux que Sibelius. Des ambiances comme celle qui a donné naissance à l'élégance aimable de la "Valse Triste" et celle qui a produit l'essentialité dure et nue de la Quatrième Symphonie sont presque étrangères les unes aux autres. Le pouvoir créateur lui-même est extraordinairement capricieux en lui. C'est comme si, malgré toute sa robustesse physique, il n'avait pas tout à fait l'infatigabilité spirituelle des grands artistes. Il n'a pas cette chaleur inventive qui permet au compositeur incontestablement de premier ordre de se réaliser sans relâche dans toute son indépendance et son intensité. Trop souvent, l'individualité de Sibelius est encombrée et étouffée par celle des autres hommes. Il ne fait aucun doute que tout artiste créateur traverse une période de soumission à des religions étrangères. Mais chez Sibelius semblent exister deux personnalités distinctes, l'une forte et indépendante, l'autre timide et peu inventive, qui le dominent tour à tour. Même une partie de la musique contemporaine de la magnifique Quatrième Symphonie est curieusement inefficace et inutile. Certes, la couleur, l'air et le ton du Nord ne sont jamais totalement absents de son œuvre. Ses chansons retrouvent invariablement, parfois presque miraculeusement, les accents sombres et deuils de la chanson folklorique scandinave. Malgré toute la modernité du support, ils sont simples et sobres. D'ailleurs, dans celles de ses compositions qui se rapprochent le plus de la banalité, il y a une certaine dureté salvatrice, une virilité et une honnêteté. Contrairement à son voisin Grieg, il n'est jamais minutieux et mesquin. On ne le trouve jamais languissant dans un joli boudoir. Il est toujours sous le ciel. C'est seulement qu'il n'est pas toujours libre, ingénieux et profondément autocritique. Même à travers le Concerto pour violon audacieux, robuste et splendide, flottent par instants les ombres de Beethoven, de Wagner et de Tchaïkovski. Le premier thème du quatuor « Voces intimæ » ne ressemble pas peu à un certain thème de « Boris ». La clôture de "Nightride and Sunrise" est arrosée de Brahms et arrosée de Strauss. Et il y a des phrases dans son poème symphonique qui commencent avec toute sa propre ardeur rythmique et qui dégénèrent ensuite soudainement. Il y a des moments où son sens harmonique, généralement aigu et vrai, l'abandonne complètement. Et même des œuvres comme les ouvertures de "Finlandia" et "Karelia", malgré toute leur générosité d'intention, avec toute leur suggestion de voix paysannes élevées dans le chant, déçoivent par la substitution d'un lyrisme populaire, d'une certaine douceur facile, au haut poésie qu'on aurait pu attendre.

Et pourtant, il suffit de se tourner vers les symphonies de Sibelius pour rencontrer une musique d'une autre intensité, et mesurer la richesse de la réponse qu'il lui est parfois donné de faire. C'est comme si la dignité et la grandeur mêmes du médium le libéraient. Tout comme la forme du concerto semble avoir donné à son sens du violon un jeu apparemment refusé par les petits médiums, de même ces formes orchestrales plus grandes semblent avoir libéré son imagination, son génie orchestral et fait de lui un véritable poète de son peuple. . Sa qualité personnelle, plus dispersée dans ses chansons et ses poèmes symphoniques, est essentialisée et développée dans ces autres œuvres. Les symphonies elles-mêmes sont en quelque sorte les étapes de l'essentialisation. Dans le premier d'entre eux, son langage apparaît, conférant dans une certaine mesure sa coloration indubitable à un sujet peut-être pas entièrement distingué. Il y a dans l'œuvre une certaine décontraction et une richesse, un romantisme et une ballade qui ne sont pas tout à fait caractéristiques. Pourtant, l'honnêteté, la dureté, la sauvagerie et le manque de sensualité sont propres à Sibelius. L'adagio est imprégné de son pathétique propre, le pathétique des étés brefs et fades, de la lumière qui tombe un instant, douce et moelleuse, puis s'éteint. Quelque chose comme le souvenir d'une jeune fille assise au milieu de fleurs simples sous le soleil blanc du nord hante les dernières mesures. Le final pleurant et audacieux est plein de la tragédie de la nature nordique. Et dans la Deuxième Symphonie, l'indépendance est totale. L'orchestre est traité individuellement, avec parcimonie et avec une précision parfaite. Souvent, les instruments sonnent seuls, ou par deux ou trois. Ce qui n'avait été qu'à moitié réalisé dans les travaux antérieurs est ici distinct et important. C'est comme si Sibelius s'était découvert lui-même et avait ainsi pu débarrasser son œuvre de tout superflu et de toute indécision. Et curieusement, en parlant sa propre langue dans toute sa convivialité et sa saveur paysanne, il semble s'être rapproché de sa terre. L'œuvre, sa symphonie « pastorale », malgré tout son caractère absolu et formel, reflète un paysage. C'est plein de bruits de maison, de bétail et de « saeters », de maisons à colombages et de nature clairsemée. Et à travers elle brille une lumière pâle et évanescente du soleil, et à travers elle résonne le fardeau d'une humble tragédie.

Mais ce n'est qu'avec sa Quatrième Symphonie, qualifiée de « futuriste » en raison de l'audace et de la vivacité inhabituelles de son style, de l'absence de tonalité générale, de l'indépendance des voix orchestrales, que le don de Sibelius atteint son expression absolue. Il est certaines œuvres qui sont des pierres de touche, qui font ressortir ce qu'il y a d'original et de vertueux dans tout le reste des travaux de leur créateur, et donnent à sa personnalité une position unique et irréfragable. La Quatrième Symphonie de Sibelius est une telle composition. C'est une synthèse même de toute son œuvre, la réduction à ses termes les plus simples et les plus positifs de ce qui est en lui depuis qu'il a commencé à écrire et qui n'a reçu jusqu'ici qu'une expression fragmentaire et indécise. Dans sa forme même, c'est l'essence. La structure est entièrement osseuse. Le style est aiguisé jusqu'à une concision mordante. La coloration est le raffinement de toute sa couleur ; les rythmes ont une liberté à laquelle les rythmes de Sibelius ont toujours aspiré ; la mélodie lugubre de l'adagio est presque archétypale. Toute sa vie, Sibelius a cherché le ton de cette musique, désirant parler avec son autorité et concentrer l'âme et la tragédie d'un peuple en un instant unique et éternel. Toute sa vie, il a cherché les gestes prophétiques dont cet ouvrage est plein. Car la symphonie est comme un résumé et une conclusion. Il nous transporte vers un lieu élevé devant lequel la vie de l'homme s'étale et se manifeste. Les quatre mouvements sont les quatre plans qui solidifient un seul concept. Le premier nous situe dans une sombre solitude forestière, dans une grande solitude illimitée, sous un ciel sombre. Il y a du mouvement, un point culminant, un seul cri de passion et de désespoir, et puis seulement le souffle du vent à travers les branches blanches. Le scherzo est le scintillement de folles lumières aquatiques, une fantastique danse du fouet, une conclusion soudaine et sinistre. Dans l'adagio, une sombre plainte se débat vers le haut, semble traverser une vaste masse inerte, percer jusqu'à une hauteur et une largeur momentanées, puis sombrer, brisée. Et à travers le final frémit une lumière illusoire. Le mouvement est la marche, la course en sens inverse de vastes hordes informes, le passage de millions d'individus anonymes qui surgissent un instant avec leurs cris et leurs bannières et disparaissent dans le néant. Il est possible que Sibelius crée une autre œuvre tout aussi nue et intense. Cela ne peut pas être plus définitif.

Löffler

La légende raconte qu'Inez de Castro, reine de Castille, a été détrônée et poussée à l'exil par un rival, et qu'avant que son mari et ses partisans puissent la restaurer au royaume, elle était morte. Mais son mari fit embaumer son corps et l'emporta avec lui partout où il allait. Et quand enfin il eut vaincu le prétendant, il fit revêtir le cadavre de tous les insignes royaux, le fit placer sur le trône dans la grande salle du palais des rois de Castille, et convoqua les vassaux et les hommes liges pour rendre l'hommage qui leur avait été imposé. été refusée à la malheureuse reine de son vivant.

La musique de Charles Martin Loeffler ressemble à Inez de Castro morte sur son trône. Lui aussi est enveloppé de couches de tissu et orné d'or et de pierres précieuses. Lui aussi est placé au-dessus et à l'écart des hommes dans une sorte d'état royal et entouré de tous les emblèmes du royaume. Et sous son fourreau raide et incrusté repose, comme autrefois sous les robes ornées de joyaux et le diadème des rois de Castille, non pas un être vivant, mais un cadavre.

Car Loeffler fait partie de ces exquis dont le raffinement s'accompagne malheureusement de stérilité, peut-être même en résulte. Sans son manque de créativité, il aurait très bien pu devenir le compositeur le plus représentatif du mouvement artistique dans lequel se manifestaient le raffinement et la délicatesse de la fin du XIXe siècle. Aucun musicien, pas même Debussy, n'était mieux préparé à introduire le mouvement symboliste en musique. Loeffler est affilié par son tempérament, sinon exactement par ses réalisations, à la brillante bande de romantiques tardifs qui ont adopté comme devise le sonnet des débuts de Verlaine.

"Je suis l'empire à la fin de la décadence."

On retrouve chez lui presque typiquement la sensibilité aux essences et aux couleurs plutôt qu'au spectacle, au mouvement, à l'aventure des choses. La délicatesse nerveuse, le veuvage de l'esprit, l'horreur des temps, le paganisme mystique, le mal du pays d'une terre tranquille, retirée et aux couleurs douces "où les bergers chantent encore à leurs troupeaux et où flottent des processions de nuages comme des religieuses". les collines bleuâtres et les lacs millénaires insondables" sont éminemment présents en lui. Il est, à un degré presque héroïque, l'esprit qui cherche toujours aveuglément à travers la ville bruyante et criarde, le présent hideux, un vestige, un message de sa patrie ; trouvant, au coucher du soleil, dans le glamour ineffable du rose, du mauve et du bleu à travers les tas de granit, "le souvenir avec le crépuscule". Lui aussi, on pourrait le deviner, a rêvé de vendre son âme au diable et l'a appelé, ah, combien de nuits terribles, à comparaître ; et a cherché refuge contre le monde dans le mysticisme et l'extase catholique. S'il lui avait été donné de se réaliser en musique, nous aurions sans doute eu une œuvre qui aurait été de véritables jalons du parcours parcouru par l'ensemble du mouvement. Le « Poème Païen » n'aurait-il pas été l'équivalent musical de la sensualité mystique et douloureuse de Verlaine ? Les deux rhapsodies « L'Etang » et « La Cornemuse » n'auraient-elles pas transmué en musique la note macabre et sinistre de tant de poésie symboliste ? N'aurait-on pas eu dans "La Villanelle du Diable" un équivalent de la messe noire et de "Là-bas" ; dans « Hora mystica », un équivalent pour « En route » ; dans "Musique pour quatre instruments à cordes" une "Sagesse" musicale ? Charles Martin Loeffler, qui, après avoir écrit « Un poème païen », fait une retraite dans un monastère bénédictin et qui, chez lui à Medford, dans le Massachusetts, apprend aux choristes à chanter des chants grégoriens, ne rappelle-t-il pas Joris Karl Huysmans, l'« oblat » " de La Trappe ?

Dans une mesure limitée, il est bien entendu parvenu à fixer la couleur du mouvement symboliste dans la musique. Certaines de ses chansons les plus riches et les plus rêveuses, certains de ses plus beaux polissages, ses gouttes d'essence les plus rares, sont en effet le pendant musical du travail d'orfèvrerie, de la préciosité, d'un Gustave Kahn ou d'un Stuart Merrill. Mais il n'a jamais été en son pouvoir de devenir un Huysmans musical, par exemple. Car il n'a jamais possédé la chaleur créatrice, la fluidité, la veine, la félicité, la puissance nécessaires à la tâche de construire à partir des sonorités des instruments quelque chose d'aussi flamboyant et magnifique que les édifices noirs et rouges du romancier. Il n'a jamais été un musicien assez vif, ingénu et spontané, même pour développer un langage personnel. Il a toujours été gêné et lié. Ses compositions antérieures, le quintette, les orchestres « Les Vieillées de l'Ukraine » et « La bonne chanson », par exemple, sont nettement dérivées et de style inhabituel. L'idiome dérive en partie de Fauré, en partie de Wagner et d'autres romantiques. Le quintette à cordes a même été surnommé « Un voyage musical autour du monde en quatre-vingts jours ». L'idiome de sa période ultérieure et plus représentative n'est pas non plus plus caractéristique à l'origine. Cela ne semble jamais surgir complètement, proprement et équitablement. Les poursuites auxquelles il a évidemment été soumis ne peuvent pas complètement cacher sa descendance. Le décor de "La Cloche fêlée" de Baudelaire, par exemple, est curieusement germanique et lourd, malgré toute la subtilité et le filigrane de la voix et du piano et de l'alto qui l'accompagnent. C'est un mouvement de valse assez plat qui, dans « Un poème païen », est choisi pour représenter l'aspect sublunaire du génie de Virgile. Et "Hora mystica" et "Musique pour quatre instruments à cordes", qui présentent une certaine unité stylistique, révèlent néanmoins le compositeur gêné par l'idiome grégorien et scolastique qu'il a cherché à assimiler.

Il n'a jamais non plus eu le pouvoir de s'exprimer et de s'objectiver complètement, et d'atteindre une forme vitale. En performance, la plupart de ses œuvres rétrécissent et diminuent. La structure centrale et porteuse, la cathédrale qui se trouve derrière toute composition vivante et se manifeste à travers elle, est dans ces pièces si vague et si atténuée qu'elle se fond dans le fond de la salle de concert, est comme gris sur gris. Les pierres précieuses, les fils d'or et les filigranes avec lesquels cette œuvre est cousue ternissent dans l'obscurité. Quelque chose est là, nous le percevons, quelque chose qui bouge, se balance, monte et reflue par intermittence dans la pénombre. Mais c'est une chose spectrale, qui ondule et tombe sous nos yeux comme des flammes qui n'ont ni rougeur ni chaleur. Même la terrible cornemuse de la deuxième rhapsodie pour hautbois ; jusqu'au chaudron du « Poème païen », cette transcription de la plus sensuelle et passionnée des églogues de Virgile, avec ses trompettes mystiques et dissonantes ; même les blasphèmes de « La Villanelle du Diable » et les incendies du coucher du soleil qui battent à la fin de « Hora mystica » sont curieusement exsangues, fantomatiques et sans substance. Les pages de musique soutenue apparaissent assez rarement dans sa musique. Les premières périodes élevées, presque métaphysiques, le deuxième mouvement sévère et pathétique de la « Musique pour quatre instruments à cordes » ; certaines chansons comme "Le Son du cor", qui ont une atmosphère et une poésie délicate, sont nettement exceptionnelles dans cette œuvre. Ce qui y habite surtout, ce sont certaines phrases poignantes, certaines mesures éloquentes, ici une couleur rougeoyante et vineuse, une phrase veloutée pour le hautbois ou la clarinette, un appel de cor aigu, cuivré et piquant, une mélodie rêveuse et errante pour le voix là. Sa musique est constituée de phrases éparses, très polies, dures, exquises et froides. Il est par excellence le *précieux* .

Le scrupule, la minutie, la distinction même du travail de Loeffler ne peuvent faire de doute. Il ne fait pas partie du troupeau des musiciens. La subtilité et l'originalité d'intention que ses compositions affichent presque uniformément, l'effort inlassable pour enfermer dans chacune de ses formes une matière rare, nouvelle et riche, le distinguent à jamais, même dans sa faiblesse essentielle, du groupe académique et conformiste. L'homme qui a composé ces partitions fait au moins le geste de l'artiste, et vient en musique pour exprimer un tempérament original et délicat et aristocratique, dédaigneux du facile et du banal, une sensibilité souvent troublée et sombre et fantastique. Il n'est absolument pas l'un de ces musiciens pathétiques et à moitié instruits, si courants en Amérique. Il connaît un peu la science musicale ; sait comment un édifice tonal doit être unifié ; a le sens de la chimie de l'orchestre. Il semble familier avec le plain-chant et a basé une symphonie et des parties d'un quatuor sur les modes grégoriens. Même à une époque où le compositeur sophistiqué et cultivé devient un peu moins rare, sa culture est remarquable, sa connaissance de la littérature éclectique. Gogol ainsi que

Virgile l'ont poussé vers des œuvres orchestrales. Il fait surtout partie de cette compagnie de compositeurs, à laquelle n'appartiennent pas bon nombre de musiciens plus doués, toujours respectueux de leur médium, et infiniment curieux à son sujet.

C'est seulement qu'en cherchant à se dédommager de son infécondité, il est tombé dans l'océan profond de la préciosité. En cherchant à s'exprimer de toutes ses forces, à remédier à son défaut cardinal, à se débarrasser de tout ce qu'il y a de banal et de dépassé dans la ligne mélodique, dans l'enchaînement des harmonies, à se débarrasser de tout ce qu'il y a de dérivé, d'impersonnel et de banal dans son style, il est devenu trop anxieux, trop méticuleux dans sa diction. Parce que sa phraséologie était incolore, il est devenu un tacheur de phrases, une sorte d'euphuiste musical. Toute son énergie, on le sent, a été consacrée au découpage, au polissage, à l'éclat et à la mise en scène de petits morceaux de musique aux couleurs vives, de petits moments pointus et intenses. On sent qu'ils ont été caressés, caressés, lissés et regardés mille fois ; que Loeffler s'est arrêté sur eux et les a touchés avec une sorte d'amour narcissique. En fait, il a fallu un gros travail pour assombrir, pimenter et aiguiser le style de certains de ses poèmes orchestraux ; l'effort visant à créer un nouvel idiome basé sur les modes grégoriens, dont témoignent "Hora mystica" et la récente œuvre pour quatuor à cordes, a dû être en soi considérable. Mais bien qu'à la suite de tous ces efforts de ciselage et de martelage de l'or, de limage et de polissage, le vase de son art soit peut-être devenu plus riche et plus fin, il n'est pas devenu plus plein. Sa deuxième période ne diffère de la première que par le fait qu'il y est passé d'une forme d'absence de créativité à une autre un peu plus digne et inhabituelle. Les compositions des deux périodes présentent, après tout, le même manque. Son destin semble inévitable.

Ainsi, dans son argenterie confuse et son caractère fantomatique, sa cristallisation et sa diaphinité, sa musique ne ressemble parfois à rien tant qu'aux précieux restes et spécimens d'une planète éteinte ; des choses transpercées dans la froide nuit éternelle, de teinte glaciale et phosphorescente. Aucune atmosphère ne les baigne. La sève n'y monte pas. Si nous les touchions, ils s'effondreraient. Cela aurait pu être une fleur. Mais maintenant, il scintille de cristaux de mica et de quartz. Ce sont des bijoux. Mais leurs feux sont éteints. Ces pétales confits sont le passage de "Musique pour quatre instruments à cordes" glossé dans la partition "un jardin plein des fleurs naïves", tandis que cette fiole de liquide vert gemme est celle intitulée "une pré toute émeraude". Le saurien pétrifié, dont les os ont souffert

"un changement radical

Dans quelque chose de riche et d'étrange"

est la rhapsodie espagnole pour « violoncelle » ; le collier de perles d'acier, le décor du "À Hélène" de Poe. Et les objets qui flottent conservés dans ces petits flacons sont quelques-unes des chansons populaires avec lesquelles Loeffler aime tant incruster son œuvre. Autrefois, ils étaient « à La Villette », et la Malagueña, et le chant de marche des soldats lorrains du XVIIIe siècle, et fleurissaient sous le ciel venteux. Mais lorsque Loeffler les transplanta respectivement dans "La Villanelle du Diable", dans la "rhapsodie pour violoncelle" et dans "Musique pour quatre instruments à cordes", ils subirent le sort qui arrive à tout ce qui est soumis à son toucher exquis et stérilisant.

On en conclut que la chose la plus significative et la plus symbolique dans la carrière de Charles Martin Loeffler est peut-être son lieu de résidence. Car cet Alsacien, de culture française, au tempérament apparenté aux *décadents* , écrivant une musique ressemblant d'abord à celle de Fauré et des Français wagnérisants, puis à celle de Dukas, et enfin à celle de d'Indy et de Magnard, a vécu la plus grande partie de sa vie. dans aucune autre ville que Boston. Venu initialement en Amérique dans le but de jouer le premier violon du Boston Symphony Orchestra, il a trouvé l'atmosphère de la capitale de la Nouvelle-Angleterre si agréable qu'il y est resté pratiquement depuis. Celui qu'on pourrait croire presque natif du Paris de Debussy et Magnard et Ravel, de Verlaine et Gustave Kahn et Huysmans, a trouvé confortable un environnement essentiellement serré et antilibéral, une société qui masque le philistinisme avec le torysme, et parvient à conduire son radicalisme et sa politique. une jeunesse vitale et artistique, en nombre croissant chaque année, vers d'autres lieux en quête d'air. Et sa propre carrière, sur le plan spirituel, semble être un tel échange, la préférence d'un lieu sombre et glacial plutôt qu'un lieu flamboyant et frémissant, l'échange de l'éternel Paris contre l'éternel Boston. Sa musique ressemble à un bannissement psychique. Son art est en effet, en dernière analyse, une fuite du groupe de ses parents vers, sinon exactement le cercle, du moins le voisinage dangereux de ces aimables messieurs les Chadwick et les Converse et tous les autres « Américains » hautement respectables et stériles. Compositeurs."

Ornstein

Ornstein est un miroir tendu vers le monde de la ville moderne. Les premières de ses véritables compositions sont comme des fragments d'une cosmopole de grottes et de tours d'acier, de mouvements furieux et de rayons d'azote devenus musique. Ils sont comme des surfaces sensibles posées au milieu des New York ; et enregistrez non seulement les bruits, mais toutes les formes violentes de la ville, le battement de l'activité frénétique, les plans de lumière qui se croisent, les masses de maçonnerie avec les minuscules créatures naines qui entrent et sortent, les panneaux électriques. tacher les nuages nuit d'encre. Ils donnent à nouveau le signal de l'aube qui se lève sur les cellules bondées et grouillantes ; sept heures, la vapeur siffle un matin d'hiver ; une lumière impitoyable filtrant sur des foules noires et pressées d'humanité ; des milliers d'ouvriers grelottants noircissent la Quatorzième Rue. Ils représentent le Niebelheim lui-même, les hordes d'esclaves rassemblées par des géants de leur propre création, les ordres et les cris du pouvoir dans les cloches, les sifflets, les signaux. Le grincement et les hurlements des trains chargés dans les tubes, les grues travaillant dans le port, les moteurs rotatifs de forage, les turbines en marche s'entremêlent à travers eux. Des couvertures de brouillard descendent sur la rivière ; des formes menaçantes le traversent ; des rayons de lumière rouge cherchent à couper la brume. Des fleurs grises et noires s'épanouissent sur les rebords des fenêtres des immeubles donnant sur les murs nus. Et les âmes humaines et les chants gris et noirs comme eux s'épanouissent dans l'air aveugle, ouvrent leurs pétales de velours, leurs corolles brillantes et douces, des recoins et des fenêtres dans ce métal, ce brun, ce rugissement incessant.

Pour Ornstein, c'est la jeunesse. C'est lui qui s'efforce de s'adapter à tout ce tonnerre, cette agitation et cet éclat. Il est la source qui monte sur les trottoirs, la sève verte et douloureuse. Il est sans doute en partie la résurrection des esprits les plus ensevelis, celui du juif européen hors-la-loi. Il est la destruction des murs avec lesquels les Juifs avaient anéanti le monde odieux. Il est Lazare émergeant dans ses vêtements funéraires dans le nouveau monde ; l'esprit juif surgit aujourd'hui des sous-sols et des caves de la synagogue où il était assis depuis mille ans, se droguant de connaissances rabbiniques, affinant de manière presque maniaque l'intention d'une phrase ou d'une parabole obscure, niant l'attrait de le monde et l'expérience avec une masse de rites, d'observances et de cérémoniaux, se perdant dans les étendues grises du désert de la théorie, ou se perdant dans le rêve impossible de Sion restaurée dans la Palestine moderne et du temple de Salomon reconstruit dans une capitale provinciale de l'Empire turc . Et la musique d'Ornstein est la musique d'une naissance qui est l'arrachement des vêtements funéraires poussés jusqu'au corps, le griffage, pierre par pierre, du mur érigé contre l'appel de l'expérience qui était sûre d'être fatale. Les anciens interdits y sont encore actifs dans la terreur avec laquelle la vie est perçue, dans la menace et la cruauté des choses, dans l'acuité des bords rencontrés, dans le poids des masses qui menacent de tomber et de submerger, dans la fureur, la noirceur et l'horreur de la vie. la nature a de nouveau regardé. La figure hagarde et enveloppée du Juif russe y passe sans cesse. Les "Poèmes de 1917" sont pleins de lamentations et de bercements de petites vieilles mères du ghetto. Ornstein parle encore et encore avec des accents qui ne ressemblent en rien au langage sauvage et lamentable de l'Ancien Testament.

Mais la musique d'Ornstein va bien au-delà. C'est une chose qui concerne tous les êtres nés à l'ère de l'acier. C'est l'expression de tous les hommes qui ont essayé d'embrasser et d'aimer les immenses pilotis, les sentiers étranges, noirs et désolés qu'est le monde d'aujourd'hui. La figure que l'on discerne dans les compositions commençant par la « Suite Naine », opus 16, est celle que nous avons tous intimement connue comme un espace. Ces pièces ne sont pas une jeunesse vue à travers la brume dorée de la rétrospection. Ils sont l'expression d'une jeunesse tâtonnante et tâtonnante telle qu'elle se sent et telle qu'elle se sent elle-même. C'est une musique jeune dans tous ses excès, sa violence, ses chagrins aigus et ses joies plus aiguës, sa force irréfléchie et tremblante. Le printemps y monte chaud et cruel. Il y a toute la solitude de la jeunesse dans cette musique, tous les rêves mystérieux d'un monde à peine compris, toutes les hésitations et tâtonnements aveugles de pouvoirs inexplorés. On sent toujours les trottoirs qui s'étendent entre les bâtiments en acier, les marées noires et précipitées des êtres humains ; et à travers eux tous, la figure opprimée de celui qui cherche le sens de toute cette activité convulsive dans laquelle il est né. C'est cette solitude qui parle dans la première "Impression de Notre-Dame" avec ses masses grises montantes, sa réverbération cloîtrée des cloches, ses appels sauvages de la ville à un seul avec le monument d'un âge mort. Des passions violentes et incontrôlées crient dans les « Trois humeurs », avec leur abandon juvénile au moment présent. L'énergie de l'adolescence, déchaînée, se réjouissant de l'activité musculaire pure, se déchaîne dans les « Danses des ombres » et dans la « Danse de l'homme sauvage », au rythme pur, nu et battant. L'amertume de l'adolescence se moque des « Trois Burlesques », de la « Danse des Gnomes », avec ses parodies de mouvements maladroits. Quelle révolte dans la première « Sonate pour piano » ! Et d'autres émotions, timides et incertaines d'elles-mêmes, inquiètes de la sève gonflée du printemps, disent leur poésie et leur douleur, racontent leurs histoires et se taisent, nous rappellent ce que nous avons ressenti autrefois.

La ville, la naissance dans le nouveau monde, la jeunesse, existent dans la musique d'Ornstein avec toute l'acuité du choc grâce à une imagination d'une force merveilleuse. Il n'y a pas d'indirect chez Ornstein, pas de flou. Sa tension est toujours la plus profonde, la plus raide. Ce qu'il ressent, ce qu'il entend, il le consigne, indépendamment de tous les canons, règles et procédures. L'harmonie avec lui est quelque chose de différent de celle de n'importe quel autre compositeur. Des couleurs de piano d'une violence et d'un criard se lancent les unes contre les autres. Les registres les plus graves et les plus aigus de l'instrument s'affrontent dans "Improvisata". Les rythmes se battent, convulsivement, presque. Dans certaines parties de la « Sinfonietta », cinq rythmes s'affrontent les uns contre les autres. Des courbes et des lignes mélodiques chantent avec extase sur un contrepoint turbulent et tacheté dans les sonates pour piano et violon. La sonate pour violon est en quelque sorte une tentative d'épuiser toutes les possibilités de contraste de couleurs contenues dans la petite boîte brune. Dans la première « Impression de Notre-Dame », le piano est métallique avec les cloches retentissantes. Dans le second, il est pierreux, lourd de gargouilles encombrées, scrutatrices et menaçantes. Dans l'accompagnement de la chanson "Waldseligkeit", il semble donner l'équivalent musical de la substance du bois. Sans doute, pour celui qui, comme Ornstein, considérait la musique uniquement comme un moyen de communication, comme un discours d'homme à homme, et ne s'occupait que de la communication de ses sensations et de son expérience sous la forme la plus brève, la plus directe et la plus simple, a dû venir des moments de doute de soi le plus terrible, où tous les anathèmes des pères de l'Église musicale résonnaient fort à ses oreilles, et où les formes et les proportions des autres hommes semblaient le faire se ratatiner. C'est sans aucun doute la gratitude envers William Blake, cet autre inventeur « fou » d'images et de dessins sauvages, cet autre « enragé dans la nature », pour la fortification et la subsistance, qui lui fit préfacer sa sonate pour violon avec l'Argument de « Les Noces du Ciel ». et l'Enfer", et se défend avec les versets :

" Autrefois doux et sur un chemin périlleux,

Le juste a gardé son cap

La vallée de la mort.

Les roses sont plantées là où poussent les épines,

Et sur la lande stérile

Chantez les abeilles....

"Jusqu'à ce que le méchant quitte les chemins de la facilité,

Marcher sur des sentiers périlleux et conduire

L'homme juste dans des climats arides.

"Maintenant, le serpent furtif marche

Avec une douce humilité,

Et le juste fait rage dans la nature

Là où les lions errent. »

Et certainement, pour nous, quoi qu'en disent les experts, les étendues sauvages de Leo Ornstein ne sont pas si déchaînées et infestées de lions. Car tandis qu'on se demande si ces morceaux sont de la musique ou non, on découvre que l'on est entré par eux dans la vie d'un autre être, et par lui dans la vie de toute une génération grandissante.

Cependant, à l'heure actuelle, certaines des qualités qui étaient si clairement visibles chez Leo Ornstein au cours des premières années au cours desquelles il s'est révélé sont quelque peu obscurcies. Quelque chose de pas tout à fait rassurant est arrivé à cet homme. Une grande partie de la musique qu'il a composée ces derniers temps manque du mordant de ses œuvres antérieures. Les couleurs ne sont pas si brûlantes. Les contours sont moins audacieux, moins irréguliers et plus nets. Une partie de l'intensité convulsive, de la fureur, a disparu de l'élément rythmique. Les mélodies sont moins acidulées, les ambiances moins débridées. Sans doute est-il entré dans sa musique quelque chose de plus joyeux, de plus voluptueux et de plus doux. Le violoncelle chante avec passion et rêverie dans les deux sonates qu'Ornstein a récemment écrites pour lui. L'élément racial s'adoucit, devient plus doux, plus sombre et plus romantique. Le juif qui s'y trouve ne porte plus sa gaberdine. S'il porte un châle de prière, c'est un châle en soie. Le Jérémie du désert a cédé la place au jeune poète amoureux et rêveur, un poète du genre de celui qui surgit parmi les Juifs d'Espagne pendant les années de l'ascendant maure. Pourtant, une certaine intensité, une certaine originalité, une certaine veine de génie ont disparu dans le changement. Quelque chose d'un peu brillant, d'un peu facile, d'un peu banal, s'est introduit, même dans les meilleures des pièces les plus récentes. La texture est plus fine, la tension plus relâchée. Ornstein ne semble pas s'y consacrer avec la même franchise et la même complétude qu'il s'y était consacré dans ses travaux antérieurs. De plus, il lui arrive parfois de sortir de sa plume des ouvrages dans lesquels il ne s'investit pas du tout. Il y a un an ou deux, une société chorale de New York a produit deux de ses petits chœurs *a capella* qui auraient pu être l'œuvre d'un obscur élève de Tchaïkovski. La sonatine pour piano de la Marche funèbre, bien que loin d'être aussi insignifiante, est néanmoins peu caractéristique par les ressemblances qu'elle présente avec la musique de Ravel. Une chose que les compositions antérieures ne sont pas, c'est qu'elles sont dérivées. Ornstein, disent-ils clairement, avait bénéficié des réalisations de Debussy, de Moussorgski et de Scriabine. Mais ils montraient également qu'il avait développé son propre style, un style qui, malgré sa grossièreté et sa dureté, était personnel. En redevenant disciple, il revient à quelque chose qu'il semblait avoir laissé derrière lui lorsqu'il écrivit sa retentissante « Suite Naine ».

Ce que représente cette nouvelle période de la composition d'Ornstein, il n'est pas facile de le dire. Il s'agit probablement d'une période de transition, d'une période de rassemblement des forces en vue d'un nouvel assaut plus féroce. Un tel temps de gestation pourrait bien être nécessaire au génie d'Ornstein. Il est possible qu'il ait dû renoncer à quelque chose pour gagner autre chose, essayer de gagner moins pour s'établir sur des bases plus solides que celles sur lesquelles il se trouvait. Son génie durant ses premières années de création était purement lyrique. C'était une chose qui s'exprimait en imaginant des ambiances, en faisant de brefs envolées, en établissant *des moments musicaux*. Il est à son meilleur dans ses préludes au piano, dans ses petites formes. Les œuvres composées à cette époque dans les grandes formes, à l'exception de la sonate pour violon, sont à peine achevées. Les mouvements extérieurs de la Grande Sonate pour pianoforte, par exemple, sont bien inférieurs aux mouvements centraux. Quel que soit le mérite de certains mouvements individuels des « Masqueraders », de l'opus 36 et des « Poèmes de 1917 », et parfois il n'est pas minime, les œuvres dans leur ensemble manquent de forme. Elles n'ont rien de l'unité, de la variété et de la solidité des Papillons et du Carnaval de Schumann ou des Valses nobles et sentimentales de Ravel, par exemple, œuvres auxquelles elles sont, à certains autres égards, comparables. À mesure qu'il grandissait, la nature d'Ornstein commença probablement à exiger d'autres formes que ces formes plus petites et plus épisodiques. Il a probablement commencé à rechercher une plus grande portée, durée, développement et complexité. Ainsi, afin d'acquérir un plus grand contrôle intellectuel sur son écoulement, pour apprendre à construire des tas d'une masse qui nécessitent un travail et une supervision entièrement différents de ceux des préludes et des impressions, Ornstein s'est sans aucun doute retenu, diminuant l'intensité de son feu. Pour apprendre à organiser sa matière, il en a sans doute inconsciemment, pour l'instant, atténué sa densité et sa vivacité.

Et aussi, cela peut être le résultat du passage d'une économie de douleur à une économie de plaisir. L'adolescent est devenu le jeune homme. L'ajustement a peut-être été effectué. Le poète n'est plus obligé d'exprimer uniquement ses misères et ses douleurs dans l'art ; il apprend à être heureux. Il cherche peut-être à nouveau à se retrouver dans un monde devenu différent.

Dans le même temps, il existe une réelle possibilité que la période actuelle de composition d'Ornstein ne soit pas une période de préparation à un nouveau vol. Il existe une réelle possibilité que cela représente un ralentissement malsain. Après tout, n'est-il pas possible qu'il ait bronché ? Des hommes plus forts que lui ont succombé à un monde hostile. Et Ornstein a trouvé le monde très hostile. Il a découvert que l'Amérique n'était absolument pas préparée à son art et ne possédait aucune technique pour y faire face. Il a largement fonctionné dans le vide. Ce n'est pas tant qu'il ait été jugé et jugé insuffisant. Il n'a même pas été entendu. Parce que le monde musical n'a pas pu le suivre, il l'a complètement chassé de sa conscience. Rares sont les critiques qui ont été capables d'exprimer ce qu'il aime ou n'aime pas dans sa musique. Soit ils l'ont ridiculisé, soit ils ont écrit cordialement à son sujet sans rien dire. Il n'y a rien de plus démoralisant pour l'artiste. Actuellement, on le classe même parmi Prokofief. Les virtuoses ont fait preuve d'une même timidité. Presque personne n'a osé interpréter sa musique. Beaucoup se sont abstenus de toute politique, ne voulant pas renoncer aux applaudissements. D'autres ont sans doute très sincèrement refusé d'interpréter toute musique qui leur paraissait cacophonique. Car l'armée des musiciens est presque entièrement composée d'arrière-garde. Pas un seul des chefs d'orchestre de New York n'a osé envisager de jouer sa « Sinfonietta », sans parler des premiers et relativement accessibles « Marche funèbre » et « A la chinoise ». De la Société Philharmonique, évidemment, on n'attend rien. Mais on pourrait supposer que les diverses organisations prétendument « amies » de la musique, avides de la cause du « nouveau » et du « moderne », veilleraient à ce que le musicien qu'une autorité comme Ernest Bloch a déclaré être l'unique compositeur américain qui montre des signes positifs de génie, a eu sa chance. C'est le contraire qui s'est produit. La folle symphonie de guerre de D'Indy, les œuvres d'Henry Hadley, de Rachmaninov, de David Stanley Smith, voire de Dvorsky, celui qui existe aussi peu dans le domaine de la composition qu'à Biarritz, ont reçu et reçoivent encore l'attention des nos puissants. Il ne serait donc pas étonnant qu'un artiste comme Ornstein, qui, comme tout véritable artiste, a besoin du contact avec d'autres esprits et ne peut continuer à produire, sans espoir d'atteindre la performance et l'exposition, ait finalement bronché et lassé de ses efforts, et se retrouva soudain à écrire une musique que l'intelligence de ses collègues artisans pouvait raisonnablement comprendre.

Il existe d'autres raisons qui pourraient laisser penser que ces travaux récents représentent un marasme. Car Ornstein a consacré trop d'énergie à la concertation. Il voyage follement à travers les États-Unis et le Canada depuis quelques années, vivant dans des couchettes Pullman et jouant devant des publics de toutes sortes. Durant les premières années de son séjour en Amérique après le déclenchement de la guerre en Europe, il a au moins joué la musique qu'il aimait. Mais personne n'était prêt pour des programmes commençant par Korngold et Cyril Scott et se terminant par Ravel, Scriabine et Ornstein lui-même. Ainsi, peu à peu, Ornstein commença à falsifier ses programmes, ajoutant une pièce populaire ici, une autre là. Récemment, il a joué de la musique dans laquelle il ne pouvait pas du tout mettre son cœur, Liszt et Rubinstein aussi bien que Beethoven et Schumann. Il ne l'a pas interprété avec beaucoup de brio. Une telle existence ne peut qu'émousser l'esprit de l'homme. Personne ne peut jouer continuellement la Douzième Rhapsodie hongroise ou la transcription de la Marche nuptiale de Mendelssohn ou de la Fantaisie de Rigoletto sans être puni. Celui qui ne les aime pas ne peut jouer longtemps la Sonate Appassionata ou les *Etudes symphoniques* ou les valses de Chopin sans s'ennuyer et se gâter. Ainsi, avec la composition devenue un intervalle entre deux trains et l'expression une tentative de plaire au public et de s'imposer auprès du public en tant que pianiste populaire, ce n'est pas la pensée la plus absurde que Leo Ornstein ait perdu quelque chose qu'il possédait autrefois dans une matière belle et surabondante. formulaire.

C'est quand même assez incroyable. Il est impossible qu'un préjudice grave et permanent lui ait déjà été causé. Il était un être trop vital et sain d'esprit pour être si facilement corrompu. Pour ceux qui l'ont connu dans les premières années de son retour de Paris, il n'était rien d'autre qu'un génie. S'il était un artiste moins accompli, moins débrouillard et magistral que Strawinsky, par exemple, auquel il ressemble d'une certaine manière générale, il était au moins un être plus humain, plus passionné. C'est cette grande vitalité, ce tempérament riche, qui nous assure que nous n'aurons pas en Leo Ornstein un autre Richard Strauss, un autre Strauss qui n'a jamais eu les nombreuses années fertiles accordées à l'autre. Cela nous assure qu'il parviendra enfin à se réconcilier avec ses managers et son public, et que le mal que lui a déjà causé son mode de vie ne s'aggravera pas. Cela nous convainc que son état d'esprit actuel n'est que le résultat d'un processus nécessaire de transition d'une base à une autre ; que l'homme se convoque réellement pour les œuvres qui l'exprimeront dans sa virilité. Et nous sommes certains qu'il viendra bientôt de lui des formes musicales lourdes, aux couleurs aussi brûlantes et profondes que celles de ses premières pièces, et d'une même intensité et audace ; et que Leo Ornstein est sûr d'atteindre le haut ciel de l'art vers lequel il semblait et semble encore se diriger.

Bloch

Autrefois, l'Est et l'Ouest se sont rencontrés et ont fusionné. Dans les plaines où les soldats de Darius et d'Alexandre s'égorgeaient, et où les phalanges macédoniennes reculaient devant les éléphants crénelés de Porus, un mariage fut consommé. Planant au-dessus des têtes des armées adverses, l'ange de l'Europe et l'ange de l'Asie s'embrassèrent et se jetèrent l'un sur l'autre. Le passage a été effectué vers l'Inde. Les deux continents se tournèrent lentement. Deux réservoirs qui accumulaient depuis des éons les précieuses distillations de deux grands centres du genre humain commencèrent à mélanger leurs essences. Dans tout ce que faisait l'Orient, la main de l'Occident était évidente. Dans tout ce que pensait l'Occident, était visible l'intelligence prismatique de l'Est. Les dieux de la Grèce montraient leurs fronts lisses sur les bords du Gange. Les systèmes orientaux réfractaient la blonde lumière méditerranéenne en cent teintes subtiles. Mais l'empire d'Alexandre s'effondre, les Parthes anéantissent les légions de Crassus. Les Perses, les Seldjoukides et les Ottomans ont interdit l'accès de l'Europe à l'Est. La communication régulière a cessé. L'Asie se retirait sous ses rideaux mystérieux et nuageux. Des fumées légendaires, Cathay, Zipango, les Indes du Grand Océan, surgirent. Une fois de plus, les deux bassins furent coupés. Une fois de plus, chacun se mit à sécréter une substance radicalement différente de celle de l'autre, une substance de plus en plus individuelle à mesure que les siècles s'écoulaient. Pendant près de deux mille ans, l'Est et l'Ouest se sont éloignés l'un de l'autre.

Et maintenant, une deuxième fois, à notre époque, les deux se sont rapprochés et se sont affrontés. Une fois de plus, une fusion a eu lieu. Nous sommes aujourd'hui au milieu d'un mouvement qui dépassera probablement en durée et en étendue la période de l'hellénisation. Cette fois-ci, peut-être, aucune marche dramatique des Macédoniens vers les rives de l'Indus n'a servi à établir le lien. Néanmoins, à l'image d'Amy Lowell, les armes se sont à nouveau montrées clés. Depuis quelques siècles, de grandes portes s'ouvrent dans tout l'Est à la demande des frégates et des navires marchands armés. Et lentement, une fois de plus, l'Asie s'infiltre en Europe. Des rafales chaudes et épicées dérivent sur l'Ouest, imprégnant régulièrement l'air. Au début, il ne semblait y avoir rien de grave dans l'infiltration. Le XVIIIe siècle ne coquette apparemment que par des motifs orientaux. Si les palais chinois apparaissent à Drottningholm et à Pillnitz, dans toutes les parties du continent ; si Chippendale commençait à donner des tournures curieuses et délicates à ses meubles, cela ne semblait être qu'une question de caprice. Le goût des lettres persanes, des nouvelles orientales, des marches turques, ne venait apparemment que du désir de mascarade. Grétry, Mozart, Wieland ne prenaient guère au sérieux leurs sérails, pachas, bulbuls. Mais peu à peu, avec l'arrivée du XIXe siècle, ce qui jusqu'alors n'était qu'un jeu a commencé à prendre une forme différente. L'Est était en effet en train de renaître sur l'Ouest. Les brumes étaient brûlées. Grâce à Sir William Jones et Friedrich Schlegel, la sagesse des Indes dangereuses et glissantes s'est ouverte à l'Europe. Goethe, toujours en avant-garde, a révélé la nouvelle orientation dans son « West-Oestlicher Divan » et son « Chinesesich-Deutsche Jahres-und-Tages-Zeiten ». En 1829, Victor Hugo publie « Les Orientales » ; en 1859, Fitzgerald son « Omar ». Si Weber ne fait que jouer avec les couleurs musicales chinoises et turques dans "Turandot" et "Obéron", Félicien David, dans ses chansons et dans son "Le Désert", tente sérieusement d'infiltrer dans la musique européenne le sentiment musical du Levant. Dans un coin de l'appartement de Schopenhauer se trouvait une effigie du Bouddha ; des volumes des Upanishads reposaient sur sa table. En 1863, pour la première fois, une boutique parisienne propose à la vente quelques estampes japonaises. Manet, Whistler, Monet, les frères De Goncourt sont venus acheter. Mais si l'engouement pour la peinture des Princesses du Pays de la Porcelaine s'arrête rapidement, la peinture européenne est révolutionnée. Les surfaces réapparaissent. La couleur renaît sous les pinceaux des impressionnistes et des postimpressionnistes. Le sens du toucher est libéré. Dans tous les arts, l'art du Japon est devenu puissant. De Maupassant a écrit une prose pleine de la technique des estampes japonaises ; cela fonctionne principalement au moyen de petites lignes nettes et de taches délicates. Les cinq sens renaîtraient. Les gens écoutaient avec une attention nouvelle les sons des instruments. Les fils russes de Berlioz sont arrivés avec leur nouvelle alchimie orchestrale. La machine orchestrale s'agrandit et devient subtile. Huysmans rêvait de symphonies de liqueurs, de concertos de parfumerie.

Et le nouveau siècle, lorsqu'il est arrivé, a montré que ce n'était pas une chose délibérément assumée, cette fusion des modes de sentir orientaux et occidentaux, a montré que c'était une chose qui surgissait au plus profond de l'être. Quelque chose qui était longtemps resté inerte avait renaît au contact des hommes occidentaux. Une partie de la personnalité qui était morte avait été soudainement imprégnée de sang et de chaleur ; la lumière jouait sur un hémisphère de l'esprit longtemps sombre. La main même qui dessinait, la bouche même qui correspondait aux mots, le corps même qui battait, se courbait et se balançait en mouvement, étaient à la fois occidentaux et orientaux. Ce n'est plus la conception grecque de la forme qui prévaut sur les bords de Seine, ni partout où se produit l'art. L'art était redevenu, ce que les Orientaux avaient toujours connu, une forme significative. C'était comme si la Perse était née de nouveau chez Henri Matisse, par exemple. Un sens du design et de la couleur, qui jusqu'alors ne s'était manifesté que dans les vases et les tapis fleuris de Téhéran, dictait ses motifs exquis. Hokusai et Outamaro ont eu chez Vincent Van Gogh un frère. L'atmosphère sensuelle et la richesse animalière de l'art hindou réapparaissent dans les gravures sur bois de

Gauguin. Il suffit d'aller voir un art véritablement moderne, qu'il soit réalisé à Paris, à Munich ou à New York, pour revoir les subtils bruns, argents et vermillons, la délicate touche sensuelle, les motifs infiniment variés, les formes qui portent avec eux la terre de l'Arabie au Japon.

Comme dans les arts plastiques, ainsi dans la poésie. Les imagistes, Ezra Pound en particulier, étaient chinois bien avant de découvrir Cathay dans les œuvres d'Ernest Fennellosa. Et en musique, certes, l'Orient est sur nous ; est sur nous depuis que les cinq russes ont commencé leur carrière et ont exprimé leur propre nature mi-européenne, mi-mongole. Le courant a commencé à se répandre depuis que les Mille et une Nuits, les odalisques perses, les tribus tartares sont devenues musique. Et la sensibilité chinoise de Scriabine, les chromatiques orientales du dernier Rimsky-Korsakoff, les gammes sinueuses, les couleurs voluptueuses et les textures soyeuses de Debussy, le langage japonais fantastique et aigu de Strawinsky, nous ont montré que la fusion était proche.

Mais dans la musique d'aucun compositeur, cela n'est aussi évident que dans celle d'Ernest Bloch. Dans une œuvre comme cette suite pour alto et piano de ce compositeur, on a un sentiment de fusion complète comme aucune autre n'en donne. Ici, l'Ouest a avancé le plus à l'Est, l'Est le plus à l'Ouest. Deux choses s'équilibrent dans l'œuvre, deux choses développées pendant une vingtaine de siècles par deux régions peu communicantes. La puissance organisatrice de l'Europe se marie à la sensualité de l'Asie. La puissance formatrice virile des héritiers de Bach est là. Une forme étendue est solide comme des montagnes, projette des volumes dans le temps. Un mouvement à quatre carrés est superposé à un autre. Il n'y a ni affaiblissement, ni relâchement, ni chute. On peut mettre la main autour de ces blocs d'or brun. Et en même temps, ce pouvoir organisateur fait vivre une sensualité sombre, une richesse de texture veloutée, une sensualité et une humidité qui nous plongent au milieu des sculptures en bois bronzées et brillantes des Africains, des couchers de soleil sombres de Ceylan, des pagodes dans lesquelles les Le Chinois s'assoit et chante sa félicité, sa famille, son jardin. Le bleu lyrique de l'art chinois, les forêts tropicales avec leur chaleur horrible, leurs végétations denses et leur vie animale cruelle, les mers polynésiennes de tulle azur, les brises chargées d'épices chantent ici. La monotonie, la mélancolie, l'amertume de l'Orient, choses qui jusqu'alors n'avaient résonné que par la cithare sombre et brillante des Arabes, ou par les gongs et tam-tams mortels des Mongols, parlent à travers les instruments occidentaux. C'est comme si quelque chose avait été sorti d'un marais birman fumant et exposé au rythme terrible d'une artère de New York, et que de cette transplantation est né une affaire tout à fait nouvelle, triste et étrange, favorable à la fois au père et à la mère, et pourtant de un personnage distinctement individuel, avait été créé.

Car aucun compositeur n'était naturellement mieux placé pour recevoir les impulsions de l'Orient qui se précipitait. En tant que juif, Bloch portait en lui un fragment d'Orient ; était en lui-même un avant-poste de la mère des continents. Et il est l'un des rares compositeurs juifs réellement, fondamentalement, expressifs. Il est l'un des rares à s'être pleinement accepté, pleinement accepté le sort qui les a rendus juifs et les a stigmatisés. Après tout, ce n'est pas le fait qu'ils étaient « sans abri », comme le prétendait Wagner, qui a empêché la compagnie des Meyerbeers et des Mendelssohn de se créer. Il s'agissait plutôt du fait qu'intérieurement, ils refusaient de s'accepter tels qu'ils étaient. La faiblesse de leur art ne doit être comprise que comme le résultat de la guerre spirituelle qui menace de diviser chaque Juif contre lui-même. Il y avait chez eux, qu'ils en soient conscients ou non, un désir secret d'échapper à leurs stigmates. Ils étaient délibérément sourds aux incitations des êtres si fermement ancrés dans le sol racial. Ils fuyaient la conscience nationale. L'impulsion était à moitié stoppée. Ce n'est pas qu'ils n'écrivaient pas de musique « juive », utilisant uniquement des gammes et des mélodies raciales. L'artiste d'origine juive n'a pas besoin de le faire pour être sauvé. Le monde entier est ouvert devant lui. Il peut exprimer sa journée comme il l'entend. Une chose cependant est nécessaire. Il ne doit pas chercher à inhiber une quelconque partie de son impulsion. Il ne doit pas tenter de nier ses modes d'appréhension et de réalisation parce qu'ils sont racialement colorés. Il doit posséder une harmonie spirituelle. L'homme tout entier doit entrer dans son expression. Et c'est justement « l'homme tout entier » qui n'est pas entré dans l'œuvre des compositeurs qui ont jusqu'ici représenté le « Judaïsme en musique ». Une impulsion inhibée et harcelée se manifeste dans leur art.

Car, comme Meyerbeer, convaincus de l'inutilité de leurs sentiments, ils fabriquaient des spectacles pour la scène d'opéra et se conformaient à un goût qu'ils respectaient le moins. Ou bien, comme Mendelssohn, ils ont essayé de s'adapter à l'atmosphère étrangère de la romance teutonique et ont produit un jargon musical qui ne ressemble à rien au monde autant qu'au yiddish. Ou encore, avec Rubinstein, ils se gantèrent en joli style de salon pour dissimuler tout vestige de chair, ou encore essayèrent, avec Gustav Mahler, d'entonner des « Ave Maria ». Certains auraient sans doute préféré être fidèles à eux-mêmes. Goldmark (l'oncle) en est un exemple. Mais son désir restait en grande partie une intention. Car sa méthode était un peu enfantine. Il l'a conçu comme étant allongé sur des canapés au milieu de coussins, reniflant les parfums d'Orient dans des flacons de parfum. Il ne se rendait pas compte que le canapé était le confortable *canapé allemand,* les coussins le style romantique de Weber et du premier Wagner, et que, grâce au

"Odeurs sabéennes du rivage épicé

De l'Arabie la bienheureuse"

là flottait l'odeur sans doute très appétissante de la cuisine viennoise.

Mais il y a la musique d'Ernest Bloch qui est une expression large, poignante, authentique de ce qu'il y a de racial chez le juif. Il est de sa musique qui est authentique en vertu de qualités plus fondamentalement raciales que les modes synagogiques sur lesquels elle se fonde, le faste et la couleur sémitiques qui l'informent. Il y a des moments où l'on entend dans cette musique les accents durs et hautains de la langue hébraïque, où l'on voit les gestes brusques de l'âme hébraïque, où l'on ressent l'élan titanesque d'énergie qui a créé la race et l'a transportée intacte à travers les pays et les temps, hors du monde. l'Egypte éternelle, à travers l'éternelle Mer Rouge. Il y a des moments où cette musique donne l'impression qu'un élément resté inchangé pendant trois mille ans, un élément qui est en chaque Juif et par lequel chaque Juif doit se connaître et connaître sa descendance, y était pris et fixé. Bloch a composé des mises en musique des Psaumes qui sont l'impulsion même des hymnes davidiques incarnés dans un autre médium ; on dirait que le génie qui s'était autrefois épanoui à la cour du roi avait atteint un second épanouissement miraculeux. Le décor du 114e Psaume est la voix même de la joie lors du passage de la mer Rouge, le son très vigoureux des cornes de bœuf, la danse très hiératique. La voix de Jéhovah s'est-elle adressée à ceux qui, à travers les âges, l'ont réclamée bien différemment qu'elle ne le dit à la fin du 22e Psaume de Bloch ?

Et c'est quelque chose comme la voix de Job qui parle dans la désolation du troisième des « Poèmes juifs ». Une fois de plus, l'Ecclésiaste exprime sa désillusion, sa cruelle déception, son sentiment de la vanité totale de l'existence dans le monologue du violoncelle de la rhapsodie « Schelomo ». Une fois de plus, la tente du tabernacle que Jéhovah a ordonné à Moïse d'ériger dans le désert et de suspendre avec des rideaux et des voiles, se lève dans l'introduction de la symphonie « Israël ». Les grands membres royaux, la barbe et la poitrine d'Abraham sont, une fois de plus, dans le premier mouvement de l'œuvre ; les femmes sombres, graves et au regard doux de l'Ancien Testament, Rebecca, Rachel, Ruth, réapparaissent dans le second, aux voix fluides.

Les traits raciaux abondent dans cet corpus d'œuvres. Ces formes lourdes, ces mouvements brusques, ces sons de trompettes impérieux, barbares et rituels, rappellent tout ce qu'on sait de l'art sémitique, rappellent les taureaux ailés couronnés des Assyriens ainsi que la Carthage de Flaubert, avec ses temples pyramidaux, ses citernes et ses chevaux hennissants. dans l'acropole. Les thèmes de Bloch reprennent souvent la ligne subtile, lointaine et monotone des chants synagogiques. Beaucoup de ses morceaux mélodiques, bien que pures inventions, sont indubitablement héréditaires. Le mode d'une course n'est, après tout, que l'inflexion intensifiée de son discours. Et la ligne mélodique de Bloch, avec ses intervalles étranges, ses noires occasionnelles, se rapproche curieusement des inflexions de la langue hébraïque. Comme une grande partie du chant grégorien, auquel il rappelle souvent, on peut concevoir cette musique comme faisant partie du service du Temple à Jérusalem. Et comme la ligne mélodique, il en va de même pour les phrases assignées aux trompettes dans le cadre des trois Psaumes et dans la symphonie « Israël ». Ils auraient également pu résonner autrefois dans les cours du temple d'Hérode. Les accents insolites, les intervalles insolites, donnent aux instruments un timbre à la fois impérieux, barbare, rituel. Et comme les dissonances grossières de Bloch, les terribles quartes et quintes consécutives, les rythmes impétueux, sauvages et frénétiques dans leur accentuation, sont différents de l'orientalisme théâtral de tant de Russes. Cette musique est criarde, fauve et amère du désert. Sa saveur est en effet nouvelle dans la musique européenne. Certes, dans le domaine du quatuor à cordes, rien n'a jamais paru comparable à la saveur salée et âcre, fruitée et enivrante de l'œuvre de Bloch.

Et ce n'est que lorsque la note juive apparaît dans son œuvre que Bloch parle sa propre langue. Les œuvres qui précèdent les « Trois Poèmes juifs », la première de ses compositions dans laquelle le geste racial est consciemment fait, ne représentent pas vraiment l'homme tel qu'il est. Sans doute, le scherzo brillant et ironique de la Symphonie en do dièse mineur, dont la verve, la passion et la vigueur font paraître le compositeur de "L'Apprenti sorcier" bel et bien apprenti, est déjà caractéristique du compositeur du quatuor à cordes et de la suite pour alto et piano. Mais une grande partie de la symphonie est dérivée. On y entrevoit l'influence de Liszt, de Tchaïkovski et de Strauss. Il en va de même pour l'opéra « Macbeth », écrit quelques années après la composition de la symphonie, alors que le compositeur avait vingt-quatre ans. Malgré l'efficacité de la mise en scène qu'elle donne au mélodrame savamment extrait de la tragédie de Shakespeare par Edmond Flegg, la partition porte une signature encore indécise. On sent que le compositeur a récemment rencontré les personnalités de Moussorgski et de Debussy. Sans doute, on commence à sentir la personnalité propre de Bloch dans la coloration délicate des deux petites esquisses orchestrales « Hiver-Printemps », dans le cor anglais lugubre contre la harpe dans « Hiver », dans le début de vielle à roue gazouillant de « Printemps." Malheureusement, la cantilène du deuxième numéro pointe toujours vers l'arrière. Mais avec les « Trois Poèmes juifs », le Bloch originel est à portée de main. Ces compositions furent d'abord conçues comme des études pour "Jezabel", l'opéra que Bloch avait l'intention de composer immédiatement après avoir terminé la partition de "Macbeth" en 1904. Aujourd'hui, "Jezabel" n'existe encore que dans le livret de Flegg et dans le série d'esquisses déposées dans le portfolio du compositeur. Le moment où Bloch doit trouver la possibilité de réaliser l'œuvre n'est pas encore arrivé. Prévu au départ pour faire suite directement à "Macbeth", "Jezabel" promet de devenir l'objectif de sa première grande période créative. Mais de la conception même de l'opéra, du désir de créer une œuvre autour de cette figure de l'Ancien Testament, du train d'émotion suscité par le projet, ont déjà découlé des résultats d'une première ampleur pour Bloch et pour la musique moderne. . Car dans la recherche d'un style adapté à ce drame biblique et dans l'effort de maîtriser l'idiome qui lui est nécessaire, Bloch a exécuté les compositions qui l'ont placé si éminemment en compagnie des quelques maîtres modernes. Les trois Psaumes, « Schelomo », « Israël », parties du quatuor, n'ont fait qu'aller plus loin dans la direction tracée par les « Trois Poèmes juifs ». "Jézabel" s'est révélée être un de ces rêves qui conduisent les hommes à la connaissance d'eux-mêmes.

Et pourtant, le « compositeur juif » qu'on dit si souvent de cet homme, il ne l'est sûrement pas. Il est trop l'homme de son temps, trop le génie universel, pour être ainsi rangé dans une seule catégorie. Son art succède autant à celui de Moussorgski et de Debussy qu'à celui de Strawinsky et de Ravel ; il s'appuie tout autant sur les grandes traditions musicales européennes que sur sa propre souche héréditaire. Il est en effet parmi les maîtres modernes l'un des plus conscients de la tradition de son art. Il est l'héritier de Bach, de Haydn et de Beethoven, tout autant que n'importe quel musicien vivant. Tout autant que celle de toute autre, sa musique est une image de son époque. Dans le quatuor, son œuvre magistrale, l'élément hébraïque n'est qu'un parmi d'autres. Le trio du scherzo est comme un pan de forêt polynésienne, avec sa chaleur tropicale, ses végétations monstrueuses, sa terre marécageuse, ses singes bavards et ses oiseaux de paradis. Il y a le rythme de l'âge de l'acier dans la finale. Et la délicate Pastorale sent les doux champs d'Europe, sent le foin, redonne la fin du jour religieuse dans les ciels tempérés. C'est seulement qu'en tant que juif, il fallait qu'Ernest Bloch dise oui à sa propre hérédité avant que son génie puisse apparaître. Et jusqu'à quel point il est apparu, on peut le juger à l'intensité avec laquelle son âge se reflète dans la musique qu'il a déjà composée. Sa musique représente l'homme moderne dans sa perception récente de la petitesse des éléments humains dans la race, de l'énormité du passé animal. Pour Ernest Bloch, la forêt vierge avec sa vie reproductrice épaisse, ses bêtes féroces, son humanité brutale et adoratrice de phallus, est toujours là. Devant lui se trouvent encore les centaines et les centaines de milliers d'années de développement nécessaires pour faire de l'homme une créature intelligente. Et il écrit comme quelqu'un qui aurait été plongé dans une obscurité, une tristesse et une amertume d'autant plus grandes par la vision de l'arc-en-ciel qui lui a été donnée, par l'aperçu qu'il a eu du « pays du soleil », le pays de l'homme soulevant lui-même enfin de la brute et devenant humain. Car il sait trop bien que la nuit ne passera enfin que des siècles après sa mort.

Et il est le moderne dans la mesure où la fusion de l'Orient et de l'Occident est éclairée par ce qu'il fait. La coloration de son orchestre, les cris de ses instruments, la ligne de sa mélodie, les battements de ses pouls, nous font sentir la grande marée qui nous entraîne, la vague qui déferle sur le monde entier. Dans son art, on sent la terre elle-même se tourner vers la lumière de l'Orient.

ANNEXE

WAGNER

Wilhelm Richard Wagner est né à Leipzig le 22 mai 1813. Il est décédé à Venise le 13 février 1883. Les faits de sa carrière sont trop connus pour justifier une répétition.

Les dates de composition et de première représentation de ses opéras sont : « Rienzi », 1838-40 ; première à Dresde, 1842. « Tannhäuser », 1843-45 (version parisienne, 1860) ; Dresde, 1845. « Lohengrin », 1845-48 ; Weimar, 1850. « L'or du Rhin », 1848-53 ; Munich, 1869. « La Walkyrie », 1848-1856 ; Munich, 1870. « Tristan et Isolde », 1857-59 ; Munich, 1865. « Siegfried », 1857-69 ; Bayreuth, 1876. « Les Maîtres chanteurs de Nuremberg », 1861-67 ; Munich, 1868. « Die Götterdämmerung », 1870-74 ; Bayreuth, 1876. « Parsifal », 1876-82 ; Bayreuth, 1882.

STRAUSS

Richard Strauss est né à Munich le 11 juin 1864. Son père, Franz Strauss, fut le premier corniste de l'Orchestre de la Cour de Munich. Sa mère était la fille du brasseur de bière Georg Pschorr. Il a commencé à composer à l'âge de six ans. De 1870 à 1874, il fréquente l'école primaire de Munich. En 1874, il s'inscrivit au Gymnasium et y resta jusqu'en 1882. Au cours de l'année suivante, il suivit des cours à l'Université de Munich. De 1875 à 1880, il étudie l'harmonie, le contrepoint et l'instrumentation avec le maître de chapelle FW Meyer. Ses compositions furent jouées publiquement à partir de 1880. En 1885, il fait la connaissance d'Alexander Ritter qui, avec Hans von Bülow, est censé avoir converti le jeune Strauss, jusqu'alors bon brahmsien, au wagnérisme et au modernisme. En 1885, à l'invitation de Bülow, Strauss dirigea un concert de l'Orchestre de Meiningen. En novembre de la même année, il succède à Bülow à la tête de l'organisation. En 1886, il devient troisième Kapellmeister à l'Opéra de Munich ; en 1889, directeur à Weimar. Il passa les années 1892 et 1893 en Égypte et en Sicile après une crise d'inflammation des poumons. En 1894, il devient maître de chapelle à Munich. En 1895, ses tournées de concerts européennes commencent. Il a dirigé à Budapest, Bruxelles, Moscou, Amsterdam, Londres, Barcelone, Paris, Zurich et Madrid. En 1898, il devient chef d'orchestre de l'Opéra royal de Berlin. En 1904, il vint en Amérique pour diriger quatre concerts donnés en son honneur à New York. En un mois, il donne vingt et un concerts dans différentes villes avec presque autant d'orchestres. La tournée s'est terminée par le brouhaha autour du fait que Strauss avait dirigé un concert chez John Wanamaker. Depuis 1898, Strauss réside principalement à Charlottenburg et, l'été, à Marquardstein près de Garmisch.

Les dates de composition de ses principales œuvres sont :

« Sérénade pour instruments à vent », Opus 7, 1882-83 ; «Huit chants», Opus 10, 1882-83; "Aus Italien", Opus 16, 1886; « Don Juan », Opus 20, 1888 ; "Tod und Verklärung", Opus 24, 1889 ; «Quatre chants», Opus 27, 1892-93 ; «Jusqu'à Lustige Streiche d'Eulenspiegel», Opus 28, 1894-95; « Trois chants », Opus 29, 1894-95 ; «Aussi Sprach Zarathustra», Opus 30, 1894-95 ; "Don Quichotte", Opus 35, 1897 ; «Ein Heldenleben», Opus 40, 1898 ; « Feuersnot », Opus 50, 1900-01 ; « Taillefer », Opus 52, 1903 ; "Sinfonia Domestica", Opus 53, 1903; « Salomé », Opus 54, 1904-05 ; «Électre», Opus 58, 1906-08 ; « Le Chevalier à la rose », Opus 59, 1909-10 ; « Ariane auf Naxos », Opus 60, 1911-12 ; « La Légende de Joseph », 1913 ; « Une symphonie alpine », 1914-15 ; «La femme sans Schatten», 1915-17.

MOUSSORGSKI

Modeste Petrovitch Moussorgski est né le 16 mars 1839 dans le village de Karevo, dans le gouvernement de Pskow, en Russie. Ses parents étaient membres de la petite noblesse. Sa mère lui donne ses premières leçons de piano. À l'âge de dix ans, il fut envoyé à l'école Saint-Pierre et Saint-Paul de Petrograd. Ses études de piano se poursuivirent auprès d'un certain professeur Herke. À l'âge de douze ans, il joue en public un *Rondo de concert* de Herz. En 1852, il s'inscrivit à l'école des enseignes et la même année fit publier sa première composition, une polka. En 1856, alors qu'il servait comme officier dans les gardes Preobrajensky, il fit la connaissance de Borodine. Peu de temps après, il rencontre Dargomyjski. C'est avec lui que, selon ses propres mots, « il vécut pour la première fois la vie musicale ». Plus tard, il fit également la connaissance de Cui, Balakirew et Rimsky-Korsakoff. Il prit des cours de composition de Balakirew et réalisa finalement quelle était réellement sa direction. Une maladie nerveuse l'empêche de travailler en 1859. Mais aussitôt après sa convalescence, il démissionne de la garde et se met sérieusement au travail. Afin de subvenir à ses besoins, il a accepté un poste dans la fonction publique. Il vivait à Petrograd avec cinq amis. En 1865, il fut de nouveau atteint de maladie et dut se retirer à la campagne pendant trois ans. En 1869, il retourna à Petrograd, vivant avec ses amis les Opotchinines. Son moment de succès survient en 1874, avec la représentation de « Boris ». Immédiatement après, sa santé commença à se détériorer. En 1879, il démissionna de ses fonctions et chercha à subvenir à ses besoins en jouant des accompagnements. Il meurt en 1881 dans un hôpital militaire.

Les dates de composition de ses principales œuvres sont :

« Boris Godounow », 1868-71 ; « Khovanchtchina », 1872-81 ; "Le Mariage" (un acte), 1868 ; « La Foire de Sorotchinsk » (fragment), 1877-81 ; « La défaite de Sennachérib », 1867-74 ; «Jésus Navine», 1877 ; "Sans Soleil", 1874 ; "La Chambre d'Enfants", 1874 ; « Chants et Danses de la Mort », 1875 ; "Marcia toute Turka", 1880 ; « La Nuit sur le Mont-Chauve », 1867-75 ; "Tableaux d'une Exposition", 1874 ; "Hopak", 1877.

LISZT

Franz Liszt est né près d'Odenburg, en Hongrie, le 22 octobre 1811. Il est décédé à Bayreuth, le 31 juillet 1886. Il joue pour la première fois en public à l'âge de neuf ans, à Odenburg. En 1829, il vint à Vienne et y resta dix-huit mois pour étudier le piano auprès de Czerny et la composition auprès de Salieri. Il fut ensuite emmené à Paris, où il étudia auprès de Reicha jusqu'en 1825. En 1831, il entendit jouer Paganini. On suppose qu'il fut tellement impressionné qu'il décida de devenir le Paganini du piano. Il était très demandé à Paris en tant qu'artiste. En 1835, il emmena la comtesse d'Agoult d'un bal et l'accompagna à Genève. Il resta à Genève jusqu'en 1839, date à laquelle commença sa progression triomphale à travers l'Europe. En 1848, il devient Kapellmeister à Weimar. Il y fit produire "Lohengrin" et fit revivre "Der Fliegende Holländer" et "Tannhäuser", ainsi que des opéras de Berlioz et Schumann. C'est lors de son séjour à Weimar qu'il noue une relation avec la princesse Sayn-Wittgenstein. En 1859, il se rend à Rome, où il reste jusqu'en 1870. En 1866, Pie IX le fait abbé. Après 1870, il retourna à Weimar, où il vécut à Budapest et à Rome.

Ses principales œuvres orchestrales sont : "Eine Faustsymphonie", "Dante", "Bergsymphonie", "Tasso", "Les Préludes", "Orpheus", "Mazeppa", "Hungaria", "Hunnenschlacht", "Die Ideale", " Deux épisodes du Faust de Lenau", etc.

Ses principales œuvres chorales sont « Die Legende von der Heiligen Elisabeth » et « Christus ».

Ses principales compositions pour pianoforte sont : « Sonate en si mineur », « Concerto en mi bémol », « Concerto en la », « Années de pèlerinage », « Consolations », « Deux Légendes », « Liebesträume », « Six Préludes et Fugues (Bach)", etc., etc. Egalement d'innombrables transcriptions.

BERLIOZ

Louis Hector Berlioz est né à La Côte Saint-André près de Grenoble le 11 décembre 1803. Son père était médecin et souhaitait que son fils suive sa profession. Hector fut donc envoyé à Paris pour étudier. Au lieu d'étudier la médecine, il commence à composer. Une de ses messes fut jouée à Saint-Roch en 1824. En 1826, il chercha à entrer au Conservatoire, mais échoua à l'examen préliminaire. En 1827, 1828 et 1829, il concourt pour le Prix de Rome et échoue. En 1830, il l'obtint finalement. À Rome en 1831, il compose la « Symphonie Fantastique » et « Lélio ». En 1833, il épousa sa bien-aimée Miss Smithson. En 1834, "Harold" fut joué pour la première fois. "Le Requiem" fut composé en 1836, "Benvenuto Cellini" en 1837, "Roméo" en 1839. En 1840 Berlioz fit son premier voyage à Bruxelles ; en 1842-43, il fit une tournée en Allemagne. Le "Carnaval Romain" fut joué en 1844. En 1845-46, Berlioz donna de nombreux concerts en France et fit des tournées en Autriche et en Hongrie. En décembre de la même année, "La Damnation de Faust" échoua à l'Opéra Comique. En 1847, Berlioz se rend pour la première fois en Russie et en Angleterre. En 1849, il commença à travailler sur son « Te Deum » ; en 1850 sur "L'Enfance du Christ". Les années suivantes furent consacrées à la direction d'orchestre. En 1854, au décès de sa femme, il épousa Mlle. Récio. En 1856 on retrouve Berlioz en Allemagne du Nord, à Bruxelles et à Londres. Il débute la composition des « Troyens » la même année. Lors de sa réalisation en 1863, l'œuvre échoua. Ses dernières années furent assombries par la mort de sa femme et de son fils. Il décède le 8 mars 1869 à Paris.

FRANCK

César-Auguste Franck est né à Liège, en Belgique, le 10 décembre 1822. Son père espérait faire de lui un pianiste virtuose et supervisa son éducation musicale. A onze ans, le jeune Franck parcourait la Belgique en tant que pianiste. En 1835, la famille émigre à Paris et, deux ans plus tard, César est admis au Conservatoire. Il étudie la composition avec Leborne et le piano avec Zimmermann. Il remporte le premier prix de fugue en 1840. En 1842, son père l'oblige à quitter le Conservatoire et à retourner en Belgique, mais deux ans plus tard, il est de nouveau à Paris, cherchant à gagner sa vie en enseignant et en jouant. "Ruth" fut joué en 1846. Il se maria en 1848. En 1851, il fut nommé organiste à l'église Saint-Jean-Saint-François, plus tard à l'église Sainte-Clotilde, poste qu'il occupa pendant le reste de sa carrière. années. En 1872, il fut nommé professeur d'orgue au Conservatoire. "Rédemption" est joué en 1873. "Les Béatitudes" est joué pour la première fois en 1880. Peu après, la chaire de composition au Conservatoire lui est refusée et cinq ans plus tard il est décoré du ruban de la Légion d'honneur. en tant que « professeur d'orgue ». En 1887, un "Festival Franck" est donné sous la direction de Pasdeloup au Cirque d'hiver. Sa symphonie fut jouée pour la première fois en 1889. Il décéda le 8 novembre 1890.

Les dates de composition de ses principales œuvres sont les suivantes : « Ruth », 1843-46 ; « Six pièces pour grand orgue », 1860-62 ; « Trois offrandes », 1871 ; « Rédemption », 1871-72 (première version), 1874 (deuxième version) ; « Prélude, fugue et variation », 1873 ; « Trois pièces pour grand orgue », 1878 ; "Quintette à cordes", 1878-79 ; « Les Béatitudes », 1869-79 ; « Le Chasseur maudit », 1882 ; « Les Djinns », 1884 ; « Prélude, choral et fugue », 1884 ; «Hulda», 1882-85 ; "Variations symphoniques", 1885; « Sonate », 1886 ; « Prélude, air et finale », 1886-87 ; « Psyché », 1887-88 ; « Symphonie », 1886-88 ; "Quatuor", 1889 ; "Trois chorals", 1890.

DEBUSSY

Claude-Achille Debussy est né le 22 août 1862 à Saint-Germain-en-Laye. Il décède à Paris le 22 mars 1918. Il entre au Conservatoire à l'âge de douze ans, étudiant l'harmonie avec Lavignac et le piano avec Marmontel. À l'âge de dix-huit ans, il effectue un bref séjour en Russie. Mais ce n'est que plusieurs années plus tard qu'il découvre la partition de « Boris Godounow », qui allait avoir une si grande influence sur sa vie et précipiter sa révolte contre le wagnérisme. En 1884, il remporte le Prix de Rome avec sa cantate « L'Enfant prodigue ». Durant son séjour de trois ans à la Villa Médicis, il compose "Printemps" et "La Damoiselle élue". Les "Ariettes oubliées" furent publiées en 1888, suivies, en 1890, des "Cinq poèmes de Baudelaire" ; en 1893 par le quatuor à cordes et le "Prélude à 'l'Après-midi d'un faune'" ; en 1894 par « Proses lyriques » ; et en 1898 par « Les Chansons de Bilitis ». Les "Nocturnes" sont jouées pour la première fois en 1899. "Pelléas", sur lequel Debussy travaille depuis dix ans, est créé à l'Opéra Comique en 1902. En 1903, sont publiées les "Estampes". "Masques", "L'Isle joyeuse", "Danses pour harpe chromatique" et "Trois chansons de France" sont publiés en 1904. L'année suivante voit paraître le premier livre des "Images" pour piano et de "La Mer". ". Le deuxième livre des « Images » parut en 1906 ; « Ibéria » en 1907 ; "Trois chansons de Charles d'Orléans" et le "Coin des enfants" en 1908. Les "Rondes de Printemps" sont jouées pour la première fois en 1909. En 1910 paraissent les "Trois ballades de François Villon" et le premier livre des "Préludes". pour piano." C'est dans la musique de scène du *Martyre de Saint-Sébastien de d'Annunzio,* jouée en 1911, que le génie de Debussy se manifeste pour la dernière fois dans toute sa plénitude. En 1912, des « Gigues » furent jouées ; en 1913 paraît le deuxième livre des Préludes pour piano. Les œuvres produites par la suite sont de bien moindre importance.

EFFILOCHAGE

Maurice Ravel est né à Ciboure, Basses-Pyrénées, le 7 mars 1875. Peu après sa naissance, sa famille s'installe à Paris. Henri Ghis fut son premier professeur de piano, Charles-René son premier professeur de composition. Il suit les cours de piano de Ricardo Viñès et reçoit en 1891 une "première médaille" de piano au Conservatoire. En 1897, Ravel entre dans la classe de Fauré. En 1898, ses « Sites auriculaires » sont joués publiquement. En 1901, il échoue pour la première fois à remporter le Prix de Rome. Son quatuor fut joué en 1904. En 1903, il échoua pour la quatrième fois dans l'obtention du Prix de Rome. "Histoires naturelles" fut jouée en 1907, la "Rapsodie espagnole" en 1908. "L'Heure espagnole" fut donnée à l'Opéra Comique en 1911. "Daphnis et Chloé" fut joué par le Ballet russe en 1912. Pendant la guerre, Ravel servi comme chauffeur d'ambulance. Il fut blessé alors qu'il servait devant Verdun et démis du service. Il vit actuellement à Paris.

Les dates de composition de ses principales œuvres sont :

"Miroirs", 1905 ; « Sonatine », 1905 ; « Gaspard de la Nuit », 1908 ; « Valses nobles et sentimentales », 1911 ; «Ma Mère l'Oye», 1908; « Histoires naturelles », 1906 ; «Cinq Mélodies populaires grecques», 1907; « Trois Poèmes de Mallarmé », 1913 ; "Quatuor à cordes", 1902-03; « Introduction et Allégro pour harpe », 1906 ; « Rapsodie espagnole », 1907 ; "Daphnis et Chloé", 1906-11 ; « L'Heure espagnole », 1907 ; "Le Tombeau de Couperin", 1914-17.

BORODINE

Alexandre Porfirievitch Borodine est né à Petrograd le 12 novembre 1834 et y est décédé le 27 février 1887.

RIMSKI-KORSAKOFF

Nikolaï Andreïevitch Rimski-Korsakoff est né le 6 mars 1844 à Tikhvine, dans le gouvernement de Novgorod, en Russie. Son père était gouverneur civil et propriétaire foncier. Il commence à étudier le piano à l'âge de six ans. Il était destiné à une carrière dans la marine et, en 1856, il fut envoyé étudier au Collège naval de Petrograd. En 1861, il fit la connaissance de Balakirew et du groupe qui l'entourait. Après une croisière de deux ans dans la marine, Rimski revient à Petrograd en 1865. En 1866, il est installé dans des chambres meublées, après avoir décidé de devenir compositeur. Il commença à travailler sur "Antar" en 1868. Il fut joué l'année suivante. En 1871, il devient professeur de composition et d'orchestration au Conservatoire de Petrograd. En 1872, son opéra "La Pucelle de Pskof" fut produit. Rimsky épousa, le 30 juin de la même année, Nadejeda Pourgold. Moussorgski était le témoin de la cérémonie. En 1873, il devient inspecteur des musiques navales. En 1874, il visite la Crimée. En 1883, il fut appelé à réorganiser la chapelle impériale. En 1889, il dirigea deux concerts russes à l'Exposition universelle de Paris. L'année suivante, il dirigea deux concerts russes à Bruxelles. En 1894, il démissionna de son poste de chef d'orchestre des concerts de l'Orchestre symphonique russe et de l'inspection de la Chapelle impériale. En 1900, il était de nouveau à Bruxelles. En 1904, en raison de ses opinions politiques, il fut appelé à quitter son poste de directeur du Conservatoire. Il assiste au festival russe de Paris au printemps 1907. La Société française des compositeurs refuse cependant de l'admettre comme membre. Il mourut en avril 1908 dans sa propriété de Lioubensk.

Les titres de ses opéras sont : « La Pucelle de Pskof », 1872 ; « Une nuit de mai », 1880 ; "Sniegouroschka", 1882 ; "Mlada", 1892 ; "Les fêtes du réveillon de Noël", 1895 ; "Sadko", 1897 ; « Mozart et Salieri », 1898 ; « Boyarina Vera Sheloga », 1898 ; « La fiancée du tsar », 1899 ; « Le Conte du tsar Saltan », 1900 ; "Servilia", 1902 ; "Kashchei l'Immortel", 1902 ; "Pan Voyevoda", 1902 ; "Kitj", 1907 ; "Le Coq d'or", 1907.

Parmi ses compositions orchestrales figurent : la Symphonie n° 1, « Fantaisie serbe », Opus 6 ; "Suite Symphonique Antar", Opus 9; Symphonie, Opus 32. « Caprice espagnol », Opus 34 ; « Schéhérazade », Opus 35 ; "Ouverture de Pâques", Opus 36.

RACHMANINOFF

Serguei Vassilievitch Rachmaninov est né le 29 mars 1873 à Onega, dans le gouvernement de Novgorod, en Russie. Il entre au Conservatoire de Petrograd en 1882, étudiant le piano dans la classe de Demyaresky, la théorie dans celle du professeur LA Sacchetti. En 1885, il entre au Conservatoire de Moscou, étudiant auprès de Zviereiff, Taneyef et Arensky. Sa première apparition publique en tant que pianiste eut lieu en 1892. Il compose régulièrement depuis 1894. Sa première symphonie fut produite par Glazounof en 1895. Ses tournées européennes commencèrent en 1899. En 1903, il enseigna à l'Institut Maryinsky de Moscou. De 1904 à 1906, il dirigea à l'Opéra impérial de Moscou. Ses propres opéras, « L'Avare Chevalier » et « Francesca da Rimini », furent joués à cette époque. Après 1907, il vécut à Dresde. Sa première tournée américaine eut lieu en 1909. La seconde commença en 1918.

Parmi les œuvres de Rachmaninov figurent trois opéras : « Aleko », « L'Avare Chevalier », « Francesca da Rimini » ; deux symphonies, Opus 13 et Opus 27 ; trois concertos pour pianoforte, Opus 1, 18 et 30 ; un poème symphonique « Die Toteninsel », Opus 29 ; une œuvre pour chœur et orchestre, « The Bells » ; deux sonates pour violoncelle, Opus 19 et Opus 28 ; un trio avec pianoforte, Opus 9 ; pièces pour piano, Opéra 3, 5, 10, 16, 23, 32 ; et de nombreuses chansons.

SCRABINE

Alexandre Nicolas Scriàbine est né à Moscou en 1871, de parents aristocratiques. Au cours de sa dixième année, il fut placé dans le 2e corps de cadets de l'armée de Moscou. Ses premières leçons de piano ont été prises auprès de GA Conus. Il a étudié la théorie musicale avec le professeur SI Taneieff. Tout en poursuivant ses cours de cadet, il est inscrit comme étudiant au Conservatoire de musique de Moscou. Il étudie le pianoforte avec Vassily Safonoff, le contrepoint d'abord avec Taneieff puis avec Arensky. Ses études au Conservatoire et dans le corps furent achevées en 1891. En 1892, il fit sa première tournée en Europe en tant que pianiste, jouant à Amsterdam, Bruxelles, La Haye, Paris, Berlin, Moscou et Petrograd. Les cinq années suivantes, Scriàbine se consacre à la fois aux tournées de concerts et à la composition. En 1897, il devient professeur de pianoforte et joue au conservatoire de Moscou pendant six ans. Il démissionne de son poste en 1903 pour se consacrer entièrement à la composition et aux concerts, vivant principalement à Beattenberg, en Suisse, et à Paris. C'est à cette époque qu'il semble s'être converti à la Théosophie. Il passa 1905-06 à Gênes et à Genève. En février 1906, Scriàbine entreprend une tournée aux États-Unis. Il a joué à New York, Chicago, Washington, Cincinnati et dans d'autres villes. Les années suivantes se déroulent à Beattenberg, Lausanne et Biarritz. De 1908 à 1910, Scriàbine vécut à Bruxelles. Puis il retourna à Moscou et visita la Russie en 1910, 1911 et 1912. En 1914, il visita l'Angleterre pour la première fois. De retour en Russie juste avant le déclenchement de la guerre, il entreprend un travail d'unification de tous les arts intitulé « Mysterium ». Le 7 avril 1915, il tomba malade d'un empoisonnement du sang. Le 14 avril, il était mort.

Ses principales œuvres orchestrales sont : « Le Poème divin », Opus 43 ; « Le Poème de l'Extase », Opus 54 ; et « Prometheus », Opus 60. Il n'est pas facile de dire lesquelles de ses nombreuses compositions pour pianoforte sont les plus importantes. Sonate n° 7, Opus 64 ; Sonate n° 8, Opus 66 ; Sonate n°9, Opus 68 ; et Sonate n° 10, Opus 70 ; sont peut-être les plus magistrales.

STRAWINSKI

Igor Fedorovitch Strawinsky est né à Oranienbaum, près de Petrograd, le 5 juin 1882. Son père était un chanteur de basse attaché à la cour. Igor était destiné à une carrière juridique. Mais en 1902, il rencontre Rimski-Korsakoff à Heidelberg et abandonne toute idée d'étudier le droit. Il étudia avec Rimsky jusqu'en 1906. Son "Scherzo fantastique", inspiré de *La Vie de l'abeille de Maeterlinck*, produit en 1908, attira l'attention de Sergei Diaghilew sur le jeune compositeur et lui assura une commande pour écrire un ballet pour l'organisation de Diaghilew. . Le résultat immédiat fut "L'Oiseau de feu", composé et réalisé en 1910. "Petruschka" fut écrite en 1911, le compositeur résidant alors à Rome. "Le Sacre du printemps" a été écrit à Clarens, où vit généralement Strawinsky. Il fut produit à Paris en 1913. L'opéra « Le Rossignol », dont un acte fut achevé en 1909 et deux en 1914, fut produit à Paris et à Londres juste avant la guerre. Un nouveau ballet "Les Noces villageoises" n'a pas encore été réalisé.

D'autres compositions de Strawinsky sont :

Opus 1, « Symphonie en mi bémol » ; Opus 2, "Le Faune et la Bergère", chansons avec accompagnement orchestral ; Opus 3, « Scherzo fantastique » ; Opus 4, "Feuerswerk"; Opus 5, « Chant funèbre » à la mémoire de Rimski-Korsakoff ; Opus 6, Quatre études pour pianoforte ; Opus 7, Deux chants ; « Les Rois des Etoiles », pour chœur et orchestre ; Trois chansons sur des poèmes japonais avec accompagnement orchestral ; Trois pièces pour quatuor à cordes ; Une sonate pour pianoforte inédite ; Un ballet pour clowns.

MAHLER

Gustav Mahler est né à Kalischt, en Bohême, le 7 juillet 1860. Il est décédé à Vienne le 18 mai 1911. Il a étudié le piano avec Epstein, la composition et le contrepoint avec Bruckner. En 1883, il fut nommé Kapellmeister à Kassel ; en 1885, il fut appelé à Prague ; en 1886, il fut nommé chef d'orchestre de l'opéra de Leipzig. En 1891, il se rend à Hambourg pour diriger l'opéra et en 1897, il est nommé directeur de l'Opéra de la Cour de Vienne. En 1908, il vient à New York pour diriger les opéras de Wagner, Mozart et Beethoven au Metropolitan. En 1909, il devient chef d'orchestre de la New York Philharmonic Society. Sa santé se détériore en 1911 et il retourne à Vienne.

Mahler a écrit neuf symphonies. Le premier date de 1891, le deuxième de 1895, le troisième de 1896, le quatrième de 1901, le cinquième de 1904, le sixième de 1906, le septième de 1908, le huitième de 1910 et le neuvième de 1911.

D'autres de ses compositions sont : « Das Klagende Lied », pour soli, chœur et orchestre ; "Das Lied von der Erde", pour soli et orchestre ; "Kindertotenlieder", avec accompagnement orchestral ; "Lieder einer fahrenden Gesellen", avec accompagnement orchestral ; "Des Knaben Wunderhorn", douze chansons.

RÉGÉRER

Max Reger est né à Brand, en Bavière, le 19 mars 1873. Son père était instituteur à Weiden dans le Palatinat et Reger, espérait-on, exercerait sa profession. Cependant, le métier de musicien a prévalu. Reger étudie avec Riemann de 1890 à 1895. Il décide d'abord de se perfectionner en tant que pianiste. Plus tard, la composition et le jeu de l'orgue l'absorbent. Il fut nommé professeur de contrepoint à l'Académie royale de Munich en 1905. En 1907, il fut nommé directeur musical de l'Université de Leipzig et professeur de composition au Conservatoire de Leipzig. De 1911 jusqu'à sa mort, il fut Hofkepellmeister à Meiningen. Il mourut à Iéna, le 11 mai 1916.

Ses œuvres pour orchestre comprennent : « Sinfonietta », Opus 90 ; « Sérénade », Opus 95 ; "Hiller-Variations", Opus 100; « Prologue symphonique », Opus 120 ; "Lustspielouvertüre", Opus 123; « Konzert in Alten Stiel», opus 125 ; «Suite Romantique», Opus 128; "Vier Tondichtungen nach Böcklin", Opus 130; «Ballet-Suite», Opus 132; « Mozart-Variations », Opus 140 ; « Concerto pour violon », Opus 101 ; "Concerto pour piano", Opus 114.

Ses œuvres pour chœur comprennent : « Gesang der Verklärten », Opus 71 ; « Psaume 100 », Opus 106 ; "Die Nonnen", Opus 112.

Ses œuvres de chambre comprennent : String-sextet, Opus 118 ; Quintette avec pianoforte, Opus 64 ; Quatuor avec pianoforte, Opus 113 ; Cinq quatuors à cordes, Opera 54, 74, 109, 121 ; Sérénade pour flûte, violon et alto, Opus 77a ; Trio pour flûte, violon et alto, Opus 76b ; Neuf sonates pour violon, Opéras 1, 3, 41, 72, 84, 103b, 122, 139 ; Quatre sonates pour violoncelle, Opéra 5, 28, 71, 116 ; Trois sonates pour clarinette, Opéra 49, 197 ; Quatre sonates pour violon seul, Opus 42.

Ses compositions pour orgue comprennent : Suite, Opus 16 ; Fantastique, Opus 27 ; Fantaisie et fugue, Opus 29 ; Fantastique, Opus 20 ; Sonate, Opus 33; Deux fantaisies, Opus 40 ; Fantaisie et fugue, Opus 46 ; Les fantaisies, Opus 52 ; Fantaisie symphonique et fugue, Opus 57 ; Sonate, Opus 60 ; Cinquante-deux préludes, Opus 67 ; Variations et fugue, Opus 73 ; Suite, Opus 92; Intermezzo, passacaille et fugue, Opus 127.

Ses œuvres pour piano comprennent : Aquarellen, Opus 25 ; Variations et fugue, Opus 81 ; « Aus Meinem Tagebuch », opus 82 ; Deux sonatines, Opus 89.

Il a écrit plus de trois cents chansons.

SCHÔNBERG

Arnold Schoenberg est né à Vienne le 13 septembre 1874. Il fut autodidacte jusqu'à l'âge de 20 ans. Sa première instruction fut reçue de son beau-frère, Alexander von Zemlinsky. En 1901, il se rend à Berlin et devient maître de chapelle du « Uberbrettl », le cabaret dirigé par Birnbaum, Wedekind et von Wolzogen. Grâce à l'influence de Richard Strauss, il obtient un poste d'instructeur au Conservatoire Stern. En 1903, il retourne à Vienne. Il suscite l'intérêt de Gustav Mahler, qui assure la représentation de plusieurs de ses œuvres. Le Quatuor Rosé a interprété le sextet "Verklärte Nacht" et le Quatuor Opus 7. La "Kammersymphonie" et l'œuvre chorale "Gurrelieder" ont également été jouées. En 1910, Schönberg fut nommé professeur de composition à l'Académie impériale. En 1911, il retourna à Berlin et y resta jusqu'en 1916 (?). Il se trouverait actuellement à Vienne.

Parmi ses compositions figurent :

Opéra 1, 2 et 3, chansons — « Gurrelieder » ; Opus 4, sextet « Verklärte Nacht » ; Opus 5, « Pelléas et Mélisanda » ; Opus 7, 1er Quatuor à cordes ; Opus 8, Chansons avec accompagnement orchestral ; Opus 9, « Kammersymphonie » ; Opus 10, 2e quatuor à cordes, avec mise en musique de "Entrückung", de Stefan George ; Opus 11, trois pièces pour piano ; Opus 13, chœurs *a capella* ; Opus 15, Chansons ; Opus 16, cinq pièces pour orchestre ; Opéras 17 et 19, Pièces pour piano ; Opus 21, "Les Lieder des Pierrot Lunaire".

Une nouvelle Kammersymphonie et un monodrame "Erwartung" restent inédits.

SIBÉLIUS

Jean Sibelius est né à Tavastehus, en Finlande, le 8 décembre 1865. Il s'inscrit à l'Université de Helsingfors en 1885, mais abandonne peu de temps après toute idée d'étudier le droit et entre au Conservatoire en 1886. Il y reste trois ans, étudiant la composition. avec Wegelius. En 1889-90, il étudia avec Becken à Berlin. En 1891, il se rend à Vienne pour étudier l'instrumentation avec Karl Goldmark. De 1893 à 1897, il enseigne la composition au Conservatoire de Helsingfors. En 1897, le Sénat finlandais lui alloua la somme de 600 dollars par an pour une période de dix ans, afin de lui laisser du temps libre pour composer. En 1900, il effectue une tournée en Scandinavie, en Allemagne, en Belgique et en France en tant que chef d'orchestre de l'Orchestre Philharmonique de Helsingfors. En 1901, il fut invité à diriger ses propres compositions au festival du Deutscher Tonkünstlerverein à Heidelberg. En 1914, alors qu'il est en Amérique, l'Université de Yale lui décerne le diplôme de docteur en musique. Il vit actuellement à Järsengrää, en Finlande.

Parmi les compositions de Sibelius figurent :

Cinq Symphonies : n° 1, Opus 39 ; N° 2, Opus 43 ; N° 3, Opus 52 ; N° 4, Opus 63 ; N° 5 (composé en 1916).

Quatuor à cordes « Voces intimæ », Opus 56.

"En Saga", Opus 9; « Ouverture de Carélie », Opus 10 ; « Der Schwan von Tuonela » et « Lemmenkainen zieht heimwarts », Opus 22 ; « Finlande », Opus 26 ; « Suite Roi Christiern II », Opus 27 ; « La fille de Pohjohla », Opus 49 ; "Nächtlicher Ritt et Sonnenaufgang", Opus 55 ; « Scènes historiques », Opus 66 ; « Die Okeaniden », Opus 72. Une cinquantaine de chansons, etc., etc.

LOEFFLER

Charles Martin Loeffler est né à Mulhouse, en Alsace, le 30 janvier 1861. Il étudie le violon auprès de Massart et Léonard à Paris et auprès de Joachim à Berlin. Il étudie la composition avec Guirand à Paris. Joue du violon dans l'orchestre de Pasdeloup, puis dans les orchestres de Nice et de Lugano. De 1883 à 1903, il fut le deuxième chef du Boston Symphony Orchestra. Depuis 1903, il se consacre entièrement à la composition. Il vit actuellement à Medford, Massachusetts.

Ses compositions comprennent : Suite pour violon et orchestre, « Les Vielles de l'Ukraine », 1891 ; Concerto pour violoncelle, 1894 ; Divertissement pour orchestre, 1895; "La Mort de Tintagiles", 1897 ; "Divertissement espagnol" pour orchestre et saxaphone ; "La Villanelle du Diable" ; « Un poème païen » ; « Hora mystique » ; « Psaume 137 » ; « À celui qui est tombé au combat » ; Deux rhapsodies pour hautbois, alto et pianoforte ; Sextuor à cordes ; Quatuor à cordes; Musique pour quatre instruments à cordes ; Chansons sur des poèmes de Baudelaire, Verlaine, Yeats, Rossetti, Lodge, Kahn, etc.

ORNSTEIN

Leo Ornstein est né à Krementchug, en Russie, le 11 décembre 1895. Son père était chantre de la synagogue. Jusqu'en 1906, Ornstein était élève au Conservatoire de Petrograd. À cause des pogroms, sa famille a émigré à New York. Là, il fréquente l'école des amis et étudie la musique à l'Institut d'art musical. Plus tard, il étudie avec Bertha Fiering Tapper. Il fit ses débuts comme pianiste en janvier 1911. En 1913-1914, il vécut en Europe, principalement à Paris. Il a été présenté au public français par Calvocoressi lors d'un concert à la Sorbonne. En été, il effectue une tournée en Norvège. Il retourna en Amérique à l'automne et donna au début de l'année suivante une série de récitals de musique ultra-moderne au Fifty-7th Street Theatre. L'année suivante, il poursuit la série avec quatre récitals semi-privés au domicile de Mme Arthur M. Reis. Depuis, il donne des concerts partout aux États-Unis et au Canada. Il vit actuellement à Jackson, NH

Parmi les compositions d'Ornstein, il y a :

Deux poèmes symphoniques, « Le Brouillard » et « La Vie de l'Homme » (d'après Andrev) ; un concerto pour piano, Opus 44 ; une mise en musique du 30e Psaume pour chœur ; un Quatuor pour cordes, Opus 28 ; un quatuor à cordes miniature ; un Quintette avec piano, Opus 49 ; deux Sonates pour violon et piano, Opéras 26 et 31 ; deux Sonates pour violoncelle et piano, Opéra 45 et 78 ; Trois Lieder, Opus 33 ; Quatre versions de Blake, Opus 18.—Pour piano seul : Sonate, Opus 35 ; Suite Naine, Opus 11; Impressions de la Tamise, Opus 13 ; Deux impressions de Notre-Dame, Opus 16 ; Deux pièces d'ombre, Opus 17 ; Six courtes pièces, Opus 19 ; Trois Préludes, Opus 20 ; Trois ambiances, Opus 22; Onze pièces courtes, Opus 29 ; Burlesques, Opus 30 ; Dix-huit Préludes — à la Chinoise, Opus 39 ; Arabesques, Opus 48 ; Poèmes de 1917, Opus 68.

BLOCH

Ernest Bloch est né à Genève, en Suisse, le 24 juillet 1880. Il a étudié à Genève avec Jacques Dalcroze ; à Bruxelles avec Ysaye ; au Conservatoire Hoch de Francfort avec I. Knorr ; et avec Thuille à Munich. Son opéra "Macbeth" est créé à l'Opéra Comique de Paris en 1910. En 1915, il est nommé professeur de composition au conservatoire de Genève. En 1916, il vient en Amérique comme chef d'orchestre du Maud Allan Symphony Orchestra. Son quatuor fut interprété par les Flonzaley cette saison-là et, en mai 1917, la Société des Amis de la Musique consacra un concert entièrement à ses œuvres. De retour en Suisse cet été, il se rendit à nouveau en Amérique, cette fois avec l'intention de s'y installer. Il enseigne la composition à l'école David Mannes de 1917 à 1919. En septembre 1919, il remporte le prix Coolidge avec sa Suite pour alto. Il vit à New York.

Outre « Macbeth », la liste de ses compositions comprend une Symphonie en do dièse mineur ; "Vivre-Aimer"; "Hiver-Printemps"; "Trois Poèmes juifs", "Trois Psaumes" (22e pour baryton, 14e et 137e pour soprano) ; "Poèmes d'Automne" pour mezzo-soprano ; « Schelemo », rhapsodie pour violoncelle et orchestre ; « Israël » (symphonie – deux mouvements) ; Quatuor à cordes; et Suite pour alto et piano ou alto et orchestre. Une sonate pour violon et piano est en préparation.